建材"浙江制造"标准编写
基础知识与实务

主　编：王学武　祝张法　刘苏忠
副主编：梁玲琳　季贵波　孙　辉　李月樵　卢建华

浙江工商大学出版社
·杭州·

图书在版编目（CIP）数据

建材"浙江制造"标准编写基础知识与实务 / 王学武，
祝张法，刘苏忠主编. —杭州：浙江工商大学出版社，
2023.4
ISBN 978-7-5178-5156-1

Ⅰ.①建… Ⅱ.①王… ②祝… ③刘… Ⅲ.①制
造工业 – 标准化 – 编写 – 研究 – 浙江 Ⅳ.①F427.55

中国版本图书馆CIP数据核字（2022）第196390号

建材"浙江制造"标准编写基础知识与实务
JIANCAI "ZHEJIANG ZHIZAO" BIAOZHUN BIANXIE JICHU ZHISHI YU SHIWU

王学武　祝张法　刘苏忠　主编

梁玲琳　季贵波　孙　辉　李月樵　卢建华　副主编

策划编辑	张晶晶
责任编辑	张晶晶
责任校对	李远东
封面设计	陈　勤
责任印制	包建辉
出版发行	浙江工商大学出版社
	（杭州市教工路198号　邮政编码310012）
	（E-mail：zjgsupress@163.com）
	（网址：http://www.zjgsupress.com）
	电话：0571-88904980，88831806（传真）
排　　版	浙江民振印务有限公司
印　　刷	浙江民振印务有限公司
开　　本	710mm×1000mm　1/16
印　　张	28.75
字　　数	445千
版 印 次	2023年4月第1版　2023年4月第1次印刷
书　　号	ISBN 978-7-5178-5156-1
定　　价	160.00元

前　言

制定和实施"国际先进、国内领先"的"浙江制造"新标准,是浙江省深入实施标准强省、质量强省、品牌强省战略,加快推进全省产业结构调整和经济转型升级,打造"浙江制造"区域综合品牌,促进工业经济高质量发展的重大举措。

"浙江制造"标准,是浙江省标准化体系的重要组成部分。在政府、协会和企业的叠加作用下,浙江省紧紧抓住"政府推动、企业自愿、标准引领、认证推广"的主线,把制定和实施先进标准放在首位,有力促进全省经济社会各领域高质量发展。

标准是建材科技进步、质量品牌提升和科研成果的转化形式,是促进建材行业共同进步、共享发展成果的重要手段。标准化对建材行业的转型发展、产品迭代升级、科技创新和满足市场需求将起到引领和支撑作用。

为落实国务院和浙江省委、省政府有关"中国制造2025"和"浙江制造"标准化战略部署,根据《中华人民共和国标准化法》(2018年1月1日起施行)、国家标准委和民政部发布的《团体标准管理规定》(2019年1月9日颁布)、GB/T 20004.1—2016《团体标准化　第1部分:良好行为指南》、GB/T 1.1—2020《标准化工作导则　第1部分:标准化文件的结构和起草规则》,以及《"浙江制造"标准管理办法》(浙江省浙江制造品牌促进会〔2016〕6号)等要求和规定,确定"浙江制造"标准的定位、立项、申报、答辩、研讨、评审、批准发布及实施等要求,提出建材产品"浙江制造"标准各要素编写要点,纠正编写中易出现的一些错误,供标准编写、审查和评价时参考。

本书内容通俗易懂,实用性较强,能引导广大建材企业做好标准化管理工作,指导建材标准编写专业人员将科技创新成果或研发的绿色生态建材及装备制造等新产品,尽快转化为企业标准、"浙江制造"等团体标准、行业(地方)标准和国家标准,并迅速获得推广应用。

本书第一章、第六章第四节由王学武、刘苏忠编写,第二章由洪伟、李跃东编写,第三章由张仙梅编写,第四章由薛海霞编写,第五章由李月樵、诸君尉编写,第六章由薛海霞、张仙梅编写,第七章由祝张法、季贵波、梁玲琳、卢建华、江一波、陈土兴、武双磊编写,第八章由薛海霞、刘苏忠编写。

在浙江省建材标准化技术委员会有关领导专家策划指导下,本书编写过程中得到了原浙江省品牌建设联合会常务副理事长兼秘书长陈自力、副秘书长曹伟,全国轻质与装饰装修建筑材料标准化技术委员原秘书长薛滔菁教授,浙江大学材料科学与工程学院教授陈胡星,嘉兴学院建筑工程学院教授蒋元海,浙江省标准化研究院副院长蒋建平,浙江方圆检测集团正高级工程师吴和平,浙江省建筑防水行业协会常务副会长兼秘书长正高级工程师洪晓苗,金华巨龙管道有限公司总经理朱竹森,以及金华市计量质量科学研究院、嘉兴五丰生态环境科技股份有限公司、浙江益森科技股份有限公司、金华市水利水电勘测设计院有限公司、浙江省天信建材有限公司、杭州奥拓机电股份有限公司、金华市欣生沸石开发有限公司、杭州天信防水材料有限公司等单位领导、学者的大力支持;本书出版也得益于浙江工商大学出版社的大力支持,杭州圆方标准科技有限公司为本书的出版付出了辛勤的努力,在此一并致以衷心的感谢！由于编者水平有限,本书从初稿编写到出版发行期间,"浙江制造"标准管理迎来新的改革,书中难免有与现行管理要求不一之处,好在能给大家提供一种方法,存在疏漏和不当之处,恳请同行和读者不吝赐教并批评指正。

2023年2月于杭州

目　录

第一编　标准化基础知识

第一章　总　论

第一节　标准的概念与特性

第二节　标准化的概念与目标

第三节　标准化管理

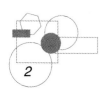

第三节　"浙江制造"标准研制的法律责任与行为规范

第二编　建材"浙江制造"标准编制实务

第三章　建材"浙江制造"标准立项认证

第一节　预研阶段

第二节　立项阶段

第三节　立项建议书的内容框架及案例

第四章 建材"浙江制造"标准研制

第一节 启动阶段

第二节 研讨阶段

第三节 征求意见阶段

第四节 研制过程中的形成材料表单及示例

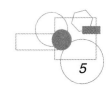

第七章 建材"浙江制造"标准案例浅析

第八章　标准化文件编写工具软件（SET 2020）操作与使用

第一节　安装标准化文件编写工具软件

第二节　SET 2020 工具软件操作与使用

第一编

标准化基础知识

BIAOZHUN HUA JICHU ZHISHI

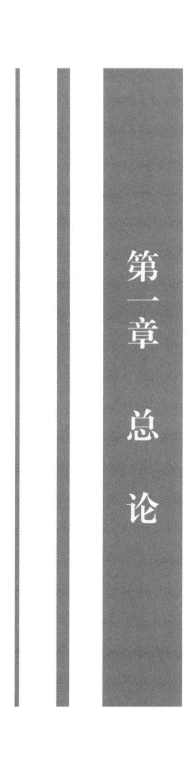

第一章　总论

本章主要阐述标准的定义和特性、标准的地位、标准的对象、标准之间的关系、标准化的定义、标准化的工作原理等。明确标准化工作的任务、改革总目标及管理体制，有效保障标准制定、实施以及监督。通过对《标准化法》《团体标准管理办法》及《地方标准管理办法》相关条文的解读，使读者进一步理解国家标准（强制标准、推荐性标准）、行业标准、地方标准、团体标准及企业标准之间的关系，加深标准化工作人员对各类标准制定要求的理解，使其基础理论水平不断提高，实现建材行业标准化工作、科技创新和产业转型升级的重大突破，充分发挥标准对行业发展的支撑作用。

第一节 标准的概念与特性

"标准"是一种特殊文件，必须以特定形式出现，这是标准区别于任何其他文件的重要特点。这就决定了标准的概念、标准的定义与特性、标准所发挥的作用，以及制订标准对我国经济社会高质量发展的意义。

标准和建材"浙江制造" 标准制修订人员，必须认识标准，从学习建材"浙江制造"标准入手，全面掌握建材国家标准、行业标准、地方标准、团体标准、企业标准的编制和推广运用技能，发挥标准对浙江省建材行业实现转型升级、生态绿色发展的引领作用。

一、标准的定义和特性

（一） 标准的定义

标准就是为了在一定的范围内获得最佳秩序，经协商一致制定并由公认机构批准，共同使用和重复使用的一种规范性文件。

标准定义具有权威性和国际性：国家标准 GB/T 20000.1—2002《标准化工作指南　第1部分：标准化和相关活动的通用术语》，明确了标准的定义。

国际标准化组织（ISO）、国际电工委员会（IEC）、国际电信联盟（ITU）三大国际标准组织共同给标准下定义。

《中华人民共和国标准化法》（以下简称《标准化法》）第一章第二条进一步明确了标准，该法所称的标准（含标准样品）是指在农业、工业、服务业以及社会事业等领域需要统一的技术要求。它包括国家标准、行业标准、地方标准和团体标准、企业标准。国家标准分为强制性标准、推荐性标准，行业标准、地方标准是推荐性标准。强制性标准必须执行。国家鼓励采用推荐性标准。

（二）标准的内涵

标准应以科学、技术的综合成果为基础，以促进最佳的共同效益为目的。标准在实际运用中应高度关注以下几方面的内容。

1.能获得最佳秩序，是运用标准的目的

目前，市场上的"电动车"性能已远远超越了电动自行车的界限，逐步变成"电动轻便摩托车"和"电动摩托车"，严重损害了消费者的合法权益。如2015年，北京的任先生骑超标电动自行车，将一位步行横过道路的老人撞倒，老人经抢救无效死亡。经鉴定，任先生当时所骑的电动自行车最高时速超20km，超出了 GB 17761—1999《电动自行车通用技术条件》的规定，被认定为机动车，故任先生负事故的主要责任，当地检察院以涉嫌交通肇事、未获得机动车驾驶证、驾驶未经公安机关交通管理部门登记的机动车上道路行驶等罪对任先生提起公诉。为此，工信部牵头修订 GB 17761—1999《电动自行车通用技术条件》，目的是维护电动自行车生产、销售、使用和政府监管的市场经济秩序。标准的出台将有利于规范整个电动车行业和市场，切实保障消费者人身财产安全，对优化目前城市交通环境具有积极意义。

2.公认机构批准，是标准制修订的必备程序

2018年5月发布的强制性国家标准《电动自行车安全技术规范》（GB 17761—2018），由工业和信息化部、公安部等部门，组织电动自行车相关科研机构、检测机构、生产企业、高等院校、行业组织、消费者组织等方面的专家成立工作组协商修订，并由国家市场监督管理总局、国家标准化管理委员会《中华人民共和国国家标准公告》（2018年第7号）批准发布，自2019年4月15日正式实施。

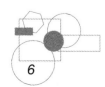

3.规范性文件，是一种共同使用和重复使用的文件

GB 17761—2018《电动自行车安全技术规范》是将原国标《电动自行车通用技术条件》进行更名，标准性质由原来的部分条文强制改为全文强制，是电动自行车生产、销售、使用和政府监管部门必须执行的规范性文件。

（三）标准的特性

标准具有四个特性：权威性、民主性和实用性、科学性。

1.权威性

标准要由权威机构批准发布，在相关领域有技术权威，为社会所公认。

◆强制性国家标准一经发布必须强制执行，如 GB 18581—2020《木器涂料中有害物质限量》。

◆推荐性国家标准由国务院标准化行政主管部门制定。

◆行业标准由国务院有关行政主管部门制定，报国务院标准化行政主管部门备案。

◆地方标准由省、自治区、直辖市人民政府标准化行政主管部门制定。

2. 民主性

标准的制定要经过利益相关方充分协商，并听取各方意见。

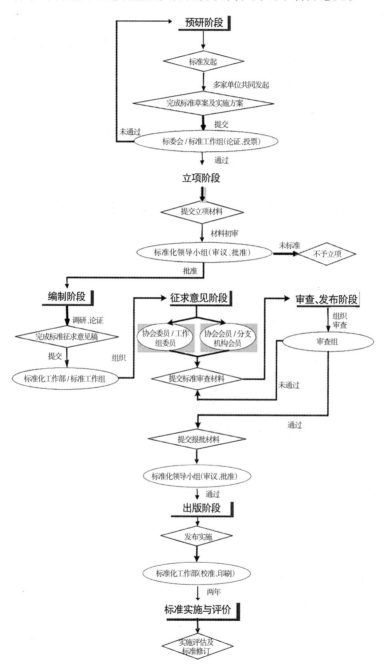

如2018年5月发布的强制性国家标准《电动自行车安全技术规范》（GB 17761—2018），就是由工业和信息化部、公安部等部门，组织电动自行车相关科研机构、检测机构、生产企业、高等院校、行业组织、消费者组织等方面的专家成立工作组协商修订。2018年1月16日起，该标准报批稿在工业和信息化部、国家标准委网站面向全社会公示30天。2018年5月17日，国家市场监督管理总局、国家标准化管理委员会批准发布了该规范。

3. 实用性

标准的制定修订是为了解决现实问题或潜在问题，在一定的范围内获得最佳秩序，实现最大效益。

随着人民生活水平的提高，百姓购房、居室装饰装修已成消费热点，但是市场装饰装修材料质量良莠不齐，有些装饰装修材料有害物质含量没有得到有效控制，给室内空气带来一定程度的污染，由此所诱发的各种疾病，严重影响了人民群众的身心健康，广大消费者为此反映强烈。这一问题引起了党中央和国务院领导的高度重视。为此，国家标准化管理委员会于2002年1月1日批准实施了室内装饰装修材料有害物质限量10项强制性国家标准，即GB 18580《室内装饰装修材料　人造板及其制品中甲醛释放限量》、GB 18581《室内装饰装修材料　木器涂料中有害物质限量》、GB 18582《室内装饰装修材料　内墙涂料中有害物质限量》、GB 18583《室内装饰装修材料　胶粘剂中有害物质限量》、GB 18584《室内装饰装修材料　木家具中有害物质限量》、GB 18585《室内装饰装修材料　壁纸中有害物质限量》、GB 18586《室内装饰装修材料　聚氯乙烯卷材地板中有害物质限量》、GB 18587《室内装饰装修材料　地毯、地毯衬垫及地毯胶粘剂有害物质释放限量》、GB 18588《混凝土外加剂中释放氨的限量》、GB 6566《建筑材料放射性核素限量》。这10项强制性国家标准是根据室内装饰装修材料所使用的原料和辅料、加工工艺、使用过程等各个环节中可能对人体健康造成危害的有害物质、类别，参照国外有关标准，对室内装饰装修材料中甲醛，挥发性有机化合物（VOC），苯、甲苯和二甲苯，氨，游离甲苯二异氰酸酯（TDI），氯乙烯单体，苯乙烯单体，可溶性的铅、镉、铬、汞、砷等有害元素以及建筑材料放射性核素的限量值都做了明确的规定。它维护了建筑装饰装修材料生产、供应、销售和使用的市场经济秩序和消费者的合法权益，保障了老百姓的健康与生命安全，实现了社会效益的最大化。

4. 科学性

标准来源于人类社会实践活动，其产生的基础是科学研究和技术进步的成果，是实践经验的总结。

标准制定过程中，对关键指标要进行充分的实验验证，标准的技术内容代表着先进的科技创新成果，标准的实施也是科技成果产业化的重要过程。如民政部于2019年1月9日颁布的《团体标准管理规定》第十三条规定：制定团体标准应当以满足市场和创新需要为目标，聚焦新技术、新产业、新业态和新模式，填补标准空白。其第三十八条规定，社会团体制定的团体标准不符合"有利于科学合理利用资源，推广科学技术成果，增强产品的安全性、通用性、可替换性，提高经济效益、社会效益、生态效益，做到技术上先进、经济上合理"的，由标准化行政主管部门责令限期改正；逾期不改正的，由省级以上人民政府标准化行政主管部门废止相关团体标准，并在标准信息公共服务平台上公示。

（四）"浙江制造"标准的内涵及实施意义

内涵："浙江制造"是代表浙江制造业先进性的区域品牌形象标志，采用国际先进标准并达到国内一流、国际先进、拥有自主知识产权的团体标准。

实施意义："浙江制造"标准的实施，将有助于提升全省企业质量管理水平，提高产品质量，尽快形成集质量、技术服务、信誉为一体，市场与社会公认的"浙江制造"区域综合品牌，加快浙江制造转型升级，推动"浙江制造"走向世界，具有深远的意义。

二、标准的地位

（一）"标准"的国内地位

标准在国内的地位：标准是自主创新的制高点，谁掌握了标准制定的话语权，谁就掌握了市场竞争的主动权。

2010年6月1日出版的第11期《求是》杂志发表了李克强总理的重要文章，即《关于调整经济结构促进持续发展的几个问题》，文章指出："近年来我国产品质量、品牌、标准建设取得明显成绩。但与世界先进水平相比还有很大差距，标准建设尤为滞后。质量是企业的生命，是自主创新的基础，也是竞争力的根本保障。品牌是自主创新的结晶，是质量和信誉的载体，具有广泛的认知度和市场空间。标准是自主创新的制高点，谁掌握了标准制定的话语权，谁就掌握了市场竞争的主动权。我们要在这些方面继续努力，力争获得新的突破。"

（二）"标准"的国际地位

标准在国际上的地位：在国际上立得住、有权威、有信誉，为中国制造走出去提供了一种"通行证"。

2015年2月11日，李克强总理主持国务院常务会议商议标准化改革问题，会议指出，推动中国经济迈向中高端水平，提高产品和服务标准是关键。必须深化改革，优化标准体系，完善标准管理，着力改变目前一些方面存在的标准管理"软"、标准体系"乱"和标准水平"低"的状况，促进提升产品和服务竞争力，激发市场活力，推进经济提质增效升级。会议确定，标准化改革方向如下。

（1）完善标准化法规制度，开展标准实施效果评价，强化监督检查和行政执法，严肃查处违法违规行为，让标准成为对质量的"硬约束"。

（2）全面清理和修订现行国家、行业、地方标准，整合现行各级强制性标准，在涉及公众利益的健康、安全、环保等领域建立统一的强制性国家标准，逐步缩减推荐性标准，推动向公益类标准过渡。

（3）鼓励学会、协会、商会和产业技术联盟等制定发布满足市场和创新需要的团体标准，选择部分领域开展试点。允许企业自主制定实施产品和服务标准，建立企业标准自我声明公开制度。

（4）提高标准国际化水平。进一步放宽外资企业参与中国标准制定工作，以有效的市场竞争促进国内标准与国际标准质的融合。努力使我国标准在国际上立得住、有权威、有信誉，为中国制造走出去提供"通行证"。

（三）标准的水平高低与级别

《标准化法》第二条将标准分为国家标准、行业标准、地方标准和团体标准、企业标准。国家标准又分为强制性和推荐性两种。

《标准化法》第二条的规定仅仅是对标准的分类，并无高下之分，只有水平高低之别。对于一个团体、一家企业，任何一项标准，只要将其放到合适位置上，就能发挥出应有的作用。强制性国家标准是指与标准相关的企业、个人都必须无条件执行的。推荐性国家标准是指与标准相关的企业、个人可以根据自己的具体情况选择是否执行。

（四）各类标准的颁布主体和实施范围

各类标准的颁布主体和实施范围，如表1-1-1所示。

表1-1-1　各类标准颁布主体和实施范围一览表

标准级别	颁布主体	实施范围	备注
国家标准	国家标准化行政管理部门（国家标准委SAC）	全国范围适用	GB—强制性国家标准 GB/T—推荐性国家标准 GB/Z—国家指导性技术文件
行业标准	国务院行业行政主管部门（如工信部、国家旅游委）	全国、某行业范围适用	67类行业标准，如： NY—强制性农业标准 NY/T—推荐性农业标准 JC—强制性建材行业标准 JC/T—推荐性建材行业标准 ……

标准级别	颁布主体	实施范围	备注
地方标准	省/自治区及直辖市标准化行政主管部门(如浙江省市场监管局)	省/自治区/直辖市范围适用	34类,对应省、自治区及直辖市的区划代码,如: DB31—上海市强制性地方标准 DB31/T—上海市推荐性地方标准 DB33—浙江省强制性地方标准 DB33/T—浙江省推荐性地方标准
团体标准	学会、协会、商会和产业技术联盟组织制定与发布	学会、协会、商会和产业技术联盟内部适用并执行	T/ZZB—浙江制造品牌联合会的团体标准 T/CBMF—中国建筑材料联合会的团体标准 ……
企业标准	企业	企业内部强制执行	Q/TXJC 001—××××

三、标准的对象

标准的对象是指重复性的事物和概念。

"重复性"指的是同一事物或概念反复多次出现并具有"固化"性质。例如,批量生产的产品在生产过程中能按照一定的工艺技术和手段进行重复投入、加工及检验等工序生产稳定的物品;同一类技术管理活动中反复出现的同一概念术语、符号、代号等并反复利用。

当事物或概念具有重复出现的特性并处于相对稳定时才有制定标准的必要,通过制定标准作为今后实践的依据,以最大限度地减少不必要的重复劳动,又能扩大"标准"重复利用范围。

标准就是对重复性事物和概念所做的统一规定。它是以科学、技术和实践经验的综合成果为基础,如专利技术转化为标准,并经有关方面协商一致,由主管机构批准,如国家市场监管总局批准的国家强制性标准,以特定的形式发布,作为与标准相关的企业、个人都必须共同遵守的准则和依据。如GB 6566《建筑材料放射性核素限量》是国家强制性标准,由中国建筑材料联合会提出并归口管理,由原国家质量监督检验检疫总局和中国标准管理委员会发布,在全国范围内与该标准相关的任何企业和人员在生产、销售、使用、法律诉讼等环节均必须强制执行。

四、标准之间的关系

《标准化法》第二十一条对各类主体颁布的标准之间关系做了明确规定:"推荐性国家标准、行业标准、地方标准、团体标准、企业标准的技术要求不得低于强制性国家标准的相关技术要求。国家鼓励社会团体、企业制定高于推荐性标准相关技术要求的团体标准、企业标准。"

(一)强制性国家标准与其他标准的关系

强制性国家标准所规定的技术要求是全社会应遵守的底线要求,其他标准技术要求都不应低于强制性国家标准的相关技术要求。本条也是对其他标准进行监督的依据。

(二)推荐性标准、企业标准和团体标准的关系

推荐性标准是政府推荐的基本要求,企业和社会团体要在市场竞争中占据优势,提升自身和行业的市场竞争力,不能仅满足于推荐性标准的基本要求,而应积极制定高于推荐性标准的企业标准和团体标准。

五、标准制定的基本原则

标准制定原则是要确保标准的适用性、先进性,合理利用资源、推广科技成果。同时注意标准的统一性、协调性、经济性和社会效益,并结合我国国情积极采用国际标准和国外先进标准。

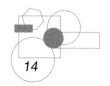

（一）重视标准的适用范围

在确定标准项目时要重视标准的适用范围，既不要让标准所涵盖的领域过宽，使编制的标准没有实际技术内容，也不要让标准所涵盖的领域过窄，造成对标准的肢解，无谓地增加标准项目。

（二）重视标准所涉及的技术内容是否满足既定的需求

制定标准时首先要重视标准所涉及的技术内容是否满足既定的需求，如武器装备研制和生产的需求。编写标准草案时要在充分调查研究的基础上，认真分析国内外同类技术标准的技术水平，在预期可达到的条件下，积极地把先进技术纳入标准，提高产品技术水平。

（三）重视符合法律法规的规定以及与相关标准的协调性

编制过程中要重视符合法律法规的规定以及与相关标准协调，避免与法律法规、相关标准之间出现矛盾，给标准的实施造成困难。制定标准时要以满足实际需要出发，不要一味地追求高性能、高指标，避免造成经济浪费。要结合我国国情积极采用国际标准和国外先进标准，加快和国际接轨的步伐，提高产品的竞争能力。

（四）新修订的《标准化法》对标准制定基本原则的具体要求

《标准化法》第二十二条规定："制定标准应当有利于科学合理利用资源，推广科学技术成果，增强产品的安全性、通用性、可替换性，提高经济效益、社会效益、生态效益，做到技术上先进、经济上合理。禁止利用标准实施妨碍商品、服务自由流通等排除、限制市场竞争的行为。"

1. 制定标准应当有利于科学合理地利用资源和推广科学技术成果

制定标准应当有利于科学合理地利用资源，以资源节约、节能减排、循环利用、环境治理和生态保护为着力点。

制定标准应当有利于推广科学技术成果，加强标准与科技互动，促进科技成果转化为标准，促进科技成果转化应用。

2. 制定标准应当有利于增强产品的安全性

制定标准应当有利于增强产品的安全性，以保障产品的安全为根本前提。制定标准应当有利于增强产品的通用性和互换性，产品的通用性越强，其使用范围就越广，使用效率越高，以利于减少资源的浪费。

3. 制定标准应当有利于提高经济效益、社会效益和生态效益

制定标准应当有利于提高经济效益、社会效益和生态效益。标准的技术指标要统筹兼顾经济、社会和生态效益，不能一味地追求经济效益而忽视社会和生态效益。

4. 制定标准应当做到技术上先进、经济上合理

制定标准应当做到技术上先进、经济上合理。标准的技术内容既要有一定先进性，又要具备可行性，符合当前经济社会发展水平。

5. 标准制定必须符合贸易规则

标准是贸易规则的重要组成部分，能有效促进贸易发展，但利用不当也会阻碍贸易。要鼓励正当的市场竞争，禁止利用标准实施妨碍市场合理的竞争。

6. 国家支持制定自主创新团体标准和企业标准的规定

《标准化法》第二十条规定："国家支持在重要行业、战略性新兴产业、关键共性技术等领域利用自主创新技术制定团体标准、企业标准。"

重要行业、战略性新兴产业、关键共性技术领域对我国经济的发展、技术的创新进步，对于增强我国的整体实力具有重要意义。

企业和社会团体是技术创新和产业化的主体，企业和社会团体能够快

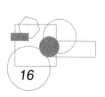

速制定标准，及时满足市场需求，国家在政策环境、制度环境等方面应给予支持。

☆战略性新兴产业是以重大技术突破和重大发展需求为基础，对经济社会全局和长远发展具有重大引领带动作用，知识技术密集、物质资源消耗少、成长潜力大、综合效益好的产业，包括：新一代信息技术产业、高端装备制造产业、新材料产业、生物产业、新能源汽车产业、新能源产业、节能环保产业、数字创意产业、相关服务业等9大领域。

六、标准的作用

2013年12月23日，习近平同志在中央农村工作会议上明确提出："用最严谨的标准、最严格的监管、最严厉的处罚、最严肃的问责，确保广大人民群众'舌尖上的安全'。"

2014年12月，习近平同志在全军装备工作会议上指出："加强标准化、系列化、通用化建设，不断完善和优化装备体系结构，在填补体系空白、补齐短板弱项上下功夫，以网络信息体系为抓手，推动我军信息化建设实现跨越式发展。"

2016年9月12日，习近平总书记在致第39届国际标准化组织大会的贺信中进一步阐述了标准的三大作用。

（一）促进世界互联互通

标准是人类文明进步的成果。从中国古代的"车同轨、书同文"，到现代工业规模化生产，都是标准化的生动实践。伴随着经济全球化深入发展，标准化在便利经贸往来、支撑产业发展、促进科技进步、规范社会治理中的作用日益凸显。标准已成为世界"通用语言"。世界需要标准协同发展，标准促进世界互联互通。

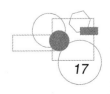

（二）助力发展

中国将积极实施标准化战略，以标准助力创新发展、协调发展、绿色发展、开放发展、共享发展。我们愿同世界各国一道，深化标准合作，加强交流互鉴，共同完善国际标准体系。

（三）引领时代进步

标准助推创新发展，标准引领时代进步。国际标准是全球治理体系和经贸合作发展的重要技术基础。国际标准化组织作为最权威的综合性国际标准机构，制定的标准在全球得到广泛应用。

当今社会流传着一句话："一流企业做标准，二流企业做品牌，三流企业做产品。"它诠释了"标准、品牌、产品"三者之间的内在联系和区别，也是对不同企业的"发展、竞争、市场核心竞争力"的高度概括。

1. 一流企业做标准

做标准的企业就是行业的标杆和领头羊，如主导起草浙江制造标准的三好企业"好产品、好企业、好标准"。只要你在这个行业，就得按该行业的标准来做，所以做标准的企业有绝对的领先优势，可以通过标准的制定提高行业门槛，减少与以低价低质产品生产企业的不正当竞争，提升企业的核心竞争力，削弱采取不正当竞争对手的优势。

2. 二流企业做品牌

从"质量时代"向"品牌时代"迈进，各领域实现了消费升级；当"中国速度"向"中国质量"转变，企业必须在该行业的标准之下，通过推行先进的质量管理理念和手段、市场营销、广告宣传、卓越绩效管理等，不断树立消费者高度信任的品牌。如浙江制造"品字标"，就是浙江制造业的"标杆"，它以制造业为主体，全面打造自身的品牌建设。

3.三流企业做产品

三流企业做产品是指不断改进生产工艺、完善检测手段及加强内部管理，生产让消费者满意的产品，才能获得市场竞争的立足之地，但企业必须加大人、财、物的投入才能保持这种优势，否则将被其他受市场认可并具有竞争优势的大品牌打压和制约，严重者将不断失去市场的核心竞争力，从而被消费者遗弃。

综上所述，标准的作用归纳为以下几方面。

（1）标准规范生活秩序并提高生活质量。

人们生活在地球上，与空气（氧气）、水及土地等环境要素密切相关。为了保护人类健康，防治环境污染，促使生态良性循环，合理利用资源，促进经济发展，依据环境保护法和有关政策制定环境标准，如《声环境质量标准》（GB 3096—2008）。人们日常生活中需要购买符合标准的衣服、食品、住房、交通规则与工具等也离不开标准，如《国家纺织产品基本安全技术规范》（GB 18401—2010）就是为保护人们的身心健康而制定的国家强制性标准。吃符合卫生标准要求的食品，健康才有保障；住符合住房质量安全标准要求的房子，住得才能踏实；乘符合相关标准要求的交通工具，出行才放心；按交通规则行走，交通才畅通、安全……所以在生活中，标准能规范生活秩序并有效提高生活质量，它时时刻刻与人们的生活有着千丝万缕的联系。

（2）标准是企业生存、发展的重要技术基础。

企业生存和发展的基础和前提就是标准。产品的品种、质量、价格、交货期这四大竞争要素，与标准均密切相关，因为衡量产品质量好坏的准绳就是标准；价格战、交货期更需要管理标准化的效益做后盾。所以，标准是企业生产、经营、检验产品的行为准则。

企业要提升市场核心竞争力，唯一的手段就是科技创新。企业只有不断地将自主科技创新成果转化为技术标准，才能保证产品不被市场淘汰。所以标准是推动企业科技创新的杠杆，有效促进企业技术进步。

（3）标准是政府管理部门宏观调控经济的重要技术手段。

政府管理部门为创建一个公开、公正、公平的市场竞争环境，可以通过制定标准控制产品的市场准入，如建筑装饰装修材料有害物质限量，米、面、油、肉制品的质量安全技术要求。市场经济中出现产品质量纠纷时的仲裁必须依据标准进行判定。调整市场经济的法律法规中，标准起着技术规则或管理规则的重要作用。如《民法典》规定合同中要有质量标准要求，《中华人民共和国食品卫生法》《中华人民共和国环境保护法》等法律法规都对采用标准作了明确规定；检验检测机构更需依据相关的产品标准和测试方法进行检验，并出具公正科学的结果。总之，标准是维护消费者合法权益的有力武器，是企业进入市场、参与国内外贸易竞争的通行证，是社会化大生产中产业链条间的技术纽带，是各行各业实现管理现代化的捷径，更是国民经济高质量和可持续发展的重要保证。

（4）标准是引领行业高质量发展的重要手段。

优化和调整行业结构的目的是促进经济和社会的发展，改善人类物质文化生活。如我国传统产业中水泥、钢铁、电解铝的行业结构调整和优化势在必行。2020年10月24日，冶金工业规划研究院牵头举办的"2020（第二届）中国钢铁高质量发展标准化论坛"中，国际标准化组织ISO原主席、冶金工业规划研究院首席顾问张晓刚认为："中国钢铁高质量发展成功的标志有五个特征和三种能力。五个特征是，能引领全球钢铁行业的科技创新；能引领全球钢铁行业的管理创新；在全球钢铁行业规则制定中做主要贡献；在承担全球社会责任中起引领作用；在全球产业链供应链资源配置中起主导作用。三种能力是着力提升最先进标准的自我生成能力、自我复制能力和自我管理能力。"张晓刚说："区别于传统产业的从产品化到标准化再到产业群，新兴产业的路径是标准化到产品化到产业群。不是从粗放开始，慢慢再制订标准再发展产业，而是标准先行，标准引领。"这种做法可以避免盲目生产，在规范的引领下可以降本增效，使生产一步到位，所以标准是引领行业高质量发展的重要手段。

思 考 题

1. 阐述标准的定义、特性及作用。

2.《标准化法》对标准制定基本原则有何具体要求?

第二节 标准化的概念与目标

2014 年 3 月，习近平总书记在河南兰考调研指导党的群众路线教育实践活动时提出"标准决定质量，有什么样的标准就有什么样的质量，只有高标准才有高质量"的重要论述。这一重要论述是把经济社会发展从速度时代推向质量时代的根本保证，是新时期标准化工作的根本遵循，更是大力推进质量强国建设的理论指导和行动指南。

一、标准化的定义

（一）标准化的定义

为了在既定范围内获得最佳秩序，促进共同效益，对现实问题或潜在问题确立共同使用和重复使用的条款以及编制、发布和应用文件的活动。

1.标准化定义的来源

依据 GB/T 20000.1—2014《标准化工作指南 第 1 部分：标准化和相关活动的通用术语》，对标准化进行明确定义。

2.标准化概念的内涵

（1）标准化是一种活动，主要包括编制、发布和实施标准的过程。

（2）标准化的工作主要在于为其预期目的改造产品、过程或服务的适用性，防止贸易壁垒，并促进技术合作。

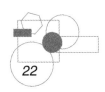

（二）标准化定义的解析

标准化是制定标准、实施标准并进行监督管理的一种活动过程。在深度上是一个永无止境的循环过程，在广度上是一个不断扩展的深化过程。

二、标准化工作的原理

标准化工作的基本原理通常是指统一原理、简化原理、协调原理和最优化原理。

（一）统一原理

统一原理就是为了保证事物发展所必需的秩序和效率，对事物的形成、功能或其他特性，确定适合于一定时期和一定条件的一致规范，并使这种一致规范与被取代的对象在功能上达到等效。

统一原理包含以下要点：（1）统一是为了确定一组对象的一致规范，其目的是保证事物所必需的秩序和效率；（2）统一的原则是功能等效，从一组对象中选择确定一致规范，应能包含被取代对象所具备的必要功能；（3）统一是相对的、确定的一致规范，只适用于一定时期和一定条件，随着时间的推移和条件的改变，旧的统一就要被新的统一所代替。

（二）简化原理

简化原理就是为了经济有效地满足需要，对标准化对象的结构、型式、规格或其他性能进行筛选提炼，剔除其中多余的、低效能的、可替换的环节，精炼并确定出满足全面需要所必要的高效能的环节，保持整体构成精简合理，使之功能效率最高。

简化原理包含以下几个要点：（1）简化是为了经济，使之更有效地满足需要；（2）简化的原则是从全面满足需要出发，保持整体构成精简合理，使之功能效率最高，所谓功能效率是指功能满足全面需要的能力；（3）简化的基本方法是对处于自然状态的对象进行科学的筛选提炼，剔除其中多余的、低效能的、可替换的环节，精练出高效能的能满足全面需要所必要的环节；（4）简化的实质不是简单化而是精练化，其结果不是以少替多，而是以少胜多。

（三）协调原理

协调原理就是为了使标准的整体功能达到最佳，并产生实际效果，必须通过有效的方式协调好系统内外相关因素之间的关系，确定为建立和保持相互一致、适应或平衡关系所必须具备的条件。

协调原理包含以下要点：（1）协调的目的在于使标准系统的整体功能达到最佳并产生实际效果；（2）协调对象是系统内相关因素的关系以及系统与外部相关因素的关系；（3）相关因素之间需要建立相互一致关系（连接尺寸），相互适应关系（供需交换条件），相互平衡关系（技术经济招标平衡，有关各方利益矛盾的平衡），为此必须确立条件；（4）协调的有效方式有：有关各方面的协商一致，多因素的综合效果最优化，多因素矛盾的综合平衡等。

（四）最优化原理

按照特定的目标，在一定的限制条件下，对标准系统的构成因素及其关系进行选择、设计或调整，使之达到最理想的效果，这样的标准化原理称为最优化原理。

三、标准化工作的任务

标准化的工作任务是制定标准、组织实施标准以及对标准的制定、实施进行监督。

《标准化法》第三条明确规定："标准化工作的任务是制定标准、组织

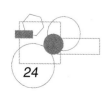

实施标准以及对标准的制定、实施进行监督。县级以上人民政府应当将标准化工作纳入本级国民经济和社会发展规划，将标准化工作经费纳入本级预算。"

本条明确了标准化工作的任务及政府应将标准化工作纳入国民经济和社会发展规划、纳入财政预算的规定。明确了标准化工作的具体范围包括制定标准、组织实施标准以及对标准的制定、实施进行监督，这涵盖了标准化活动的全过程，主要工作任务如下。

（一）制定标准

由标准制定主体按照其既定的制定程序编制和发布标准。

（二）组织实施标准

由标准化机构宣传、推广标准，社会各方面应用、实施标准。

（三）对标准的制定、实施进行监督

对标准的制定、实施进行监督，是指法定监管部门依法对标准的制定程序、标准的内容以及实施标准的行为等进行监督，并对相关违法行为追究法律责任。

（四）标准化工作的推动

为更好地推动标准化工作，保证标准化工作任务的完成，县级以上人民政府应当重视标准化工作，将标准化工作纳入本级政府国民经济和社会发展规划，明确任务、目标、推动措施，并与国民经济和社会发展相协调，作为支撑地区产业发展、促进科技进步、提升社会治理能力和水平的一项重要工作。

（五）标准化工作的经费保障

县级以上人民政府应在政府预算中明确标准化工作经费，保障标准化工作顺利开展。标准化工作经费包括标准制修订、监督管理、试点示范和宣传推广、标准化战略研究规划和参与国家、国际标准化活动等经费。

四、标准化的对象

标准化对象分具体对象和总体对象。

（1）具体对象：标准化的具体对象是指需要制定标准的具体事物。

（2）总体对象：标准化总体对象是指各种具体对象的全体所构成的整体，通过它可以研究各种具体对象的共同属性、本质和普遍规律。

五、标准化的作用

标准化是一个有目的有组织的活动过程。标准化是组织现代化生产的重要手段和必要条件，是促进经济转型升级、提质增效、促进产业结构调整和质量提升的前提，是企业实现科学管理和现代化管理的基础，是保障老百姓生活安全、健康、环保的技术保证，是国家资源合理利用、节能降耗和节流开源的有效途径，是推广新材料、新技术、新科研成果的桥梁，是消除贸易障碍、促进国际贸易发展的通行证。其具体作用表现在以下几方面：

（1）在保障人民生活安全、健康、环保等方面具有底线作用。不断满足人民群众日益增长的物质需求。如国家制定强制性标准就是为了保障人身健康和生命财产安全、国家安全、生态环境安全。

（2）在促进经济转型升级、提质增效等方面，标准化具有规制作用。标准的本质是技术规范，在相应的范围内具有很强的影响力和约束力。许多产品和产业，一个关键指标的提升，都会带动企业和行业的技术改造和质量升级，甚至带来行业的洗牌。

（3）在促进科技成果转化、培育发展新经济等方面，标准化具有引领作用。标准化是科研、生产、使用三者之间的桥梁。一项科研成果一旦纳入相应标准，就能迅速得到推广和应用。因此，标准化可使新技术和新科研成果得到推广应用，从而促进技术进步；标准化应用于科学研究，可以避免在研究上的重复劳动；应用于产品设计，可以缩短设计周期；应用于生产，可使生产在科学和有序的基础上进行；应用于管理，可促进统一、协调、高效率等。在标准化工作不断改革的进程中，产生了标准化工作的一种新趋势，也就是标准与技术和产品同步，甚至是先有标准才有相应的产品。创新与标准相结合，使产生的"乘数效应"能更好地推动科技成果向产业转化，形成强有力的增长动力，真正发挥标准化创新驱动作用。

（4）在促进社会治理、公共服务等方面，标准化具有支撑作用。标准是科学管理的重要方法，是行简政之道、革烦苛之弊、施公平之策的重要工具。在社会综合治理、美丽乡村建设、提升农村基本公共服务等工作中，标准化日益成为重要抓手。

（5）在促进国际贸易、技术交流等方面，标准化具有通行证作用。产品进入国际市场，首先要符合国际或其他国家的标准，同时标准也是贸易仲裁的依据。国际权威机构研究表明，标准和合格评定影响着80%的国际贸易。

六、标准化的目标

习近平总书记指出，"标准助推创新发展，标准引领时代进步"，"中国将积极实施标准化战略，以标准助力创新发展、协调发展、绿色发展、开放发展、共享发展"。我国实施标准化战略，是落实习近平总书记的重要指示和要求，是党中央、国务院对全国标准化工作的重要指向，也是市场监管总局三定方案明确要求抓好的三大战略之一。我们国家已经组建的全国标准化的专业技术委员会、分技术委员会达到1321个，专家有近5万名，承担国际标准组织的秘书处达到89个，主导制定国际标准583项，国际标准组织注册的中国专家近5000名。我国标准化工作实现了三个历史性的转变：一是实现了标准由政府一元供给向政府与市场二元供给的历史性转变，改变了过去政府制定什么标准，企业就执行什么标准的局面；二是实现了标准化由工业领域向一、二、三产业和社会事业全面拓展的历史性转变；三是实现国际标准由单一采用向采用与制定并重的历史性转变。

（一）标准化改革总的目标

根据国务院《深化标准化工作改革方案》，标准化改革总的目标是建立政府主导制定的标准与市场自主制定的标准协同发展、协调配套的新型标准体系，健全统一协调、运行高效、政府与市场共治的标准化管理体制，形成政府引导、市场驱动、社会参与、协同推进的标准化工作格局，有效支撑统一市场体系建设，让标准成为对质量的"硬约束"，推动中国经济迈向中高端水平。

（二）标准化目标

通过制定、发布和实施标准的标准化工作，达到统一并获得最佳秩序和社会效益；促进产业技术进步，提升产品、工程和服务质量，维护市场经济秩序，提高社会治理水平，服务经济高质量发展。

思 考 题

1.阐述标准化的定义及作用。

2.标准化的工作任务有哪些？

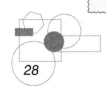

第三节 标准化管理

一、标准化的管理体制

我国颁布实施的《标准化法》规定，标准化工作实行"统一管理、分工负责"的管理体制。"统一管理"，就是政府标准化行政主管部门对标准化工作进行统一管理。具体来说，国务院标准化行政主管部门统一管理全国标准化工作；县级以上地方标准化行政主管部门统一管理本行政区域内的标准化工作。"分工负责"，就是国务院有关行政主管部门分工负责本部门、本行业标准化工作，县级以上地方有关行政主管部门分工负责本行政区域内本部门、本行业的标准化工作。

（一）标准管理部门

1.标准化工作管理体制

我国实施统一管理、分工负责的标准化工作管理体制。

2.国务院标准化行政主管部门的标准化管理工作职责

国务院标准化行政主管部门统一管理全国标准化工作，主要履行下列职责：（1）组织贯彻国家有关标准化工作的法律、法规、方针、政策；（2）组织制定全国标准化工作规划、计划；（3）负责强制性国家标准的立项、编号、对外通报和批准发布；（4）负责制定推荐性国家标准；（5）指导国务院有关行政主管部门和省、自治区、直辖市人民政府标准化行政主管部门的标准化工作，协调和处理有关标准化工作问题；（6）组织实施标准；（7）对标准的制定和实施情况进行监督检查；（8）负责国务院标准化协调推进部际联席会议日常工作；（9）代表国家参加国际标准化组织（ISO）、国际电工委员会（IEC）等有关国际标准化组织，负责管理国内各部门、各地方参与国际或区域性标准化组织活动的工作等。

3.国务院有关行政主管部门的标准化管理工作职责

国务院有关行政主管部门分工管理本部门、本行业的标准化工作，履行下列职责：（1）贯彻国家标准化工作的法律、法规、方针、政策，并制定在本部门、本行业实施的具体办法；（2）制定本部门、本行业的标准化工作规划、计划；（3）负责强制性国家标准的项目提出、组织起草、征求意见、技术审查，承担国家下达的草拟推荐性国家标准的任务；（4）组织制定行业标准；（5）指导省、自治区、直辖市有关行政主管部门的标准化工作；（6）组织本部门、本行业实施标准；（7）对标准实施情况进行监督检查等。

4.县级以上地方人民政府标准化行政主管部门的标准化管理工作职责

县级以上地方人民政府标准化行政主管部门统一管理本行政区域的标准化工作，履行下列职责：（1）贯彻国家标准化工作的法律、法规、方针、政策，并制定在本行政区域实施的具体办法；（2）制定地方标准化工作规划、计划；（3）指导本行政区域有关行政主管部门的标准化工作，协调和处理有关标准化工作问题；（4）在本行政区域组织实施标准；（5）对标准实施情况进行监督检查；（6）依法对本行政区域内的团体标准和企业标准进行监督。设区的市级以上地方人民政府标准化行政主管部门还依法履行组织制定地方标准的职责。

5.县级以上地方人民政府有关行政主管部门的标准化管理工作职责

县级以上地方人民政府有关行政主管部门分工管理本行政区域内本部门、本行业的标准化工作，履行下列职责：（1）贯彻国家和本部门、本行业、本行政区域标准化工作的法律、法规、方针、政策，并制定实施的具体办法；（2）制定本行政区域内本部门、本行业的标准化工作规划、计划；（3）承担设区的市级以上地方人民政府标准化行政主管部门下达的草拟地方标准的任务；（4）在本行政区域内组织本部门、本行业实施标准；（5）对标准实施情况进行监督检查。

（二）标准化的试点示范和宣传

《标准化法》第三十一条对标准化试点示范、标准化宣传，以及推动标准作用发挥做出规定。

《标准化法》第三十一条明确规定："县级以上人民政府应当支持开展标准化试点示范和宣传工作，传播标准化理念，推广标准化经验，推动全社会运用标准化方式组织生产、经营、管理和服务，发挥标准对促进转型升级、引领创新驱动的支撑作用。"

1.标准化试点示范

试点是为了探新路，示范是为了树标杆。标准化试点示范是标准实施推广的重要手段。试点示范通过典型经验促进相关标准在各领域的普及与推广，推动标准化工作在各行各业落地生根。标准化试点示范工作在促进生产方式转变和产业结构调整方面发挥了积极的引导、辐射和带动作用。目前，全国各地已经开展了农业标准化示范区、服务业标准化试点、高新技术标准化示范区、循环经济标准化试点、新型城镇化标准化试点、社会管理公共服务综合标准化试点、农村综合改革试点等十一类六千三百余个标准化试点示范项目，有效提高了经济效益、社会效益和生态效益。

2.标准化宣传

标准化宣传工作是标准化工作的重要组成部分。一要加强标准化理念宣传。通过标准化基础知识的宣传，提高社会对标准化的关注度和认知度，让标准化理念深入人心。二要加强标准化方式方法的宣传。通过宣传运用标准化方式提升产业发展的成功经验等，提高社会对标准化作用的认识。三要加强标准文本的宣传和解读。标准的生命在于实施,标准有效实施才能切实推动社会经济发展,因此要重视标准文本的宣传和解读,让全社会了解标准、使用标准。县级以上人民政府应当对标准化试点示范和宣传工作给予政策、经费等方面的大力支持。

3.推动标准作用的发挥

标准化是一种工具和手段,要把标准化融合运用到社会经济发展的方方面面。县级以上人民政府应当支持开展实施"标准化+",鼓励各行各业利用标准化的方式组织生产、经营、管理和服务,发挥标准化在经济社会发展中的支撑和引领作用,如党建标准化、精准扶贫标准化等。

(三)标准的实施

1.强制性标准实施

《标准化法》第二十九条第一款规定:"国家建立强制性标准实施情况统计分析报告制度。"

建立强制性国家标准实施情况统计分析报告制度,是指从实施监督等环节对强制性标准进行跟踪,开展信息收集、统计、反馈和通报,提高强制性标准适用性的一种监督方式,是实施标准管理规范化、科学化、有序化的有效手段,主要措施如下:

(1)收集。标准起草部门搜集标准实施中的问题,对企业和有关机构实施强制性标准的情况进行跟踪评价。

(2)反馈。监督执法部门将标准的执法信息、标准的认证信息以及其他有关的实施信息反馈给标准起草部门。

(3)通报。起草部门应根据掌握的情况,编制强制性国家标准实施情况统计分析报告,并与国务院标准化行政主管部门和其他有关部门进行信息共享。

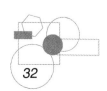

2.建立标准实施信息反馈和评估机制

《标准化法》第二十九条第二款规定："国务院标准化行政主管部门和国务院有关行政主管部门、设区的市级以上地方人民政府标准化行政主管部门应当建立标准实施信息反馈和评估机制，根据反馈和评估情况对其制定的标准进行复审。标准的复审周期一般不超过五年。经过复审，对不适应经济社会发展需要和技术进步的应当及时修订或者废止。"

标准实施信息反馈是指标准使用者将标准实施过程中的相关信息反馈给标准制定部门。

标准实施信息反馈是指标准实施后，标准制定部门收集标准实施情况和实施中遇到的问题并进行处理的过程。

（1）建立方便快捷的信息收集渠道。各级标准制定部门明确标准实施过程中标准实施信息反馈的方式与途径。标准实施信息反馈的方式有：第一，开辟互联网窗口，即标准制定部门在相关互联网网站设置标准实施信息反馈的窗口；第二，在标准文本中明确反馈方式，在标准的前言中告知用户向谁反馈信息，如联系单位、电话、邮编和网址。

（2）标准使用者应及时反馈标准实施信息。标准用户作为标准的直接使用者，对实施中发现的问题以及相关技术建议，应随时向标准制定部门反馈。

（3）标准制定部门应及时分析处理标准实施反馈信息。标准制定部门应及时组织相关技术归口单位对反馈的信息进行分析处理，并采取相应的工作措施。例如，对标准进行解释、发布标准修改单、启动标准修订程序等。

（四）标准实施评估与复审

1.标准评估

（1）标准评估是指标准实施后，对标准的实施应用情况、标准对经济社会活动所产生的影响进行测算、评价的过程。

（2）标准评估实施者：标准评估一般由标准制定部门组织开展，也可以由标准重大利益方（例如行业部门、行业协会、产业基地、标准化示范区等）组织。

（3）标准评估对象：标准评估既可以针对一项标准，也可以针对一组标准。

（4）标准评估内容：主要评价标准实施的经济效益、社会效益和生态效益及负面影响的评价。

经济效益评价：包括直接经济效益和间接经济效益。

社会效益评价：包括推动科技进步与社会发展、推动军民融合、保障国家和社会安全、推动产业转型升级及社会治理等方面产生的效益。

生态效益评价：包括资源节约与综合利用、减少环境污染、环境优化保护生物多样性等方面的效益。

负面影响的评价：是通过标准对工业、农业、社会治理及规范市场经济秩序的不利因素进行分析评价并持续有效的改进过程。

2.标准复审与结论

（1）标准复审：指标准实施一定时间后，对标准的技术内容是否适应经济社会发展需要所进行的重新审查。

（2）标准复审组织者及复审周期：标准复审一般由制定标准的部门组织技术委员会开展。标准复审可采用会议审查或函审，一般由参加过该标准审查工作的单位或人员参加。标准的复审周期一般不超过五年。

（3）标准复审结论：标准复审是标准制定的一个不可缺少的环节。依据《国家标准管理办法》和《标准化法》的规定，标准复审的结论分为继续有效、修订或废止。对于继续有效的标准，向社会公布复审日期；对于需修订的标准，重新立项开展技术内容的修订；对于需废止的标准，由制定标准的部门按照程序发布废止公告。

继续有效，是指标准内容仍符合当前科学技术发展水平，适应生产、建设、使用及满足老百姓人身健康安全需要，不需要修改的标准。确认继续有效的标准，不改变标准的编号和年号。当标准重版时，在标准封面上注明"××××年确认有效"字样。

修订，是指标准的技术要求需作修改，才能适应生产、建设、使用及满足老百姓人身健康安全需要，符合当前的科学技术水平及生产力发展的需要。需作修改的标准列入标准修订计划，并按照标准的修订程序开展修订工作，修订的标准顺序号不变，把年份号改为修订的年份号。

废止，是指标准内容已不适应当前科技发展和社会进步的需要、为新发布的标准所代替已无存在必要的标准，由原批准发布机构公告废止。

3.地方标准复审

2020年3月1日实施的《地方标准管理办法》（2020年1月16日国家市场监督管理总局令第26号公布）对地方标准的复审和废止做了规定。规定内容如下。

（1）地方标准进行复审期限及内容。《地方标准管理办法》第二十四条规定：设区的市级以上地方标准化行政主管部门应当建立地方标准实施信息反馈和评估机制，并根据反馈和评估情况，对其制定的地方标准进行复审。

地方标准复审周期一般不超过五年，但有下列情形之一的，应当及时复审：

①法律、法规、规章或者国家有关规定发生重大变化的；

②涉及的国家标准、行业标准、地方标准发生重大变化的；

③关键技术、适用条件发生重大变化的；

④应当及时复审的其他情形。

（2）地方标准进行复审结论。《地方标准管理办法》第二十五条规定：复审地方标准的，设区的市级以上地方标准化行政主管部门应当征求同级有关行政主管部门以及企业事业组织、社会团体、消费者组织和教育科研机构等方面意见，并根据有关意见做出地方标准继续有效、修订或者废止的复审结论。

复审结论为修订地方标准的，应当按照本办法规定的地方标准制定程序执行。复审结论为废止地方标准的，应当公告废止。

4.标准实施信息反馈、标准评估与标准复审的关系

标准实施信息反馈、标准评估、标准复审是标准实施后需要开展的标准化工作，它是标准发布后确保标准的时效性、适应性和提供标准质量的一种重要手段，也是保证标准实施效果的重要措施。它们之间既有联系，又各有侧重。标准实施信息反馈和标准评估的结果可以作为标准复审的依据。如表1-3-1所示。

表1-3-1　标准实施信息反馈、标准评估、标准复审三者之间的关系

项目	工作主体	工作内容
标准实施信息反馈	标准使用者	问题及意见建议； 对经济社会的影响
标准评估	标准制定部门	标准技术水平及标准实施效果
标准复审	标准技术委员会（归口单位）	标准内容的时效性、适应性和可延续性

（五）团体标准和企业标准实施的公开与监督

团体标准、企业标准的实施应当自我声明公开，并自觉接受政府、社会的监督。社会团体应当公开其团体标准的名称、编号等信息。团体标准涉及专利的，还应当公开标准涉及专利的信息。企业应当公开其执行的强制性标准、推荐性标准、团体标准或者企业标准的编号和名称。

1.《标准化法》对团体标准和企业标准自我声明公开和监督制度的规定

《标准化法》第二十七条规定："国家实行团体标准、企业标准自我声明公开和监督制度。企业应当公开其执行的强制性标准、推荐性标准、团体标准或者企业标准的编号和名称；企业执行自行制定的企业标准的，还应当公开产品、服务的功能指标和产品的性能指标。国家鼓励团体标准、企业标准通过标准信息公共服务平台向社会公开。

"企业应当按照标准组织生产经营活动，其生产的产品、提供的服务应当符合企业公开标准的技术要求。"

（1）企业标准自我声明公开和监督制度调整的对象，是指企业生产的产品和提供的服务所执行的标准，这类标准规定了企业生产的产品和提供的服务应达到的各类技术指标和要求，是企业对其产品和服务质量的硬承诺，应当公开并接受市场监督。因此，企业产品和服务标准公开是企业的法定义务。

（2）自我声明公开的目的。建立企业标准自我声明公开和监督制度，是营造公平竞争市场环境的重要举措。一是有利于放开搞活企业，保障企业主体地位，落实企业主体责任。二是有利于消除消费者（用户）与企业之间对产品质量信息不对称的问题，维护消费者（用户）知情权，引导消费者（用户）理性消费。三是有利于政府更好地提供公共服务和事中事后监管。四是有利于社会监督，能够充分调动消费者（用户）、行业组织、技术机构等的积极性，促进形成全社会质量共治机制，提升企业产品和服务标准水平，实现"优标优质优价"，推动市场秩序健康稳定发展。

（3）自我声明公开的内容。企业生产的产品和提供的服务，如果执行国家标准、行业标准和地方标准、团体标准的，企业应公开相应的标准名称和标准编号；如果企业生产的产品和提供的服务所执行的标准是本企业制定的企业标准，企业除了公开相应的标准名称和标准编号，还应当公开企业产品、服务的功能指标和产品的性能指标。功能指标是指描述产品、服务功效，如空调具有调节空气温度的功能。性能指标是指产品、服务在一定条件下实现功能的程度，如空调的制冷量、耗电量等。以空调为例，"制冷类型：冷暖"为空调的功能指标，提示此款空调具有制暖和制冷两项功能；"制冷量（W）3500、制冷功率（W）1110、制热量（W）4500、制热功率（W）1500，电辅加热功率（W）1000"为产品的性能指标，提示此款空调的制冷量和耗电量等。公开标准指标的类别和内容由企业根据自身特点自主确定，企业可以不公开生产工艺、配方、流程等可能含有企业技术秘密和商业秘密的内容。企业应对公开的产品和服务标准的真实性、准确性和合法性负责。

（4）自我声明公开的方式。国家建立标准信息公共服务平台为企业开展标准自我声明公开提供服务，鼓励企业在国家统一的平台开展自我声明公开。截至2017年12月20日，已经有超过13万家企业的50余万项标准在国家标准信息公共服务平台上公开。企业已在产品包装或者产品和服务的说明书上明示其执行的标准的，视为已履行自我声明公开义务。企业应在其产品和服务进入市场公开销售之前，将产品和服务执行的标准信息公开。企业已在产品包装或者产品和服务的说明书上公开其执行的标准的，仍鼓励企业通过标准信息公共服务平台公开。

（5）自我声明公开的效力。企业生产的产品和提供的服务应当符合企业自我声明公开的标准提出的技术要求，不符合企业自我声明公开标准提出的技术要求的，应依法承担相应的责任。

2.团体标准自我声明公开和监督制度

为宣传推广团体标准，促进团体标准实施，国家实行团体标准自我声明公开和监督制度。对团体标准的监督应依据《标准化法》第三十九条和第四十二条及《团体标准管理办法》第四章"团体标准的监督"的规定进行。

《团体标准管理办法》第十八条规定：社会团体应当公开其团体标准的名称、编号、发布文件等基本信息。团体标准涉及专利的，还应当公开标准涉及专利的信息。鼓励社会团体公开其团体标准的全文或主要技术内容。

《团体标准管理办法》第十九条规定：社会团体应当自我声明其公开的团体标准符合法律法规和强制性标准的要求，符合国家有关产业政策，并对公开信息的合法性、真实性负责。

《团体标准管理办法》第二十条规定：国家鼓励社会团体通过标准信息公共服务平台自我声明公开其团体标准信息。社会团体到标准信息公共服务平台上自我声明公开信息的，需提供社会团体法人登记证书、开展团体标准化工作的内部工作部门及工作人员信息、团体标准制修订程序等相关文件，并自我承诺对以上材料的合法性、真实性负责。

二、标准的分类

依据2015年《国务院关于印发深化标准化工作改革方案的通知》的要求，政府主导制定的推荐性标准限定在公益类范围，形成协调配套、简化高效的推荐性标准管理体制。市场自主制定的团体标准、企业标准为发展较为成熟，能更好地满足市场竞争、创新发展的需求的标准，从而构建政府主导制定的标准和市场自主制定的标准协同发展、协调配套的新型标准体系。该体系由五个层级的标准构成，分别是国家标准、行业标准、地方标准、团体标准和企业标准。其中国家标准、行业标准和地方标准属于政府主导制定的标准，团体标准和企业标准属于市场自主制定的标准。截至2019年9月，我国共有国家标准36877项，备案的行业标准62262项，备案地方标准37818项，团体标准9790项，企业自我声明公开的标准有114万项。具体标准分类如下。

（一）按标准制定主体和适用范围分类

按标准制定主体和适用范围分为国际标准、国家标准、行业标准、地方标准和团体标准、企业标准。国家标准、行业标准和地方标准属于政府主导制定的标准，团体标准、企业标准属于市场主体自主制定的标准。国家标准由国务院标准化行政主管部门制定。行业标准由国务院有关行政主管部门制定。地方标准由省、自治区、直辖市以及设区的市人民政府标准化行政主管部门制定。团体标准由学会、协会、商会、联合会、产业技术联盟等社会团体制定。企业标准由企业或企业联合制定。六种标准的区别如表1-3-2所示。

表1-3-2 不同标准的区别

标准类别	标准制定主体和适用范围	备注
国际标准	是指国际标准化组织(ISO)、国际电工委员会(IEC)和国际电信联盟(ITU)制定的标准,以及国际标准化组织确认并公布的其他国际组织制定的标准	国际标准在世界范围内统一使用
国家标准	是指对需要在全国范围内统一的技术要求,应当制定国家标准。国家标准由国务院标准化行政主管部门制定	
行业标准	是指对没有国家标准而又需要在全国某个行业范围内统一的技术要求,可以制定行业标准	
地方标准	是指为满足地方自然条件、风俗习惯等特殊技术要求,可以制定地方标准。由省级和设区的市级标准化行政主管部门制定发布,地方标准只在本行政区域内实施,也属于推荐性标准	需报国务院标准化行政主管部门备案
团体标准	是指学会、协会、商会、联合会、产业技术联盟等社会团体协调相关市场主体共同制定满足市场和创新需要的团体标准,由本团体成员约定采用或者按照本团体的规定供社会自愿采用	不得低于国家强制性和推荐性标准
企业标准	是指企业可以根据需要自行制定企业标准,或者与其他企业联合制定企业标准	企业内部执行,不得低于国家强制性和推荐性标准

(二)按实施效力的不同分类

政府主导制定的标准分为强制性标准和推荐性标准。强制性标准仅有国家标准一级,《标准化法》第十条另有规定的除外。推荐性标准包括推荐性国家标准、行业标准和地方标准。二者主要区别如表1-3-3所示。

表1-3-3 强制性标准和推荐性标准的区别

标准类别	标准实施效力	备注
强制性标准	对保障人身健康和生命财产安全、国家安全、生态环境安全以及满足经济社会管理基本需要的技术要求必须制定的标准	标准必须执行
推荐性标准	对满足基础通用、与强制性国家标准配套、对各有关行业起引领作用等需要的技术要求,可以制定推荐性国家标准。推荐性国家标准由国务院标准化行政主管部门制定	国家鼓励采用

(三)《标准化法》对不同标准的规定要求

1.国家标准

需要在全国范围内统一的技术要求, 应制定为国家标准。一般基础性、通用性较强的标准,是我国标准体系中的主体,由国务院标准化行政主管部门统一制定发布。国家标准一经批准发布实施,与国家标准相重复的行业标准、地方标准即行废止。按照标准效力,国家标准分为强制性和推荐性两种。强制性国家标准由政府主导制定,主要为保障人身健康和生命财产安全、国家安全、生态环境安全等。强制性国家标准一经发布必须执行。推荐性国家标准由政府组织制定,主要定位为基础通用,与强制性国家标准配套,对行业发展起引领作用。推荐性国家标准鼓励社会各方采用。标准代号:GB(强制性国家标准)、GB/T(推荐性国家标准)。

(1)强制性国家标准(GB)的制定与实施:强制性国家标准必须执行,不符合强制性标准的产品、服务,不得生产、销售、进口或者提供。违反强制性标准的,依法承担相应的法律责任。《标准化法》第十条规定:"对保障人身健康和生命财产安全、国家安全、生态环境安全以及满足经济社会管理基本需要的技术要求,应当制定强制性国家标准。强制性国家标准由国务院批准发布或者授权批准发布。法律、行政法规和国务院决定对强制性标准的制定另有规定的,从其规定。"

（2）强制性国家标准的形式：强制性标准的形式可分为全文强制和条文强制两种：①标准的全部技术内容需要强制时，为全文强制形式；②标准中部分技术内容需要强制时，为条文强制形式。如下全部技术内容均为强制性标准的示例。

前　言

本标准的全部技术内容为强制性。

本标准按GB/T 1.1—2009给出的规则起草。

本标准代替GB 18581—2009《室内装饰装修材料　溶剂型木器涂料中有害物质限量》和GB 24410—2009《室内装饰装修材料　水性木器涂料中有害物质限量》。本标准以GB 18581—2009为主，整合了GB 24410—2009的内容，与GB 18581—2009相比，除编辑性修改外主要技术变化如下：

——修改了标准的范围（见第1章，GB 18581—2009的第1章）；

——删除了规范性引用文件"GB/T 1250、GB 18582—2008"；增加了规范性引用文件"GB/T 6682—2008、GB/T 8170—2008、GB/T 23985—2009、GB/T 23986—2009、GB/T 23990—2009、GB/T 23991—2009、GB/T 23992—2009、GB/T 23993—2009、GB/T 30646—2014、GB/T 30647—2014、GB/T 31414—2015、GB/T 34675—2017……

（3）强制性标准制定的例外规定：《标准化法》第十条对强制性标准制定做了例外规定，将强制性国家标准、行业标准和地方标准整合为强制性国家标准，建立统一的强制性标准体系，能有效避免标准间的交叉重复矛盾，防止出现行业壁垒和地方保护，做到"一个市场、一条底线、一个标准"。长远来看，我国的强制性标准应实行统一管理模式，形成统一的市场技术规则体系，但是考虑到我国现有强制性标准数量多、涉及范围广、影响面大，以及标准化管理的历史沿革和特殊情况，过渡性地保留强制性标准例外管理。目前部分法律、行政法规和国务院决定对强制性标准制定另作规定。例如，《中华人民共和国环境保护法》《中华人民共和国食品安全法》等法律，《农业转基因生物安全管理条例》等行政法规。这些法律法规涉及领域有环境保护、工程建设、食品安全、医药卫生等，这些领域的强制性国家标准或者强制性行业标准或者强制性地方标准按现有模式管理。"国务院决定"是指《深化标准化工作改革方案》（国发〔2015〕13号）。

（4）推荐性国家标准（GB/T）的制定与实施：依据《标准化法》第十一条规定，"对满足基础通用、与强制性国家标准配套、对各有关行业起引领作用等需要的技术要求，可以制定推荐性国家标准。推荐性国家标准由国务院标准化行政主管部门制定"。

推荐性标准，国家鼓励采用，即企业自愿采用推荐性标准，同时国家将采取一些鼓励和优惠措施，鼓励企业采用推荐性标准。在有些情况下，推荐性标准的效力会发生转化，必须执行：

①推荐性标准被相关法律、法规、规章引用，则该推荐性标准具有相应的强制约束力，应当按法律、法规、规章的相关规定予以实施。

②推荐性标准被企业在产品包装、说明书或者标准信息公共服务平台上进行了自我声明公开的，企业必须执行该推荐性标准。企业生产的产品与明示标准不一致的，依据《中华人民共和国产品质量法》承担相应的法律责任。

③推荐性标准被合同双方作为产品或服务交付的质量依据的，该推荐性标准对合同双方具有约束力，双方必须执行该推荐性标准，并依据《合同法》的规定承担法律责任。

④GB/T是指推荐性国家标准，"T"在此读"推"，推荐性的意思。它指的是在生产、交换、使用等方面，通过经济手段或市场调节，而自愿采用的国家标准。

（5）强制性国家标准（GB）与推荐性国家标准（GB/T）的区别。

①"强制国家标准"是与标准相关的企业、个人都必须无条件执行及

符合的。

②"推荐国家标准"是与标准相关的企业、个人可以根据自己具体情况是否执行。

③强制性国家标准是保障人体健康、人身财产安全的标准和法律行政法规规定强制执行的国家标准。国家把涉及人体健康安全、环境、资源的保护等方面安全性的标准作为强制性标准，标准中的内容必须一丝不苟地执行，没有商榷的余地。

④推荐性国家标准是指在生产、交换、使用等方面，通过经济手段或市场调节而自愿采用的国家标准，企业在使用中可以参照执行。企业可以根据企业内部生产情况、技术要求制定高于国家标准的企业标准，也可以指定企业标准，前提是没有国家标准或行业标准、地方标准。推荐性国家标准一经接受并采用，或各方商定同意纳入经济合同中，就成为各方必须共同遵守的技术依据，具有法律上的约束性。

⑤企业不管使用的是推荐性国家标准还是企业标准，一旦在产品上明示就是强制执行。

2. 行业标准

对于需要在某个行业范围内全国统一的标准化对象所制定的标准称为行业标准。《标准化法》第十二条规定："对没有推荐性国家标准、需要在全国某个行业范围内统一的技术要求，可以制定行业标准。行业标准由国务院有关行政主管部门主持制定和审批发布，并报国务院标准化行政主管部门备案。"

（1）行业标准是对没有推荐性国家标准而又需要在全国某个行业范围内统一的技术要求所制定的标准。

（2）行业标准不得与有关国家标准相抵触。有关行业标准之间应保持协调、统一，不得重复。

（3）行业标准在相应的国家标准实施后，即行废止。行业标准由行业标准归口部门统一管理。它由国务院各部委制定发布，发布后需到国务院标准化行政主管部门备案。行业标准属于推荐性标准。

（4）标准代号：JGJ，CJJ，JG，CJ等等，具体见我国行业标准代号一览表，如表1-3-4所示。

表1-3-4　我国行业标准代号一览表

序号	标准类别	标准代号	行政主管部	标准组织制定部门
1	安全生产	AQ	国家安全生产管理局	国家安全生产管理局
2	包装	BB	工业和信息化部	中国包装工业总公司
3	船舶	CB	国防科学工业委员会	中国船舶工业总公司
4	测绘	CH	国家测绘局	国家测绘局
5	城镇建设	C	住房和城乡建设部	住房和城乡建设部
6	新闻出版	CY	国家新闻出版总署	国家新闻出版总署
7	档案	DA	国家档案局	国家档案局
8	地震	DB	中国地震局	中国地震局
9	电力	DL	国家能源局	中国电力企业联合会
10	地质矿产	DZ	自然资源部	自然资源部
11	核工业	E	国防科学工业委员会	中国核工业总公司
12	纺织	FZ	工业和信息化部	中国纺织工业协会
13	公共安全	GA	公安部	公安部
14	供销	GH	中华全国供销合作总社	中华全国供销合作总社
15	国军标	GiB	国防科工委	国防科工委、中央军委装备发展部、中国共产党中央军事委员会后勤保障部
16	广播电影电视	GY	国家广播电影电视总局	国家广播电影电视总局
17	航空	HB	国防科学工业委员会	中国航空工业总公司
18	化工	HG	工业和信息化部	中国石油和化学工业协会
19	环境保护	HJ	国家环境保护总局	国家环境保护总局
20	海关	HS	海关总署	海关总署
21	海洋	Y	国家海洋局	国家海洋局

续表

序号	标准类别	标准代号	行政主管部	标准组织制定部门
22	机械	JB	工业和信息化部	中国机械工业联合会
23	建材	JC	工业和信息化部	中国建筑材料工业协会
24	建筑工业	IG	住房和城乡建设部	住房和城乡建设部
25	建工行标	JGJ	住房和城乡建设部	住房和城乡建设部
26	金融	JR	中国人民银行	中国人民银行
27	交通	T	交通运输部	交通运输部
28	教育	Y	教育部	教育部
29	旅游	LB	文化和旅游部	文化和旅游部
30	劳动和劳动安全	LD	劳动和社会保障部	劳动和社会保障部
31	粮食	LS	国家粮食和物资储备局	国家粮食和物资储备局
32	林业	LY	国家林业和草原局	国家林业和草原局
33	民用航空	MH	中国民航管理总局	中国民航管理总局
34	煤炭	MT	国家能源局	中国煤炭工业协会
35	民政	MZ	民政部	民政部
36	能源	NB	国家能源局	国家能源局
37	农业	NY	农业农村部	农业农村部
38	轻工	QB	工业和信息化部	中国轻工业联合会
39	汽车	Qc	工业和信息化部	中国机械工业联合会
40	航天	QJ	国防科学工业委员会	中国航天工业总公司
41	气象	Qx	中国气象局	中国气象局
42	国内贸易	SB	商务部	商务部
43	水产	SC	农业农村部	农业农村部
44	石油化工	SH	国家能源局	中国石油和化学工业协会
45	电子	SJ	工业和信息化部	工业和信息化部
46	水利	SL	水利部	水利部
47	商检	SN	国家市场监督管理总局	国家认证认可监督管理委员会

续表

序号	标准类别	标准代号	行政主管部	标准组织制定部门
48	石油天然气	SY	国家能源局	中国石油和化学工业协会
49	海洋石油天然气（10000号以后）	SY	国家能源局	中国海洋石油总公司
50	铁道	TB	铁道部	铁道部
51	土地管理	TD	自然资源部	自然资源部
52	铁道交通	TJ	铁道部	铁道部标准所
53	体育	TY	国家体育总局	国家体育总局
54	物资管理	WB	工业和信息化部	中国物流与采购联合会
55	文化	WH	文化和旅游部	文化和旅游部
56	兵工民品	WJ	国防科学工业委员会	中国兵器工业总公司
57	外经贸	WM	外经贸	外经贸部科技司
58	卫生	WS	卫计委	卫计委
59	稀土	XB	工业和信息化部	国家发改委会稀办公室
60	黑色冶金	YB	工业和信息化部	中国钢铁工业协会
61	烟草	YC	国家烟草专卖局	国家烟草专卖局
62	通信	YD	工业和信息化部	工业和信息化部
63	有色冶金	YS	工业和信息化部	中国有色金属工业协会
64	医药	YY	国家食品药品监督管理总局	国家食品药品监督管理总局
65	邮政	YZ	国家邮政局	国家邮政局
66	中医药	ZY	国家中医药管理局	国家中医药管理局

3.地方标准

《标准化法》第十三条规定："为满足地方自然条件、风俗习惯等特殊技术要求，可以制定地方标准。地方标准由省、自治区、直辖市人民政府标准化行政主管部门制定；设区的市级人民政府标准化行政主管部门根据本行政区域的特殊需要，经所在地省、自治区、直辖市人民政府标准化行政主管部门批准，可以制定本行政区域的地方标准。地方标准由省、自治区、直辖市人民政府标准化行政主管部门报国务院标准化行政主管部门备案，由国务院标准化行政主管部门通报国务院有关行政主管部门。"

（1）地方标准制定、发布及实施

① 为满足地方自然条件、风俗习惯等特殊技术要求，可以制定地方标准。因此，地方标准制定的重点是与地方自然条件、风俗习惯相关的特殊技术要求。

② 地方标准由省、自治区、直辖市和设区的市级标准化行政主管部门制定发布，发布后需到国务院标准化行政主管部门备案。地方标准只在本行政区域内实施，也属于推荐性标准。

③ 制定地方标准的项目要以没有国家标准、行业标准的项目为限，不能以一般的标准化对象作为制定地方标准的项目；需要在省、自治区、直辖市范围内统一规范。

④ 标准代号。编号由五部分组成："DB（地方标准代号）" + "省、自治区、直辖市行政区代码前两位" + "/" + "顺序号" + "年号"，例如 DB33/T 944.2—2017《"浙江制造"评价规范》第2部分：管理要求。

（2）主要涉及范围：①工业产品的安全、卫生要求；②药品、兽药、食品卫生、环境保护、节约能源、种子等法律法规规定的要求；③其他法律法规规定的要求。

4.团体标准

团体标准是由学会、协会、商会、联合会、产业技术联盟等合法注册的社会团体制定发布。凡是满足市场和创新需要的技术要求，都可以制定团体标准。团体标准由本团体成员约定采用，或者按照本团体的规定供社会各方自愿采用。

《标准化法》第十八条规定：国家鼓励学会、协会、商会、联合会、产业技术联盟等社会团体协调相关市场主体共同制定满足市场和创新需要的团体标准，由本团体成员约定采用或者按照本团体的规定供社会自愿采用。

制定团体标准应当遵循开放、透明、公平的原则，保证各参与主体获取相关信息，反映各参与主体的共同需求，并组织对标准相关事项进行调查分析、实验、论证。

国务院标准化行政主管部门会同国务院有关行政主管部门对团体标准的制定进行规范、引导和监督。

（1）团体标准制定主体。团体标准制定主体是社会团体。所谓社会团体是指具有法人资格，且具备相应专业技术能力、标准化工作能力和组织管理能力的学会、协会、商会、联合会和产业技术联盟等社会组织。

国家鼓励具备相应能力的学会、协会、商会、联合会等社会组织和产业技术联盟协调相关市场主体共同制定满足市场和创新需要的标准，供市场自愿选用，增加标准的有效供给。

（2）团体标准管理。对团体标准不设行政许可，由社会组织和产业技术联盟自主制定发布，通过市场竞争优胜劣汰。国务院标准化主管部门会同国务院有关部门制定团体标准发展指导意见和标准化良好行为规范，对团体标准进行必要的规范、引导和监督。

（3）团体标准工作推进。选择市场化程度高、技术创新活跃、产品类标准较多的领域，先行开展团体标准试点工作。支持专利融入团体标准，推动技术进步。

（4）团体标准编号不统一。如建筑工程经常用到的团体标准是由中国工程建设标准化协会编制的，编号为CECS开头。"浙江制造"团体标准由浙江制造品牌联合会制定编号规则，编号为"T/ZZB"，如T/ZZB 0394—2018《抗裂硅质防水剂》。

5.企业标准

企业标准是在企业范围内需要协调、统一的技术要求、管理要求和工作要求所制定的标准，是企业组织生产、经营活动的依据。它由企业根据需要自行制定或者与其他企业联合制定。

《标准化法》第十九条规定："企业可以根据需要自行制定企业标准，或者与其他企业联合制定企业标准。"

（1）企业生产的产品没有国家标准和行业标准的，应当制定企业标准，作为组织生产的依据。已有国家标准和行业标准的，鼓励企业制定高于推荐性标准相关技术要求的企业标准。企业内所实施的标准一般都是强制性的。

（2）企业根据生产和经营的需要，可自行制定本企业所需要的标准，不必经过其他机构的批准或认定。企业标准既可以是单个企业自己制定，也可以由多个企业联合起来制定。这种联合制定一般是以多个企业共同的名义或者多个企业协议组成的联盟（不是依法登记的社会团体）制定。企业标准在企业内部使用，但对外提供的产品或服务涉及的标准，则作为企业对市场和消费者的质量承诺。

（3）自行制定的企业标准和联合制定的企业标准都属于企业标准，制定程序和编号规则应按照企业标准进行，企业标准的编号由企业标准代号、标准顺序号和发布年号组成。企业代号可用汉语拼音字母或用阿拉伯数字或两者兼用。企业标准一般以"Q"标准为开头。企业标准由企业制定，由企业法人代表或法人代表授权的主管领导批准、发布。

（4）企业可制定产品类企业标准并进行自我公开，其公开内容应当按照《标准化法》第二十七条执行。

（5）企业根据实际需要制定的企业产品或服务标准前，应确保具备相应的人员、技术和经费资源，并清楚知晓与之相关的法律法规规则及潜在的风险。

（四）国外标准

1.国际标准

国际标准是由全球性的国际组织所制定的标准。（1）指由1946年成立的国际标准化组织（ISO）、1906年成立的国际电工委员会（IEC）和1947年成立的国际电信联盟（ITU）所制定的标准。（2）国际原子能机构（IAEA）、国际铁路联盟（UIC）、国际计量局（BIPM）、世界卫生组织（WHO）等经ISO确认并认可的机构所制定的标准，也属于国际标准。

2.国际区域性标准

国际区域性标准，是指由区域性的国家集团的标准化组织制定和发布的标准，在该集团各成员国之间通用，如欧盟标准。这些国家集团的标准化组织的形成，有的是因为地理上毗邻，如泛美技术标准委员会（COPANT）是中美洲和拉丁美洲区域性标准化机构，成立于1947年，旨在制定中南美洲统一使用的标准，以促进中南美洲国家经济和贸易的发展，协调拉丁美洲国家标准化机构的活动。受拉丁美洲自由贸易协会委托制定各项产品标准、标准试验方法、术语等，以促进拉丁美洲国家之间的贸易，巩固拉丁美洲共同市场。成员国：阿根廷、玻利维亚、巴西、智利、哥伦比亚、多米尼加共和国、厄瓜多尔、墨西哥、巴拿马、巴拉圭、秘鲁、南非、特立尼达和多巴哥、乌拉圭、委内瑞拉以及中美洲共同市场五国。有的是因为政治上和经济上有共同的利益，如欧洲标准化委员会（CEN）1961年成立于法国巴黎，1975年总部迁移至比利时布鲁塞尔。CEN是以西欧国家为主体、由国家标准化机构组成的非营利性标准化机构。宗旨在于促进成员国之间的标准化协作，制定本地区需要的欧洲标准（EN，除电工行业以外）和协调文件（HD），CEN与欧洲电子标准化委员会（CENELEC）和欧洲电信标准化协会（ETSI）一起组成信息技术指导委员会（ITSTC），在信息领域的互联开放系统（OSI）制定功能标准。CEN发布的文件主要有：欧洲标准（EN）、协调文件（HD）、技术规范（CEN/TS）、技术报告（CEN/TR）、工作协议（CWA）、工作导则（CENGuide）以及将来可能会成为技术规范的欧洲暂行标准（ENV）和通常成为技术报告的CEN报告（CEN/CR）等。

国际区域性标准的出现对国际标准化，既可能产生有益的促进作用，也可能成为影响国际统一协调的消极因素。在国际贸易中，一些国家凭借技术标准、技术法规很容易使所实施的TBT（技术性贸易壁垒）具有名义上的合理性、提法上的巧妙性、形式上的合法性、手段上的隐蔽性，从而使得出口国望之兴叹。其具体体现在：技术标准、法规繁多，让出口国防不胜防；技术标准要求严格，让发展中国家很难达到；有些标准经过精心设计和研究，可以专门用来对某些国家的产品形成技术壁垒。如 RoHS 是由欧盟立法制定的一项强制性标准，它的全称是《关于限制在电子电器设备中使用某些有害成分的指令》（*Restriction of Hazardous Substances*）。该标准已于 2006 年 7 月 1 日开始正式实施，主要用于规范电子电气产品的材料及工艺标准，使之更加有利于人体健康及环境保护。该标准的目的在于消除电机电子产品中的铅、汞、镉、六价铬、多溴联苯和多溴二苯醚（注：PBDE 正确的中文名称是多溴二苯醚，多溴联苯醚是错误的说法）共 6 种物质，并重点规定了铅的含量不能超过 0.1%。2008 年 12 月 3 日，欧盟又发布了 WEEE 指令（2002/96/EC，Waste Electrical and Electronic Equipment Directive，《关于报废电子电气设备的指令》）和 RoHS 指令（2002/95/C）的修订提案。本次提案的目的是创造更好的法规环境，即简单、易懂、有效和可执行的法规。RoHS 指令修订的主要内容有：一是改变了法律用词，澄清了指令的范围和定义；二是引入产品的 CE（Communate Europpene，表示欧洲统一）标志以及合格声明；三是分阶段将医疗器械、控制和监控仪器纳入 RoHS 指令的范畴；四是限制的 6 种有害物质没有变化，但对 4 种物质——六溴环十二烷（HBCDD）、邻苯二甲酸二（2-乙基己基）酯（DEHP）、邻苯二甲酸丁苄酯（BBP）和邻苯二甲酸二丁酯（DBP）要求进行优先评估，以便考察将来是否纳入限制物质的范畴。RoHS 范围：仅对于 2006 年 7 月 1 日起投放市场的新产品。

RoHS 指令适用的地区为欧盟 27 个成员国，即英国（2016 年退出欧盟）、法国、德国、意大利、荷兰、比利时、卢森堡、丹麦、爱尔兰、希腊、西班牙、葡萄牙、奥地利、瑞典、芬兰、塞浦路斯、匈牙利、捷克、爱沙尼亚、拉脱维亚、立陶宛、马耳他、波兰、斯洛伐克、斯洛文尼亚、保加利亚、罗马尼亚。

RoHS 指令的涵盖产品范围为 AC1000V、DC1500V 以下的由目录所列出的电子、电气产品。

①大型家用电器：冰箱、洗衣机、微波炉、空调等；

②小型家用电器：吸尘器、电熨斗、电吹风、烤箱、钟表等；

③IT 及通信仪器：计算机、传真机、电话机、手机等；

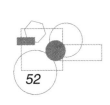

④民用装置：收音机、电视机、录像机、乐器等；

⑤照明器具：除家庭用照明外的荧光灯等，照明控制装置；

⑥电动工具：电钻、车床、焊接、喷雾器等；

⑦玩具/娱乐、体育器械：电动车、电视游戏机等；

⑧医疗器械：放射线治疗仪、心电图测试仪、分析仪器等；

⑨监视/控制装置：烟雾探测器、恒温箱、工厂用监视控制机等；

⑩自动售货机和半导体器件。

它不仅包括整机产品，而且包括生产整机所使用的零部件、原材料及包装件，关系到整个生产链。

3.国外先进标准

国外先进标准是指国际上有影响的区域标准，世界主要经济发达国家制定的国家标准和其他国家某些具有世界先进水平的国家标准，国际上通行的团体标准以及先进的企业标准。

三、国家标准采用国际标准的工作要求

为深入贯彻落实习近平总书记"以高标准助力高技术创新，促进高水平开放，引领高质量发展"的重要指示精神，瞄准国际标准提高水平，加快推进中国标准与国际标准之间的转化运用，为做好国家标准采用国际标准工作，国家标准委于2021年1月13日发布了《国家标准采用国际标准工作指南（2020年版）》，具体内容如下。

（一）抓好重点领域采标

围绕服务国家重大战略、推动"一带一路"建设、应对重大公共事件、满足进出口贸易需求，促进构建以国内大循环为主体、国内国际双循环相互促进的新发展格局，助力做好"六稳"工作，落实"六保"任务，重点支持以下领域的采标项目列入国家标准制修订计划。

1. 农业和食品

肥料、土壤质量、饲料、农药、动物卫生、植物检疫、农作物种子、水产、竹藤、木材、人造板、粮油、肉禽蛋制品等领域。

2. 消费品

纺织品、家用电器、照明电器、家具、服装鞋帽、化妆品和日用化学品、儿童用品等领域。

3. 装备制造业

通用共性技术、基础零部件、高档数控机床、机器人、增材制造、智能制造、宇航技术及其应用、航空器、船舶、牵引电气设备与系统、汽车、智能运输系统、农业机械、工程机械、高性能医疗器械等领域。

4. 信息技术与电工电力

区块链、物联网、信息安全、半导体器件、超导、平板显示器件、电工电子产品及可靠性、电线电缆、电力电容器、电力电子系统和设备、电力系统管理及信息交换、太阳光伏能源系统、燃料电池等领域。

5. 新材料

先进钢铁材料、先进有色金属材料、先进化工材料、先进建筑材料等领域。

6. 服务业

金融、残疾人康复和专用设备、质量管理和质量保证、风险管理、项目管理、印刷等领域。

7. 社会管理和公共服务

公共安全、公共卫生、医疗防疫、法庭科学、个体防护、消防、地理

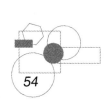

信息、城市可持续发展等领域。

8.能源资源

煤炭、石油、天然气、能源管理、节能减排、环境管理等领域。

（二）推进采标验证

国务院有关行政主管部门、地方人民政府标准化行政主管部门，以及全国专业标准化技术委员会等要组织开展国际标准的研究和采标适用性分析，紧密跟踪国际标准动态，及时提出采标项目建议，积极开展采标验证，确保采标的科学性和有效性。国际标准化组织国内技术对口单位应在跟踪研究国际标准的同时，及时主动地将有关信息反馈给全国专业标准化技术委员会和有关单位。

（三）做好采标标准制修订

为确保急需的采标项目优先立项、快速发布，全国专业标准化技术委员会和有关单位要抓紧落实相关采标标准制修订计划，按时完成采标标准制修订任务。国务院有关行政主管部门积极配合国务院标准化行政主管部门，推进我国提交的国际标准提案与国家标准同步立项。

（四）加大采标工作统计宣传

国务院有关行政主管部门、地方人民政府标准化行政主管部门，以及全国专业标准化技术委员会等要客观分析采标工作的效果和作用，及时总结采标工作的先进经验，通过报刊、广播、电视等传统媒体以及网络、自媒体等新兴媒体开展有关工作宣传，提升社会各界对采标重要性的认识。国务院有关行政主管部门和全国专业标准化技术委员会要建立采标通报机制，做好采标工作年度统计报告。

（五）加强采标工作指导协调

国务院有关行政主管部门要高度重视采标工作，加强指导和协调，全面推进本行业的采标工作；地方人民政府标准化行政主管部门要围绕地方优势产业和出口贸易提出采标工作建议，鼓励企事业单位积极参与采标工作，做好采标标准的实施。采标项目按照年度国家标准立项指南要求进行申报和管理，采标项目随时申报、及时评估、集中下达。采标项目制定周期原则上不超过18个月。

（六）强化采标工作基础保障

各级标准化主管部门要加大对采标工作的支持力度，在政策、经费、人才等方面予以支持。鼓励社会团体、企业、科研院所、检测机构、大专院校等积极参与采标工作。国家技术标准创新基地要结合基地建设，积极参与本领域（区域）的采标工作。

思　考　题

1.《标准化法》对强制标准有何规定？

2.强制标准和推荐性标准有何区别和联系？

3.何谓团体标准？团体标准的制定主体有哪些？

第四节 标准体系

一、标准体系的定义及特征

（一）标准体系的定义

标准体系是指一定范围内的标准按其内在联系形成的科学的有机整体标准体系特征：结构性（层次结构和过程结构）、协调性（相关性）、整体性。

（二）标准体系表

标准体系是指一定范围的标准体系内的标准按一定形式排列起来的图表，它表示该标准体系的概况、总体结构，以及各标准之间的内在联系。

二、标准体系的作用

（1）系统、动态化描绘行业标准化发展蓝图。

（2）全面了解行业的国内外标准制修订现状与趋势。

（3）系统规划行业标准研制项目。

（4）全面指导行业标准实施计划的制修订及具体实施方案编制。

（5）为广大标准化工作者提供检索、应用标准的依据。

三、标准体系的内容

（1）标准体系结构框架图。

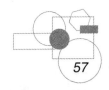

（2）标准明细表。

（3）标准统计表。

（4）标准体系编制说明。

四、标准体系的框架图

标准体系的框架，如图1-4-1所示。

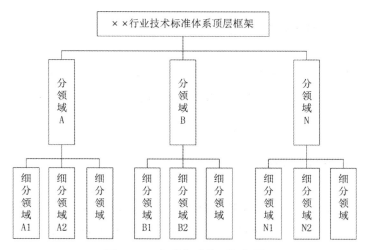

图1-4-1 行业标准体系框架图

五、标准体系的编制说明

（1）编制体系表的依据及所达到的目标。

（2）阐述国内外标准制修订状况，指导行业标准制修订工作。

（3）结合统计表，分析现有标准与国际、国外的差距和薄弱环节，明确今后的主攻方向。

（4）专业划分依据和划分情况。

（5）与其他体系交叉情况和处理意见。

（6）需要其他体系协调配套的意见。

（7）其他。

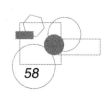

六、《浙江省××产业"品字标"团体标准框架指南》

本部分以《浙江省光伏产业"品字标"团体标准框架指南》为例进行说明。

为进一步规范"品字标"团体标准研制工作，根据浙江省市场监督管理局《关于进一步推进"品字标浙江制造"品牌建设的意见》和《2020年标准化工作要点》等文件要求，针对浙江省光伏产业发展现状与趋势，制定本体系框架指南。

（一）研究单位

本体系框架指南由浙江省××协会、国家××质量检验检测中心、××标准化研究院制定。

联系电话：×××××××××××。

联系邮箱：×××××。

（二）标准体系框架指南

结合国家光伏标准化已有工作基础、浙江省光伏产业发展优势，以及行业发展需求，在"制造""应用"两个重点领域，从保持优势、填补短板和追踪前沿三个维度，以"品字标"团体标准建设为抓手，构建从下而上的"光伏绿色金融—光伏应用系统—光伏应用零部件—光伏电池和组件—辅料配材—制造设备—智能光伏"的延伸体系，逐步推进完善产品、系统及其应用等细分标准，并拓展至光伏应用发展的新技术和新方向，进而形成市场驱动型光伏全产业链"品字标"团体标准体系框架指南（图1-4-2），确保整个产业链上的核心环节均有标准保障。

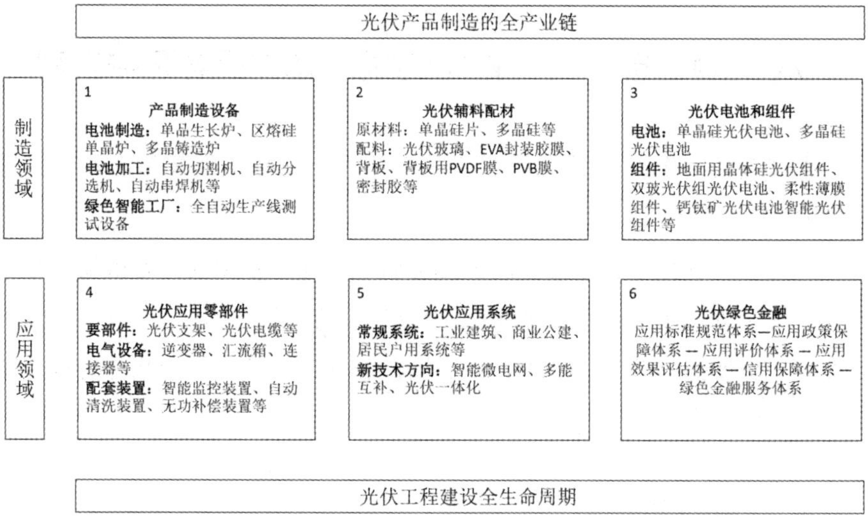
光伏产品制造的全产业链
制造领域
1
产品制造设备
电池制造：单晶生长炉、区熔硅单晶炉、多晶铸造炉
电池加工：自动切割机、自动分选机、自动串焊机等
绿色智能工厂：全自动生产线测试设备
2
光伏辅料配材
原材料：单晶硅片、多晶硅等
配料：光伏玻璃、EVA封装胶膜、背板、背板用PVDF膜、PVB膜、密封胶等
3
光伏电池和组件
电池：单晶硅光伏电池、多晶硅光伏电池
组件：地面用晶体硅光伏组件、双玻光伏组光伏电池、柔性薄膜组件、钙钛矿光伏电池智能光伏组件等
应用领域
4
光伏应用零部件
要部件：光伏支架、光伏电缆等
电气设备：逆变器、汇流箱、连接器等
配套装置：智能监控装置、自动清洗装置、无功补偿装置等
5
光伏应用系统
常规系统：工业建筑、商业公建、居民户用系统等
新技术方向：智能微电网、多能互补、光伏一体化
6
光伏绿色金融
应用标准规范体系—应用政策保障体系 — 应用评价体系 — 应用效果评估体系 — 信用保障体系 — 绿色金融服务体系
光伏工程建设全生命周期

图1-4-2 浙江省光伏产业“品字标”团体标准体系框架图

（1）产品制造设备——探索光伏装备智能化标准建设。由工信部、住建部、国家能源局等6部门印发的《智能光伏产业发展行动计划（2018—2020年）》，明确到2020年，智能光伏工厂建设成效显著，行业自动化、信息化、智能化取得明显进展；智能制造技术与装备实现突破，支撑光伏智能制造的软件和装备等竞争力显著提升；智能光伏产品供应能力增强并形成品牌效应；智能光伏系统建设与运维水平提升并在多领域大规模应用。

本板块将追踪前沿技术，围绕全自动化、智能化光伏电池组件高端装备产业，在构建“互联网＋协同制造、智能制造”新模式方面进行标准化推进工作，以引领浙江省光伏制造产业向智能化、自动化方向转变，促进全省光伏产业向更高质量发展。

（2）光伏辅料配材——探索光伏应用建材环保性标准建设。浙江省在光电建筑应用和辅料配材方面具有全国领先优势及产业集群优势，拥有一系列光电建筑应用产品，并已经建成光伏幕墙、光伏采光顶等光伏构件与建筑物巧妙融合的商业建筑、民用建筑、公共建筑和建筑小品等。光电建筑一体化（BIPV）产品对于环保性、安全性、工艺性、美观性等具有特殊且更高的要求。目前国家大力提倡环保和绿色建筑，而应用于建筑之上的光伏系统是否为绿色建材，主要取决于辅料配材。浙江省企业对环保性非常重视，也具有独特的产业创新优势。本板块将保持浙江省光伏辅料配材的细分领域差异化创新优势，围绕光伏玻璃、光伏封装材料、工艺材料等关键性产品，基于国家标准对于绿色产品的要求，构建适用于光电建筑的绿色建材产品的制造标准，并形成完善体系。

（3）光伏电池和组件——探索不同组件的差异化标准建设。光伏电池和组件是光伏应用系统中的最核心产品，随着组件成本的不断降低，规模化应用的不断扩大，行业需要发展保证光伏组件质量的标准。近几年已形成了一系列的国际和国家的产品标准，用来测试光伏组件在不同环境条件下是否可靠，验证光伏组件的设计是否合理。随着技术的不断创新和应用场景的多样化，行业里涌现出越来越多创新差异化的光伏电池和组件产品。

本板块将根据浙江省光伏产业特点、产品类型和应用方向，追赶先进技术，围绕单晶硅电池片、多晶硅组件、碲化镉薄膜组件、柔性薄膜组件和钙钛矿电池组件等不同的产品类型及其应用场景，来构建光伏电池和组件的标准体系。

（4）光伏应用零部件——探索关键性部件的精细化标准建设。分布式光伏是浙江省光伏应用的重点方向，基于越来越多的光伏项目建于建筑屋顶之上，对项目的安全性、质量应做好严格的管理。光伏支架、电气设备及其他配套装置作为光伏发电系统中的关键性部件，对保障系统高效运行起着重要的作用，因此围绕这些光伏应用关键性部件的制造标准建设非常有必要。

本板块将以保持不同特性的光伏支架、逆变器、汇流箱等关键部件产品对特定应用场景的高匹配性优势为目的，填补区域大数据的智能化运维系统、云平台监控系统和光伏自动化清洗等配套装置的标准空白，探索核心光伏产品的精细化标准建设。

（5）光伏应用系统——探索光伏应用标准化新方向在系统应用领域。本板块将以应用场景为导向，从常规分布式光伏发电系统和多能互补集成系统两个方面，去探索光伏应用标准化新技术、新方向。通过弥补应用系统标准的不足、探索追踪新技术应用方向，打破以单个产品为对象的常规方式，将整个集成系统按照浙江制造标准的要求进行编制，具有突破性的意义。

常规系统方面，我们将根据主要建筑类型对光伏应用系统进行分类，围绕工业厂房、商业建筑、公共建筑、居民建筑等应用场景,以点推动屋顶光伏系统和光伏幕墙构件的相应标准建设。新技术方面,就近消纳、电力交易等将成为新的市场手段,推进多能互补集成系统、光伏储能一体化等"光伏+"应用形式,已成为区域能源发展的重要趋势。我们将组织技术优势企业和专家,通过试点项目的探索、技术难点的课题研究,综合电网、建筑和规划部门的相关政策规定,重点分析储能与光伏等相关新能源综合的应用场景,指导储能项目的优化设计,加速储能产业化和多能互补示范应用,研究制定光伏+储能标准设计和多能互补技术标准。

(6)光伏绿色金融——探索光伏绿色金融体系标准建设。随着分布式光伏应用的迅猛发展,在推动规模化发展的同时也要促进良性化,确保用户得到规范的、高质量的服务。尤其是新建建筑光电建筑项目的融资,由于建设的复杂性和系统性、投资周期长、风险大、技术障碍等因素,项目开发建设面临融资难的问题。

本板块将通过探索标准化促进保障体系,来解决光伏应用融资、后评估等存在的难题。该体系应不依赖于行政门槛,相信市场的力量,包括:应用标准规范体系—应用政策保障体系—应用评价体系—应用效果评估体系—信用保障体系—绿色金融服务体系等全体系架构,科学引导,创新绿色金融产品,以此来紧抓行业标准规范化发展,同时发挥浙江省的分布式光伏产业集群优势,促进行业转型升级,形成强劲的发展动力,打造浙江省优质分布式光伏市场环境。

思　考　题

1.阐述浙江省××产业"品字标"团体标准框架指南的编写要素。

2.何谓标准体系?标准体系的构成要素有哪些?

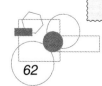

第五节　"浙江制造"标准

为贯彻落实浙江省委、省政府关于打造"浙江制造"品牌的决策部署，构建"浙江制造"标准体系，提升浙江制造业核心竞争力，根据《浙江省人民政府办公厅关于打造"浙江制造"品牌的意见》（浙政办发〔2014〕110号）要求，原浙江省质量技术监督局于2016年1月5日下发了《关于加快"浙江制造"标准制定和实施工作的指导意见》，意见明确了"浙江制造"的总体要求、定位、基本要求和制定范围、制定和复审要求。

一、"浙江制造"标准研制的发展历程

浙江是制造大省，但不是制造强省。制造业总体处于产业链中低端，存在创新能力不强、知名品牌不多、质量效益不佳等问题，亟待转型升级和创新发展。提升"浙江制造"竞争力，最根本的是靠产业结构调整，最核心的是靠技术创新，最基础的是产品质量和标准，而能够将三者有机联系起来的就是"品牌"。

2014年5月，浙江省委十三届三次全会通过《中共浙江省委关于全面实施创新驱动发展战略加快建设创新型省份的决定》，明确提出"全面提升浙江制造品牌影响力"重要决策。2014年8月，成立"浙江制造"课题组。2014年12月，初步形成打造"浙江制造"品牌的总体思路。2014年1月，国家认监委对关于开展"浙江制造"认证试点工作做出批复，鼓励浙江省先行先试，按照国家新认证制度建立程序。2014年2月，相继启动构建"浙江制造"标准体系、编制认证实施规则、筛选首批试点产品等工作。2014年9月，《浙江省人民政府办公厅关于打造"浙江制造"品牌的意见》（浙政办发〔2014〕110号）正式发布。

2014年10月发布《"浙江制造"评价规范》地方标准，完成"电除尘

器""衬衫""吸油烟机"3个产品标准在原浙江省质量技术监督局的标准备案。

2014年11月，国家认监委批复关于浙江省以认证联盟形式开展"浙江制造"认证工作的请示。浙江省积极筹备，成立"浙江制造"认证联盟。

2016年1月5日，原浙江省质量技术监督局下发了《关于加快"浙江制造"标准制定和实施工作的指导意见》，明确了"浙江制造"的总体要求、定位、基本要求和制定范围、制定和复审要求。

二、"浙江制造"标准研制的总体要求

（一）"浙江制造"标准研制的基本原则和主要目标

1.基本原则

坚持政府推动、企业自愿、标准引领、认证推广的原则，把制定和实施先进标准挺在前面，加强"浙江制造"标准的有效供给，以高标准推动供给侧结构性改革，引领"浙江制造"高品质发展，提高浙江省工业经济增长的质量和效益。

2.主要目标

根据《浙江省人民政府办公厅关于打造"浙江制造"品牌的意见》（浙政办发〔2014〕110号）和原浙江省质量技术监督局于2016年1月5日下发的《关于加快"浙江制造"标准制定和实施工作的指导意见》，确定今后5年的主要目标：每年新增"浙江制造"标准100项以上。到2020年，"浙江制造"标准累计达到600项以上，实施"浙江制造"标准的企业达到5000家以上，基本覆盖浙江省制造业特色优势产业和龙头骨干企业。2020年浙江省委、省政府提出3000项"浙江制造"标准制定的目标任务。

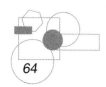

（二）"浙江制造"标准研制的定位、基本要求和范围

1. "浙江制造"标准研制的定位

"浙江制造"标准为团体标准，由浙江省市场监督管理局统一组织制定和批准发布。其主要技术指标应达到国内一流、国际先进，且符合"浙江制造"内涵，即国际上没有同类产品的，应达到国内一流水平；国际上有同类产品的，应达到国际先进水平。

2. "浙江制造"标准研制的基本要求

"浙江制造"标准应符合有关法律、法规和规章的规定，符合国家和浙江省相关产业发展政策，符合有关强制性标准和GB/T《标准化工作导则》系列国家标准要求。

3. "浙江制造"标准研制的范围

全省符合"浙江制造"标准定位和要求的制造业领域，均可开展"浙江制造"标准制定工作。

（三）"浙江制造"标准制定和复审要求

1. "浙江制造"标准建议的提出

各有关行业协会、企业、标准化研究机构、检验检测机构和认证机构等，均可向浙江制造品牌促进会提出制定"浙江制造"标准的建议，并提供标准草案或正在执行的标准文本、标准编制说明和标准先进性说明。

2. "浙江制造"标准建议的论证

浙江制造品牌促进会应组织有关专家，对"浙江制造"标准制定建议和相关材料进行论证。对经论证达到国内一流、国际先进，且符合"浙江

制造"内涵要求的标准文本，可直接采用为"浙江制造"标准。

3. "浙江制造"标准的起草要求

对经论证可以制定"浙江制造"标准的建议，浙江省市场监督管理局应确定由建议提出单位或相关标准化技术委员会、高校、科研院所、检验检测机构、认证机构、行业协会等牵头组织开展该"浙江制造"标准的起草工作。"浙江制造"标准牵头起草单位应广泛吸收相关标准化技术委员会、高校、科研院所、检验检测机构、认证机构、行业协会的意见建议。

4. "浙江制造"标准的复审要求

《"浙江制造"标准管理办法》第十七条规定的"浙江制造"标准发布后，浙江省市场监督管理局应制定《"浙江制造"标准复审细则》，并按规定开展复审工作。

三、"浙江制造"标准的性质及作用

（一）"浙江制造"标准的性质

"浙江制造"标准为团体标准、综合标准、技术标准。关键技术指标优于现行国家标准、行业标准；与国际先进标准接轨；全面体现国内一流企业批量稳定生产的一流产品的水平。

（二）"浙江制造"标准的作用

（1）打造品牌的前提和基础。

（2）浙江经济转型升级的重要抓手。

（3）打通企业营销、创新和管理的有效工具。

（4）树标杆、找差距、促提升。

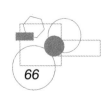

①树标杆：

★企业对标达标并申报"浙江制造"认证依据。

★认证相关机构开展认证工作的依据。

★政府部门开展培育及监督检查的依据。

★消费者等利益相关方消费及维权依据。

★国际互认或相关便利化措施的依据。

②找差距：

★对标先进企业标准，看到自身差距。

★正视差距，解决企业发展痛点。

③促提升：

★"浙江制造"标准的实施，将有助于提升全省企业质量管理水平，提高产品质量，尽快形成集质量、技术、服务、信誉为一体，市场与社会公认的"浙江制造"区域综合品牌。

★加快浙江制造业转型升级，推动"浙江制造"走向世界。

四、"浙江制造"标准的定位和结果表现

（一）"浙江制造"标准的定位

高水平标准，即达到"国内一流、国际先进"的标准：

（1）"浙江制造"标准是保证产品高品质定位的前提。

（2）浙江省行业龙头企业、细分领域的单打冠军。

（3）高精标准，时效性、周期较短、可验证，被消费者认可。

（4）要素和内容，好产品＋好企业＋好服务，即先进企业、可靠产品和优质服务。

（二）"浙江制造"标准的结果表现

"浙江制造"标准的结果表现主要体现在"四精"，即精心设计、精良

选材、精工制造和精诚服务。

（1）精心设计：要求企业具备雄厚的设计、研发等软实力，在设计阶段全面考虑影响产品质量的各个环节和要素。

（2）精良选材：讲究真材实料，对关键原材料及零部件的采购质控指标提出严苛的要求。

（3）精工制造：要求企业具备先进的工艺、装备等制造能力，具备一定的智能制造、绿色制造以及在线监测等硬实力。

（4）精诚服务：对质量承诺提出较行业惯例更高的要求，通过多年质保，免费更换、维修关键零部件等服务承诺，倒逼企业持续保证产品品质。

综上所述，"浙江制造"产品标准，是以浙江优势、特色制造产品为基础，瞄准国际、国外先进技术水平，研制一批与国际接轨的产品标准，主要定位是国际先进、国内一流，并鼓励积极采用国际先进标准。据不完全统计，目前建材行业有《先张法预应力混凝土管桩》《混凝土减胶剂》《浸渍胶膜纸饰面细木工板》《建筑外墙用水性多彩涂料》《建筑排水用硬聚氯乙烯（PVC-U）管材》《抗裂硅质防水剂》《干压陶瓷砖》《金属屋面用自粘防水卷材》等6大类70个"浙江制造"品牌产品标准已经制定完毕，关键技术指标达到了"国内一流、国际先进"水平。

五、"浙江制造"标准研制的准则

为认真贯彻落实《中共浙江省委　浙江省人民政府关于开展质量提升行动的实施意见》，深入实施"三强一制造"战略，持续打好高质量发展组合拳，打响"品字标浙江制造"品牌，推进"品字标浙江制造"品牌建设，浙江省市场监督管理局下发了《关于进一步推进"品字标浙江制造"品牌建设的意见》，对"浙江制造"标准提出了明确具体的要求。

（一）完善"浙江制造"品牌目标定位

（1）优化品牌培育目标，坚持"国内一流、国际先进"定位，以高端产品引领中高端消费市场，大力培育终端消费品企业，覆盖"专精特新"企业，助力出口型企业拓展国内市场。

（2）"品字标"品牌建设的标准体系为"A＋B＋C"结构，A，B，C分别是"好企业"标准、"好产品"标准和"好服务"标准。

（二）完善"浙江制造"标准研制机制与创新方式

（1）完善标准研制机制。针对浙江省制造业发展现状与趋势，全面构建各产业领域"浙江制造"标准体系，制订实施标准研制计划。面向全省公开征集标准体系构建和具体标准起草牵头单位，广泛吸收各级各类标准化研究机构、检验检测机构、认证机构、专业标准化技术委员会、行业协会和龙头企业参与。

（2）创新标准表达方式。创新"浙江制造"标准编写格式，力求通俗易懂、更具可操作性。提炼"浙江制造"标准主要关键性能指标，形成与现行国际标准、国家标准和行业标准"主要关键性能指标对比表"。全面推行"主要关键性能指标对比表"随产品在经营场所展示，在产品、包装或说明书上明示，提高"浙江制造"市场认可度。

（3）加大标准实施力度。督促参与"浙江制造"标准研制的企业在标准发布实施后1年内，履行对标达标成为"品字标"企业、规范贴标、明示"主要关键性能指标对比表"等主体责任。浙江省市场监管局以适当方式进行公开，并通报标准研制单位所在地市场监管、财政及有关部门。标准起草牵头企业1年内未成为"品字标"企业的，暂停受理其新的"浙江制造"标准立项申请。终端消费品类"浙江制造"标准发布实施后满3年，对标达标的"品字标"企业不足3家的，浙江省市场监督管理局须进行复审和修订。

1. "浙江制造"团体标准研制准则有何规定?

2. 请阐述"浙江制造"团体标准的定位、性质内容,并举例说明。

3. "浙江制造"团体标准的管理有何要求?

第二章 『浙江制造』标准制修订准则

　　本章主要阐述了"浙江制造"标准制修订过程中必须遵守的国家、行业及地方的法律法规和基础标准，如《中华人民共和国标准化法》、《团体标准管理规定》（国标委联〔2019〕1号），国家、行业及地方的基础标准，如GB/T 20004.1—2016《团体标准化　第1部分：良好行为指南》、GB/T 1.1—2020《标准化工作导则　第1部分：标准化文件的结构和起草规则》等。"浙江制造"标准研制过程必须依法承担相应的法律责任与行为规范，确保"浙江制造"标准研制质量，这是牵头单位、起草单位及相关评审专家的核心利益和社会责任的重要政治保障；严防所制定的"浙江制造"标准不符合国际、国家、行业及地方标准化管理部门的法律法规要求，损害广大消费者的合法权益。通过对建材行业"浙江制造"标准制修订现状分析，秉承"共创美丽浙江，共享美好生活"的使命，充分体现"精心设计、精良选材、精工制造、精诚服务"四精的先进性要求和"合规性、必要性、先进性、经济性以及可操作性"五性并举的原则，提出建材行业"浙江制造"标准研制的重点方向，不断推动建材企业科技创新、工艺革新和产业结构调整，提升建材产品的市场核心竞争力，实现建材行业的可持续发展和高质量发展。

第一节 "浙江制造"标准制修订标准化法律法规

"浙江制造"标准制修订过程中必须遵守国家、行业及地方的法律法规依据，如《中华人民共和国标准化法》、《团体标准管理规定》（国标委联〔2019〕1号）、《中华人民共和国反垄断法》、《中华人民共和国反不正当竞争法》及《中华人民共和国知识产权法》等，提升"浙江制造"标准制修订人员的法律意识。如保护专利的意识必须融入标准制定的流程当中，并贯穿于各项工作之中，才能确保专利人的知识产权不受侵犯。

一、涉及"浙江制造"标准制修订相关要求的标准化法律法规及行业部门规章

团体标准制定必须遵循标准化法律法规、部门规章和规范性文件，以及各行业的法律法规和规范性文件。

（一）涉及"浙江制造"标准制修订相关要求的标准化法律法规及部门规章

（1）《中华人民共和国标准化法》；

（2）《团体标准管理规定》（国标委联〔2019〕1号）；

（3）《中华人民共和国知识产权法》；

（4）《中华人民共和国著作权法》；

（5）《中华人民共和国专利法》；

（6）《浙江省品牌建设联合会"浙江制造"标准管理办法》（以下简称《办法》）；

......

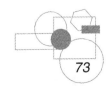

这些文件从不同角度对团体标准制修订做了相关规定，其中对标准制修订程序也不同程度地进行了规定。这些标准化法律法规文件是团体标准制修订的依据，只有遵守这些文件要求制定的团体标准才能做到制定程序的合理合法合规。

《中华人民共和国标准化法》是标准化工作应当遵循的基本法，其"第二章 标准的制定"主要规定了团体标准的制定及其规范、引导、监督等。"浙江制造"团体标准制修订首先必须符合《中华人民共和国标准化法》的基本要求，其次要符合《团体标准管理规定》（国标委联〔2019〕1号）的要求，再次要符合原浙江省品牌建设联合会发布的《浙江省品牌建设联合会"浙江制造"标准管理办法》和《品牌联合会章程》等的特殊要求，另外也不得违反《中华人民共和国反垄断法》《中华人民共和国著作权法》及《中华人民共和国专利法》的法律法规相关条款的要求。

（二）涉及"浙江制造"标准制修订须遵循的其他行业领域内法律法规、部门规章

团体标准制修订除上述列举的标准化和知识产权领域的法律法规外，还需要遵循其他行业领域内的法律法规、部门规章。这些法律法规对团体标准制修订做了相应的规定：

（1）《中华人民共和国产品质量法》。

（2）《中华人民共和国食品安全法》。

（3）《中华人民共和国节约能源法》。

（4）《中华人民共和国环境保护法》。

（5）《中华人民共和国安全生产法》。

（6）《中华人民共和国反垄断法》。

（7）《中华人民共和国反不正当竞争法》。

（8）《中华人民共和国进出口商品检验法》。

（9）《中华人民共和国消费者权益保护法》。

……

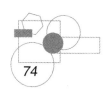

上述列举的是制修订团体标准时应遵循的法律法规、部门规章和规范性文件等。

二、标准化法律法规及行业部门规章对团体标准制定的相关条款内容解读

（一）《中华人民共和国标准化法》

2018年1月1日颁布实施的《中华人民共和国标准化法》（以下简称《标准化法》）对团体标准制定作了具体规定。

1.团体标准及其制定与管理的规定

《标准化法》第十八条规定："国家鼓励学会、协会、商会、联合会、产业技术联盟等社会团体，协调相关市场主体，共同制定满足市场和创新需要的团体标准，由本团体成员约定采用或者按照本团体的规定供社会自愿采用。制定团体标准应当遵循开放、透明、公平的原则，保证各参与主体获取相关信息，反映各参与主体的共同需求，并应当组织对标准相关事项进行调查分析、实验、论证。国务院标准化行政主管部门会同国务院有关行政主管部门对团体标准的制定进行规范、引导和监督。"

（1）团体标准是市场自主制定的标准。设立团体标准的目的是激发社会团体制定标准、运用标准的活力，充分发挥市场在标准化资源配置中的决定性作用，快速响应创新和市场对标准的需求，增加标准的有效供给。团体标准的制定主体是学会、协会、商会、联合会、产业技术联盟等社会团体。社会团体应当依照《社会团体登记管理条例》等规定成立。采用团体标准的方式包括由本团体成员约定采用，或者按照本团体的规定供社会自愿采用。

（2）团体标准作为标准体系的重要组成部分，开放、透明、公平是制定团体标准所应遵循的原则。广泛吸纳相关方参与到标准化活动中来，保

证其获取相关信息、反映参与人员的共同需求，有利于协商一致的达成。由于团体标准可提供社会自愿采用，所以要以科学技术和实践经验的综合成果为基础，组织对标准相关事项进行调查分析、实验、论证，以增强团体标准的科学性、有效性。

（3）团体标准相关政策。国务院标准化行政主管部门会同国务院有关部门制定团体标准相关政策，明确团体标准的制定原则、一般程序、底线要求、统一编号规则、自我声明公开等内容；鼓励在产业政策制定、政府采购、社会管理、检验检测、认证认可、招投标中应用团体标准；社会团体自愿向第三方机构申请开展团体标准良好行为评价；标准化行政主管部门、有关行政主管部门建立团体标准投诉和举报机制，营造团体标准发展的良好政策环境，对团体标准的制定进行规范、引导和监督，促进团体标准化工作健康有序发展。

2.团体标准与其他标准之间关系的规定

《标准化法》第二十一条规定："推荐性国家标准、行业标准、地方标准、团体标准、企业标准的技术要求不得低于强制性国家标准的相关技术要求。

"国家鼓励社会团体、企业制定高于推荐性标准相关技术要求的团体标准、企业标准。"

（1）强制性国家标准所规定的技术要求是全社会应遵守的底线要求，其他标准技术要求都不应低于强制性国家标准的相关技术要求。本条也是对其他标准进行监督的依据。

（2）推荐性标准是政府推荐的基本要求，企业和社会团体要在市场竞争中占据优势，提升自身和行业的市场竞争力，不能仅满足于推荐性标准的基本要求，而应积极制定高于推荐性标准的企业标准和团体标准。

3.标准制定基本原则的规定

《标准化法》第二十二条规定："制定标准应当有利于科学合理利用资源，推广科学技术成果，增强产品的安全性、通用性、可替换性，提高经济效益、社会效益、生态效益，做到技术上先进、经济上合理。禁止利用标准实施妨碍商品、服务自由流通等排除、限制市场竞争的行为。"

（1）制定标准应当有利于科学合理利用资源，以资源节约、节能减排、循环利用、环境治理和生态保护为着力点。

（2）制定标准应当有利于推广科学技术成果，加强标准与科技互动，促进科技成果转化为标准，促进科技成果转化应用。

（3）制定标准应当有利于增强产品的安全性，以保障产品的安全为根本前提。制定标准应当有利于增强产品的通用性和互换性。产品的通用性越强，其使用范围就越广，使用效率越高，以利于减少资源的浪费。

（4）制定标准应当有利于提高经济效益、社会效益、生态效益。标准的技术指标要统筹兼顾经济、社会和生态效益，不能一味地追求经济效益而忽视社会和生态效益。

（5）制定标准应当做到技术上先进、经济上合理。标准的技术内容既要有一定先进性，又要具备可行性，符合当前经济社会发展水平。

（6）标准是贸易规则的重要组成部分，能有效促进贸易发展，但利用不当也会阻碍贸易。要鼓励正当的市场竞争，禁止利用标准实施妨碍市场交易。

（二）《团体标准管理规定》（国标委联〔2019〕1号）

自2015年以来，相关社会团体响应国家号召，积极开展团体标准化工作。标准创新管理司统计数据显示：截至2019年2月25日，已有2194家社会团体在全国团体标准信息平台上注册，发布了6547项团体标准信息。《团体标准管理规定》对团体标准的制定和监督管理提出了进一步的要求，主要体现在以下几方面。

1.团体标准科学性和规范性的要求

《团体标准管理规定》第十条第二款规定："制定团体标准应当在科学技术研究成果和社会实践经验总结的基础上，深入调查分析，进行实验、论证，切实做到科学有效、技术指标先进。"

强调团体标准制定必须满足科学性的要求，制定团体标准要做深入调查分析，并开展实验、论证，保证团体标准是科学合理的。做到科学有效、技术指标先进，如"浙江制造"标准定位就是"国内一流、国际先进"。

《团体标准管理规定》第十一条第二款规定："对于术语、分类、量值、符号等基础通用方面的内容应当遵守国家标准、行业标准、地方标准，团体标准一般不予另行规定。"

为防止利用标准实施干扰市场秩序、限制市场竞争、垄断、欺诈等不良行为，对术语、分类、量值、符号等基础通用方面的内容应当遵守国家标准、行业标准、地方标准制定的相关规定，团体标准一般不予另行规定。

《团体标准管理规定》第十三条第一款规定："制定团体标准应当以满足市场和创新需要为目标，聚焦新技术、新产业、新业态和新模式，填补标准空白。"

团体标准的制定朝着正确方向发展，响应国家创新发展战略要求，以满足市场和创新需要为目标，聚焦新技术、新产业、新业态和新模式，做到标准引领产业转型升级，积极填补国内外标准空白。

2.团体标准制定程序中重要环节的细化要求

《团体标准管理规定》第十四条第二款规定："征求意见应当明确期限，一般不少于30日。涉及消费者权益的，应当向社会公开征求意见，并对反馈意见进行处理协调。"

团体标准制定应参照国内外标准制定的基本程序要求，明确公示时间不少于30日，以保证充分听取社会意见。涉及消费者权益的，应当向社会公开征求意见，并对反馈意见进行处理协调。

《团体标准管理规定》第十四条第三款规定："技术审查原则上应当协商一致。如需表决，不少于出席会议代表人数的3/4同意方为通过。起草人及其所在单位的专家不能参加表决。"

团体标准技术审查原则：在团体标准制定过程中应充分协调各方意

见，保证制定的公平公正性。如需表决，不少于出席会议代表人数的3/4同意方为通过。起草人及其所在单位的专家不能参加表决。

《团体标准管理规定》第十四条第四款规定："团体标准应当按照社会团体规定的程序批准，以社会团体文件形式予以发布。"

团体标准颁布实施：强调团体标准制定应遵循标准化工作的规范程序和要求，并最终以正式文本发布，做到规范可追溯。

3.社会团体主动处理团体标准相关问题的要求和责任

《团体标准管理规定》第三十五条规定："社会团体应主动回应影响较大的团体标准相关社会质疑，对于发现确实存在问题的，要及时进行改正。"

社会对团体标准的相关质疑应对：必须承担相关的社会责任，主动解决所负责团体标准产生的舆论问题，主动回应影响较大的团体标准相关社会质疑。对于发现确实存在问题的，要及时进行改正。社会团体既是团体标准的制定主体，也是团体标准的责任人，要充分发挥其自律机制，由社会团体主动处理相关问题，维护自身形象，及时解决团体标准的不良现象，消除社会疑虑。

4.团体标准监督管理的具体要求和措施

《团体标准管理规定》第三十三条规定："对于已有相关社会团体制定了团体标准的行业，国务院有关行政主管部门结合本行业特点，制定相关管理措施，明确本行业团体标准发展方向、制定主体能力、推广应用、实施监督等要求，加强对团体标准制定和实施的指导和监督。"

政府对团体标准制定的指导与监督：按照《标准化法》的要求，国务院有关行政主管部门要对团体标准的制定进行指导和监督，对标准的实施进行监督检查。因此，国务院有关行政主管部门结合本行业特点，制定相关管理措施，使团体标准发展与行业的法律法规、强制性标准、有关产业政策相协调。这既有利于建立政府主导制定标准与市场自主制定标准协同发展、协调配套的新型标准体系，发挥团体标准对行业健康发展的促进作用,又能防止团体标准与本行业法律法规、强制性标准、有关产业政策相抵触,避免对行业发展的干扰和阻碍。

《团体标准管理规定》第三十六条第二款规定:"对举报、投诉,标准化行政主管部门和有关行政主管部门可采取约谈、调阅材料、实地调查、专家论证、听证等方式进行调查处理。相关社会团体应当配合有关部门的调查处理。"第三款规定:"对于全国性社会团体,由国务院有关行政主管部门依据职责和相关政策要求进行调查处理,督促相关社会团体妥善解决有关问题;如需社会团体限期改正的,移交国务院标准化行政主管部门。对于地方性社会团体,由县级以上人民政府有关行政主管部门对本行政区域内的社会团体依据职责和相关政策开展调查处理,督促相关社会团体妥善解决有关问题;如需限期改正的,移交同级人民政府标准化行政主管部门。"

团体标准举报投诉处理机制:首先由有关行政主管部门针对举报、投诉进行处理的要求,发挥有关行政主管部门熟悉本行业领域法律法规、产业政策和强制性标准等情况的优势,对社会团体制定的团体标准是否符合所在行业领域的法律法规、强制性标准和有关产业政策等进行研判,有利于快速、准确、妥善地解决团体标准有关问题。如需社会团体限期改正者,则必须按《标准化法》第三十九条第二款中由标准化行政主管部门责令限期改正的要求,移交标准化行政主管部门,做好有效衔接,各司其职,形成合力。

(三)《中华人民共和国反垄断法》违反标准制定基本原则处理方式的规定

《标准化法》第三十九条规定:国务院有关行政主管部门、设区的市级以上地方人民政府标准化行政主管部门制定的标准不符合本法第二十一条第一款、第二十二条第一款规定的,应当及时改正;拒不改正的,由国务院标准化行政主管部门公告废止相关标准;对负有责任的领导人员和直接责任人员依法给予处分。

社会团体、企业制定的标准不符合本法第二十一条第一款、第二十二条第一款规定的，由标准化行政主管部门责令限期改正；逾期不改正的，由省级以上地方人民政府标准化行政主管部门废止相关标准，并在标准信息公共服务平台上公示。

违反本法第二十二条第二款规定，利用标准实施排除、限制市场竞争行为的，依照《中华人民共和国反垄断法》（以下简称《反垄断法》）等法律、行政法规的规定处理。

政府主导制定的标准和市场自主制定的标准违反基本原则的法律后果：依据《标准化法》第二十一条第一款和第二十二条规定的标准制定基本原则的适用对象不同，分别作出不同处罚的规定。

1.国务院有关行政主管部门、设区的市级以上地方人民政府标准化行政主管部门不符合标准制定基本原则的法律责任

本条第一款的适用对象是承担标准制定工作的国务院有关行政主管部门和设区的市级以上地方人民政府标准化行政主管部门。

根据《标准化法》第二十一条第一款和第二十二条第一款的规定，政府主导制定的标准需要符合下列两项基本原则：①推荐性国家标准、行业标准、地方标准的技术要求不得低于强制性国家标准的相关技术要求；②制定标准应当有利于科学合理利用资源，推广科学技术成果，增强产品的安全性、通用性、可替换性，提高经济效益、社会效益、生态效益，做到技术上先进、经济上合理。

当出现上述违法情形之一的，首先，由标准制定部门自行及时改正或者由国务院标准化行政主管部门责令改正；其次，经国务院标准化行政主管部门责令改正，标准制定部门在限期内仍不改正的，由国务院标准化行政主管部门公告废止相关标准。

拒不改正属于严重的行政违法行为，由有关机关依照《中华人民共和国公务员法》等法律的规定予以查处，对负有责任的领导人和直接责任人员依法给予处分。

2.社会团体、企业不符合标准制定基本原则的法律责任

本条第二款的适用对象是从事团体标准和企业标准制定的社会团体、企业。

根据《标准化法》第二十一条第一款和第二十二条第一款的要求，制定市场标准需要符合下列两项基本要求：①团体标准、企业标准的技术要求不得低于强制性国家标准的相关技术要求；②制定标准应当有利于科学合理利用资源，推广科学技术成果，增强产品的安全性、通用性、可替换性，提高经济效益、社会效益、生态效益，做到技术上先进、经济上合理。

社会团体和企业制定标准违反第二十一条第一款和第二十二条第一款要求的，由县级以上人民政府标准化行政主管部门按照属地管辖原则，责令社会团体和企业限期改正违法行为；对于拒不改正的，由省级以上标准化行政主管部门废止相关标准，并在标准信息公共服务平台上予以公示。

《标准化法》第二十二条第二款规定："禁止利用标准实施妨碍商品、服务自由流通等排除、限制市场竞争的行为。"违反该规定的需要按照《反垄断法》等法律、行政法规的规定处理。《团体标准管理规定》第四十条规定："利用团体标准实施排除、限制市场竞争行为的，依照《中华人民共和国反垄断法》等法律、行政法规的规定处理。"

行政机关利用标准排除、限制市场竞争等行为属于对标准的滥用，可能违反《反垄断法》，构成行政垄断行为。例如，《反垄断法》第三十三条规定："行政机关和法律、法规授权的具有管理公共事务职能的组织不得滥用行政权力，实施下列行为，妨碍商品在地区之间的自由流通：……②对外地商品规定与本地同类商品不同的技术要求、检验标准，或者对外地商品采取重复检验、重复认证等歧视性技术措施，限制外地商品进入本地市场……"行政垄断行为限制了商品的自由流通，破坏了统一的市场经济法治秩序。对于该违法行为，《反垄断法》第五十一条第一款规定："行政机关和法律、法规授权的具有管理公共事务职能的组织滥用行政权力，实施排除、限制竞争行为的，由上级机关责令改正；对直接负责的主管人员和其他直接责任人员依法给予处分。反垄断执法机构可以向有关上级机关提出依法处理的建议。"

市场主体利用标准达成垄断协议、滥用市场支配地位，违反《反垄断法》法律规定的，也需要承担法律责任。例如，《反垄断法》第十三条规定："禁止具有竞争关系的经营者达成下列垄断协议：①固定或者变更商品价格；②限制商品的生产数量或者销售数量；③分割销售市场或者原材料采购市场；④限制购买新技术、新设备或者限制开发新技术、新产品；⑤联合抵制交易；⑥国务院反垄断执法机构认定的其他垄断协议。本法所称垄断协议，是指排除、限制竞争的协议、决定或者其他协同行为。"对于该垄断行为，《反垄断法》第四十六条第一款规定："经营者违反本法规定，达成并实施垄断协议的，由反垄断执法机构责令停止违法行为，没收违法所得，并处上一年度销售额百分之一以上百分之十以下的罚款；尚未实施所达成的垄断协议的，可以处五十万元以下的罚款。"

《反垄断法》第十五条规定：经营者能够证明所达成的协议属于下列情形之一的，不适用本法第十三条、第十四条的规定："①为改进技术、研究开发新产品的。②为提高产品质量、降低成本、增进效率，统一产品规格、标准或者实行专业化分工的。③为提高中小经营者经营效率，增强中小经营者竞争力的。④为实现节约能源、保护环境、救灾救助等社会公共利益的。⑤因经济不景气，为缓解销售量严重下降或者生产明显过剩的。⑥为保障对外贸易和对外经济合作中的正当利益的。⑦法律和国务院规定的其他情形。属于前款第一项至第五项情形，不适用《反垄断法》第十三条、第十四条规定的，经营者还应当证明所达成的协议不会严重限制相关市场的竞争，并且能够使消费者分享由此产生的利益。"

（四）《中华人民共和国产品质量法》《中华人民共和国进出口商品检验法》《中华人民共和国消费者权益保护法》等法律对产品、服务违反强制性标准所应当承担行政责任、刑事责任的规定

《标准化法》第三十七条规定：生产、销售、进口产品或者提供服务不符合强制性标准的，依照《中华人民共和国产品质量法》（以下简称《产品质量法》）、《中华人民共和国进出口商品检验法》（以下简称《进出口商品检验法》）、《中华人民共和国消费者权益保护法》（以下简称《消费者权益保护法》）等法律、行政法规的规定查处，记入信用记录，并依照有关法律、行政法规的规定予以公示；构成犯罪的，依法追究刑事责任。

强制性标准是保底线的标准。《标准化法》第二十五条规定："不符合强制性标准的产品、服务，不得生产、销售、进口或者提供。"《产品质量法》《进出口商品检验法》《消费者权益保护法》等法律、行政法规对于违反强制性标准的行政责任已经做了规定，因此本条只做衔接性规定，同时引入信用惩戒机制，新增"记入信用记录"和"予以公示"两项行政处理措施。

1.违反强制性标准的行为依据相关法律、行政法规查处

《产品质量法》第四十九条规定："生产、销售不符合保障人体健康和人身、财产安全的国家标准、行业标准的产品的，责令停止生产、销售，没收违法生产、销售的产品，并处违法生产、销售产品（包括已售出和未售出的产品，下同）货值金额等值以上三倍以下的罚款；有违法所得的，并处没收违法所得；情节严重的，吊销营业执照；构成犯罪的，依法追究刑事责任。"不符合强制性标准的行为，属于"不符合保障人体健康和人身、财产安全的国家标准、行业标准的产品"的行为，可依据本条的规定进行处罚。

《进出口商品检验法》第三十五条规定："进口或者出口属于掺杂掺假、以假充真、以次充好的商品或者以不合格进出口商品冒充合格进出口商品的，由商检机构责令停止进口或者出口，没收违法所得，并处货值金额百分之五十以上三倍以下的罚款；构成犯罪的，依法追究刑事责任。"不符合强制性标准的产品属于"不合格"产品，可由商检机构根据本条予以罚款。

《消费者权益保护法》第五十六条规定："经营者有下列情形之一，除

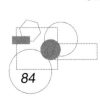

承担相应的民事责任外，其他有关法律、法规对处罚机关和处罚方式有规定的，依照法律、法规的规定执行；法律、法规未作规定的，由工商行政管理部门或者其他有关行政部门责令改正，可以根据情节单处或者并处警告、没收违法所得、处以违法所得一倍以上十倍以下的罚款，没有违法所得的，处以五十万元以下的罚款；情节严重的，责令停业整顿、吊销营业执照：（1）提供的商品或者服务不符合保障人身、财产安全要求的……"不符合强制性标准的产品或者服务，属于"不符合保障人身、财产安全要求的商品或者服务"，可依据本条的规定进行处罚。

除了《产品质量法》《进出口商品检验法》《消费者权益保护法》外，《中华人民共和国环境保护法》《中华人民共和国食品安全法》等有关法律、行政法规中也有关于违反强制性标准予以行政处罚的规定。例如，《中华人民共和国食品安全法》第一百二十四条规定："违反本法规定，有下列情形之一，尚不构成犯罪的，由县级以上人民政府食品药品监督管理部门没收违法所得和违法生产经营的食品、食品添加剂，并可以没收用于违法生产经营的工具、设备、原料等物品；违法生产经营的食品、食品添加剂货值金额不足一万元的，并处五万元以上十万元以下罚款；货值金额一万元以上的，并处货值金额十倍以上二十倍以下罚款；情节严重的，吊销许可证：①生产经营致病性微生物，农药残留、兽药残留、生物毒素、重金属等污染物质以及其他危害人体健康的物质含量超过食品安全标准限量的食品、食品添加剂……"

2.违反强制性标准的行为记入信用记录并予以公示

根据《企业信息公示暂行条例》第五条的规定："国务院工商行政管理部门推进、监督企业信息公示工作，组织企业信用信息公示系统的建设。国务院其他有关部门依照本条例规定做好企业信息公示相关工作。县级以上地方人民政府有关部门依照本条例规定做好企业信息公示工作。"对于违反强制性标准的行为，由负责查处的部门记入信用记录并在企业信用公示系统或者其他系统公示，在其他系统公示违法信息的需要按照国家社会信用信息平台建设的总体要求，实现企业信息的互联共享。

3. 违反强制性标准并构成犯罪的依法追究刑事责任

违反强制性标准的行为，如果危害较大，应当依据《中华人民共和国刑法》（以下简称《刑法》）相关规定追究刑事责任。在《刑法》中，有多个罪名直接涉及违反强制性标准，如生产、销售不符合安全标准的产品罪，生产、销售不符合卫生标准的化妆品罪，生产、销售不符合安全标准的食品罪。对于生产、销售不符合安全标准的产品罪，《刑法》第一百四十六条规定："生产不符合保障人身、财产安全的国家标准、行业标准的电器、压力容器、易燃易爆产品或者其他不符合保障人身、财产安全的国家标准、行业标准的产品，或者销售明知是以上不符合保障人身、财产安全的国家标准、行业标准的产品，造成严重后果的，处五年以下有期徒刑，并处销售金额百分之五十以上二倍以下罚金；后果特别严重的，处五年以上有期徒刑，并处销售金额百分之五十以上二倍以下罚金。"

（五）《中华人民共和国反不正当竞争法》对侵犯商业秘密的行为认定与举证

《中华人民共和国反不正当竞争法》（以下简称《反不正当竞争法》）所称的商业秘密，是指不为公众所知悉、具有商业价值并经权利人采取相应保密措施的技术信息、经营信息等商业信息。商业秘密作为当今市场竞争的核心要素，对促进技术创新、规范市场秩序和维护社会公共利益均具有十分重要的意义。只有对商业秘密给予有效的规范和保护，我国在市场经济发展过程中才能避免受到商业秘密侵权等不正当竞争行为的影响，得以健康有序地全面发展。因此团体标准制定时应严格遵守相关的法律法规规定，严防因侵犯商业秘密而导致的法律诉讼。

1. 商业秘密的行为认定

《反不正当竞争法》第九条规定：经营者不得实施下列侵犯商业秘密的行为：

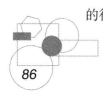

（1）以盗窃、贿赂、欺诈、胁迫、电子侵入或者其他不正当手段获取权利人的商业秘密。

（2）披露、使用或者允许他人使用以前项手段获取的权利人的商业秘密。

（3）违反保密义务或者违反权利人有关保守商业秘密的要求，披露、使用或者允许他人使用其所掌握的商业秘密。

（4）教唆、引诱、帮助他人违反保密义务或者违反权利人有关保守商业秘密的要求，获取、披露、使用或者允许他人使用权利人的商业秘密。

经营者以外的其他自然人、法人和非法人组织实施前款所列违法行为的，视为侵犯商业秘密。

第三人明知或者应知商业秘密权利人的员工、前员工或者其他单位、个人实施本条第一款所列违法行为，仍获取、披露、使用或者允许他人使用该商业秘密的，视为侵犯商业秘密。

2.民事审判程序中商业秘密行为的举证主体与责任

《反不正当竞争法》第三十二条规定：在侵犯商业秘密的民事审判程序中，商业秘密权利人提供初步证据，证明其已经对所主张的商业秘密采取保密措施，且合理表明商业秘密被侵犯，涉嫌侵权人应当证明权利人所主张的商业秘密不属于本法规定的商业秘密。

商业秘密权利人提供初步证据合理表明商业秘密被侵犯，且提供以下证据之一的，涉嫌侵权人应当证明其不存在侵犯商业秘密的行为：

（1）有证据表明涉嫌侵权人有渠道或者机会获取商业秘密，且其使用的信息与该商业秘密实质上相同。

（2）有证据表明商业秘密已经被涉嫌侵权人披露、使用或者有被披露、使用的风险。

（3）有其他证据表明商业秘密被涉嫌侵权人侵犯。

1.《团体标准管理规定》中对社会质疑的反馈有何规定？请举例说明。

2."浙江制造"标准研制模式有哪些？

第二节 "浙江制造"标准制修订基本要求

本节主要阐述"浙江制造"标准制修订过程中必须遵守的国家、行业及地方的基础标准。如 GB/T 20004.1—2016《团体标准化 第1部分：良好行为指南》，GB/T 1.1—2020《标准化工作导则 第1部分：标准化文件的结构和起草规则》等基础标准，这是团体标准制修订的重要依据。

承担研制"浙江制造"标准的框架结构，须符合《标准化工作导则 第1部分：标准化文件的结构和起草规则》，包括团体标准的结构、起草表述方法、格式等内容的要求，以提高团体标准的适用性。

"浙江制造"标准编写人员，在设计标准内容时，切实遵守相关基础通用国家标准的规定。如：标准化原理和方法；标准化术语；术语的原则和方法；量、单位及其符号；符号、代号和缩略语；参考文献的标引；技术制图；技术文件编制；图形符号；极限、配合和表面特征；优先数；统计方法；环境条件和有关试验、质量安全可靠性和质量承诺等。

一、建材"浙江制造"标准制修订程序标准

（1）"浙江制造"标准制修订作为一种特殊的团体规范性文件，其制定需要按照相关的程序，遵守浙江制造品牌联合会对浙江制造团体标准制修订原则，同时其文本编写和内容编写也需要按照标准化基础系列标准和其他规范性文件所规定的规则起草。

（2）《浙江省品牌建设联合会"浙江制造"标准管理办法》第三条明确指出："浙江制造"标准应符合有关法律、法规和规章的规定，符合国家和浙江省相关产业发展政策，符合有关强制性标准和 GB/T《标准化工作导则》系列国家标准的要求。

（3）"浙江制造"标准结构和编写必须按照 GB/T 1.1—2020《标准化工

作导则 第1部分：标准化文件的结构和起草规则》的规定进行，它包括团体标准的结构、起草表述方法、格式等内容，以提高团体标准的适用性。团体在编制团体标准时，参照如下体例：封面；目次；前言；引言；标准名称；范围；规范性引用文件；规范性技术要素；附录（规范性、资料性）；参考文献；索引。

二、"浙江制造"标准制修订文本编写的基础标准

（一）"浙江制造"标准制修订程序和标准文本编写的基础标准

GB/T 20004.1—2016《团体标准化 第1部分：良好行为指南》。

GB/T 1.1—2020《标准化工作导则 第1部分：标准文件的结构和起草规则》。

GB/T 1.2—2020《标准化工作导则 第2部分：WSISO/IEC标准化文件为基础的标准化文件起草规则》

GB/T 20004.2—2018《团体标准化 第2部分：良好行为评价指南》。

GB/T 20000.1—2014《标准化工作指南 第1部分：标准化和相关活动的通用术语》。

GB/T 20000.2—2009《标准化工作指南 第2部分：采用国际标准》。

GB/T 20000.3—2014《标准化工作指南 第3部分：引用文件》。

GB/T 20000.6—2006《标准化工作指南 第6部分：标准化良好行为规范》。

GB/T 20000.10—2016《标准化工作指南 第10部分：国家标准的英文译本翻译通则》。

GB/T 20001.1—2001《标准编写规则 第1部分：术语》。

GB/T 20001.2—2015《标准编写规则 第2部分：符号标准》。

GB/T 20001.3—2015《标准编写规则 第3部分：分类标准》。

GB/T 20001.4—2015《标准编写规则 第4部分：试验方法标准》。

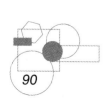

GB/T 20001.5—2017《标准编写规则　第5部分：规范标准》。

GB/T 20001.6—2017《标准编写规则　第6部分：规程标准》。

GB/T 20001.7—2017《标准编写规则　第7部分：指南标准》。

GB/T 20001.10—2017《标准编写规则　第10部分：产品标准》。

GB/T 20002.1—2008《标准中特定内容的起草　第1部分：儿童安全》。

GB/T 20002.2—2008《标准中特定内容的起草　第2部分：老年人和残疾人的需求》。

GB/T 20002.3—2014《标准中特定内容的起草　第3部分：产品标准中涉及环境的内容要求》。

GB/T 20002.4—2015《标准中特定内容的起草　第4部分：标准中涉及安全的内容的需求》。

GB/T 20003.1—2014《标准制定的特殊程序　第1部分：涉及专利的标准》。

（二）"浙江制造"团体标准的特殊要求

由于"浙江制造"团体标准有其本身的特殊性，其制修订涉及的基础通用标准除以上标准化系列标准外，还有原浙江省品牌建设联合会的具体规定。

（1）《关于加强"浙江制造"标准制定和实施工作的指导意见》（浙质标发〔2015〕144号）。

（2）原浙江省品牌建设联合会发布的《浙江省品牌建设联合会"浙江制造"标准管理办法》（浙品联〔2019〕5号）。

（3）《浙江省品牌建设联合会章程》。

（4）DB33/T 944.1《"品字标"品牌管理与评价规范　第1部分：管理要求》。

（5）原浙江省品牌建设联合会发布的《"浙江制造"标准立项认证细则》（浙品联〔2019〕10号）。

（6）原浙江省品牌建设联合会发布的《"浙江制造"标准研制细则

（试行）》（浙品联〔2019〕11 号）。

（7）原浙江省品牌建设联合会关于发布《浙江省品牌建设联合会"浙江制造"标准评审和批准发布细则》（浙品联〔2019〕12 号）。

（8）《"浙江制造"标准评审工作观察员制度》（浙品联〔2019〕1 号）。

三、"浙江制造"标准研制流程

建材"浙江制造"标准立项阶段具体工作内容及要求见《"浙江制造"标准立项论证细则》，研制阶段具体工作内容及要求见《"浙江制造"标准研制细则（试行）》，评审阶段和报批阶段具体工作内容及要求见《"浙江制造"标准审评和批准发布细则》。如表 2-2-1 所示。

表2-2-1 "浙江制造"标准各阶段工作内容一览

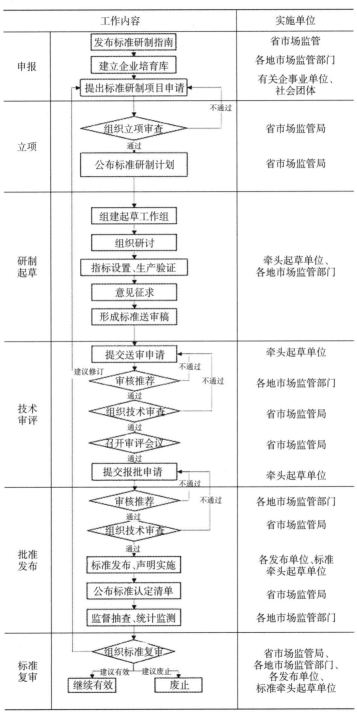

	工作内容	实施单位
申报	发布标准研制指南 / 建立企业培育库 / 提出标准研制项目申请	省市场监管 / 各地市场监管部门 / 有关企事业单位、社会团体
立项	组织立项审查（不通过 / 通过）/ 公布标准研制计划	省市场监管局 / 省市场监管局
研制起草	组建起草工作组 / 组织研讨 / 指标设置、生产验证 / 意见征求 / 形成标准送审稿	牵头起草单位、各地市场监管部门
技术审评	提交送审申请 / 审核推荐（不通过 / 建议修订）/ 组织技术审查（通过）/ 召开审评会议（通过）/ 提交报批申请（通过）	牵头起草单位 / 各地市场监管部门 / 省市场监管局 / 省市场监管局 / 牵头起草单位
批准发布	审核推荐（不通过 / 通过）/ 组织技术审查 / 标准发布、声明实施 / 公布标准认定清单 / 监督抽查、统计监测	各地市场监管部门 / 省市场监管局 / 各发布单位、标准牵头起草单位 / 省市场监管局 / 各地市场监管部门
标准复审	组织标准复审（建议有效：继续有效 / 建议废止：废止）	省市场监管局、各地市场监管部门、各发布单位、标准牵头起草单位

"浙江制造"标准编写人员在设计标准内容时，应遵守哪些基础通用的国家标准？请举例说明。

第三节　"浙江制造"标准研制的法律责任与行为规范

本节介绍的"浙江制造"标准研制过程的法律责任与行为规范是"浙江制造"标准研制质量的重要保障；公正、公平、廉洁、高效是确保牵头单位、起草单位及相关评审专家的核心利益和社会责任的重要政治保障；严防所制定的"浙江制造"标准不符合国际、国家、行业及地方标准化管理部门的法律法规要求和损害广大消费者的合法权益。

一、禁止利用标准实施排除、限制市场竞争行为的法律法规

（一）《标准化法》的规定

《标准化法》第二十二条规定："禁止利用标准实施妨碍商品、服务自由流通等排除、限制市场竞争的行为。"

（二）禁止利用标准形成行业垄断的相关法律法规

《团体标准管理规定》第四十条规定："利用团体标准实施排除、限制市场竞争行为的，依照《反垄断法》等法律、行政法规的规定处理。"

依照《反垄断法》《反不正当竞争法》《中华人民共和国价格法》及《制止滥用行政权力排除、限制竞争行为暂行规定》（2019年6月26日国家市场监督管理总局令第12号公布）等法律法规规定，利用标准实施排除、限制市场竞争行为一般包括：

（1）行政机关和法律、法规授权的具有管理公共事务职能的组织滥用行政权力，对外地商品规定与本地同类商品不同的技术要求、检验标准，

或者对外地商品采取重复检验、重复认证等措施，阻碍、限制外地商品进入本地市场。

（2）行业协会组织本行业的经营者从事制定、发布行业排除、限制竞争内容的团体标准。

（3）具有竞争关系的经营者就限制购买新技术、新设备或者限制开发新技术、新产品达成拒绝采用新的新技术标准的垄断协议。

（4）依照《反垄断法》第十五条的规定，企业在制定团体标准活动中如果能够证明所达成的协议属于"为提高产品质量、降低成本、增进效率，统一产品规格、标准或者实行专业化分工"，则该协议可属于反垄断豁免范围。企业在参与团体标准化工作之初，需要考察该团体是否有章程对严格遵守反垄断法做出说明，是否可依章程及团体标准制定程序执行标准的制修订工作，以避免违反公平竞争行为的发生。

（三）知识产权方面的相关规定与要求

团体标准制修订过程中必然涉及的知识产权，包括版权、商标和专利等。知识产权保护在我国已备受关注并引起各界的高度重视，知识产权保护是市场经济的基石，近几年来取得了有目共睹的进步。在制定团体标准过程中，必须关注"专利"与"版权"的法律法规要求和保护。

1. 团体标准制修订过程中涉及版权的规定

《团体标准管理规定》第二十二条规定："社会团体应当合理处置团体标准涉及的著作权问题，及时处理团体标准的著作权归属，明确相关著作权的处置规则、程序和要求。"应高度注意以下几方面内容。

（1）团体标准拥有版权即著作权。团体标准制修订过程中，需要付出智力劳动，具有独创性智力成果的属性，属于《中华人民共和国著作权法》保护的客体。因此，团体标准的版权应当由标准起草工作组和标准发布机构以让渡协议（让渡协议就是依据我国著作权法的规定，著作权是受法律保护的，而著作权可以全部或部分的以有偿或者无偿的方式转让给他人所有或者占有，也或让他人行使相应权利。转让著作权时，著作权人可以收取一定的转让费用也可无偿，但是双方需要签订转让协议书）的形式约定。

（2）团体标准引用国家标准、行业标准、国际标准（如ISO标准）及其他组织的标准时不能大段引用。在团体标准起草过程中，要合理引用其他标准或文件，注意不得侵犯其他作品的著作权。团体标准在引用其他标准或文件时，特别是引用国外标准、国际标准（如ISO标准）时，需要获得发布机构等有关主体的许可。其他作品既包括参编者的作品，也包括起草工作组以外单位和个人的作品。切记，无论这些作品是否公开发表，均拥有著作权。

2.团体标准制修订过程中涉及专利的一般原则

首先，《团体标准管理规定》第二章第七条、第十四条和第十九条对于知识产权问题做出要求，参与团体标准制修订人员需要认真学习并执行。其次，针对"专利"，制定团体标准的成员们需要共同制定与之有关的程序、要求和合理处置问题的办法。在该标准范围内，标准内容所涉及的专利应澄清专利权保护范围，及时获得专利权人的许可声明以保护专利权人的利益。保护知识产权的意识要融入标准制定的流程当中并贯穿于各项工作，这也有利于该团体标准向国际化推进。最后，遵循制定团体标准的原则，团体标准的版权归属需获得团体成员的同意。相关规则、程序和要求可以详细规定在团体章程或团体标准制定说明书等文件中，确保各成员的权益。

二、团体标准化活动涉及的违法违规行为及对应的处罚规则

（一）不符合法律法规、不符合强制性标准、不符合产业政策的违法违规行为及对应的处罚规则

《团体标准管理规定》第三十四条规定："任何单位或者个人有权对

不符合法律法规、强制性标准、国家有关产业政策要求的团体标准进行投诉和举报。"

《团体标准管理规定》第三十七条规定:"社会团体制定的团体标准不符合强制性标准规定的,由标准化行政主管部门责令限期改正;逾期不改正的,由省级以上人民政府标准化行政主管部门废止相关团体标准,并在标准信息公共服务平台上公示,同时向社会团体登记管理机关通报,由社会团体登记管理机关将其违规行为纳入社会团体信用体系。"

(二)不符合制定原则的违法违规行为及对应的处罚规则

《团体标准管理规定》第三十八条规定:"社会团体制定的团体标准不符合'有利于科学合理利用资源,推广科学技术成果,增强产品的安全性、通用性、可替换性,提高经济效益、社会效益、生态效益,做到技术上先进、经济上合理'的,由标准化行政主管部门责令限期改正;逾期不改正的,由省级以上人民政府标准化行政主管部门废止相关团体标准,并在标准信息公共服务平台上公示。"

(三)不符合编号规则的违法违规行为及对应的处罚规则

《标准化法》第四十二条和《团体标准管理规定》第三十九条规定:"社会团体未依照本规定对团体标准进行编号的,由标准化行政主管部门责令限期改正;逾期不改正的,由省级以上人民政府标准化行政主管部门撤销相关标准编号,并在标准信息公共服务平台上公示。"

(四)团体标准制定的主体与责任承担

《团体标准管理规定》第三十五条规定:"社会团体应主动回应影响较大的团体标准相关社会质疑,对于发现确实存在问题的,要及时进行改正。"明确了社会团体的责任,强调社会团体需主动解决所负责团体标准产生的舆论问题、主动回应影响较大的团体标准相关社会质疑,对于发现确实存在问题的，要及时进行改正。社会团体既是团体标准的制定主体，也是团体标准的责任人，要充分发挥其自律机制，由社会团体主动处理相关问题，维护自身形象，及时解决团体标准的不良现象，消除社会疑虑。

三、应对团体标准举报、投诉处理的机制

《团体标准管理规定》第三十六条第二款规定："对举报、投诉，标准化行政主管部门和有关行政主管部门可采取约谈、调阅材料、实地调查、专家论证、听证等方式进行调查处理。相关社会团体应当配合有关部门的调查处理。"第三款规定："对于全国性社会团体，由国务院有关行政主管部门依据职责和相关政策要求进行调查处理，督促相关社会团体妥善解决有关问题；如需社会团体限期改正的，移交国务院标准化行政主管部门。对于地方性社会团体，由县级以上人民政府有关行政主管部门对本行政区域内的社会团体依据职责和相关政策开展调查处理，督促相关社会团体妥善解决有关问题；如需限期改正的，移交同级人民政府标准化行政主管部门。"

《团体标准管理规定》第三十六条明确了应对团体标准举报、投诉处理的机制。

首先由有关行政主管部门对举报、投诉进行处理的要求，发挥有关行政主管部门熟悉本行业领域法律法规、产业政策和强制性标准等情况的优势，对社会团体制定的团体标准是否符合所在行业领域的法律法规、强制性标准和有关产业政策等进行研判，有利于快速、准确、妥善地解决团体标准有关问题。

如需社会团体限期改正的，按照《标准化法》第三十九条第二款中由标准化行政主管部门责令限期改正的要求，移交标准化行政主管部门，做好有效衔接，各司其职，形成合力。

思 考 题

1.团体标准如何避免利用标准实施妨碍商品、服务自由流通等排除、限制市场竞争的行为？

2.《团体标准管理规定》中对知识产权有何规定和要求？制定团体标准时如何保护专利权人的权益？

第二编

建材「浙江制造」标准编制实务

第二章 建材『浙江制造』标准立项认证

本章主要依据浙江省市场监督管理局发布的《"浙江制造"标准立项认证细则》的要求,对"浙江制造"标准立项认证过程包括提出立项建议、形式审查、组织答辩和发布立项计划等环节的工作形式、内容要求、重点关注点及注意事项予以阐述,并对立项阶段申报系统的管理平台电子系统操作的要点予以介绍。

第一节　预研阶段

一、预研的目的和意义

预研阶段是标准制修订过程中提出标准计划项目建议的准备阶段。预研阶段为标准计划项目建议的提出、研究、论证阶段，是标准制修订的前期准备阶段。

预研阶段是标准制修订程序的第一阶段，需充分做好标准制修订预研阶段的工作，为后期标准的立项做好准备。同时，为缩短制定周期、提高标准质量打下基础。这一阶段的工作目的旨在为完成标准制修订项目奠定良好基础。其意义如下：

（1）提出标准制修订项目的必要性。通过现状分析找准应用需求，确定标准制修订所要解决的现实问题，做到有的放矢，促成标准立项。

（2）保证标准制修订项目的可执行性。预先规划安排好制修订项目所需的各种资源，一旦任务下达即可立即启动、顺利实施标准制修订项目。

二、预研阶段的工作形式、内容及要求

"浙江制造"标准预研阶段的活动主体是申报单位，即项目的提出者，主要内容包括研究分析、决定是否申报标准立项，并完成立项申报材料。本部分以 T/ZZB 1602—2020《机械喷涂抹灰砂浆》标准研制为例进行说明。

预研阶段工作具体内容及相关要求，包括项目建议、查询与调研、论证必要性和可行性、编写立项申请材料、上传申报材料。

提出的项目建议应有现实明确需求，有市场需求。

查询与调研是标准化科研的常用手段和方式，应围绕项目提议的主题，展开相关查询与调研工作，具体可以从以下方面考虑。

（1）搜索用于分析背景的信息或者资料。

（2）查询是否与现有"浙江制造"标准存在重复，包括名称与已发布（或在研）的"浙江制造"标准类似、适用范围与已发布（或在研）的"浙江制造"标准重叠、支撑质量特性的指标体系与已发布（或在研）的"浙江制造"标准基本相同。

（3）收集相关的技术资料，确保申报产品符合"浙江制造"标准"国内一流、国际先进"的定位，即国际上没有同类产品的，应达到国内一流水平；国际上有同类产品的，应达到国际先进水平。

案例：T/ZZB 1602—2020《机械喷涂抹灰砂浆》收集到的相关技术资料

★ 产品执行标准

机械喷涂抹灰砂浆产品执行的标准为 GB/T 25181—2019《预拌砂浆》。

★ 参照的主要国标、行标

JGJ/T 70—2009《建筑砂浆基本性能试验方法标准》。

JGJ/T 105—2011《建设用砂》。

DB33/T 1095—2013《预拌砂浆应用技术规程》。

JGJ/T 223—2010《预拌砂浆应用技术规程》。

JGJ/T 220—2010《抹灰砂浆技术规程》。

★ 借鉴的标准

JGJ/T 105—2011《喷涂抹灰施工规程》。

2013-1248T-JC《机械喷涂砂浆》（报批稿）。

本标准的制定可以为预拌砂浆制造商提供明确的生产技术指导，为用户单位提供产品质量保障，为全面推动预拌砂浆机械化施工奠定基础。通过少数龙头企业的引领和示范，最终提升整个行业的生产水平，为中国的机械化喷涂施工技术达到国际领先水平发挥关键作用，具有良好的社会效益和经济效益。

（4）调研标准可能的应用领域需求。

（5）调研标准的预计使用者情况。

（6）归纳整理，最好形成基于数据的调研报告。

在查询与调研的基础上，申报单位结合现实需求，以实事求是为原则，论证必要性和可行性。必要性通常表现为项目制定的紧迫性，可行性论证内容一般为提出项目的时机是否成熟、拟提出项目的条件是否具备（包括充足的资料及经费准备）。

（7）论证通过后，可编写立项申请材料。立项申请材料应按"浙江制造"标准立项的具体要求编写，具体包括：

①标准立项建议书。

②标准草案。

③证实性材料。

（8）形成立项申报材料后，可在网上申报系统进行申报以及申报材料的上传。立项建议书需在申报系统平台上进行填写，填写完成后导出文件，加盖公章后再进行上传。证实性材料（佐证材料）除电子系统管理平台上明确要求的各项资料外，立项建议书中涉及行业地位、荣誉、专利和经营数据等内容也需要形成证实性材料并上传。

三、预研阶段的形成文件及申报材料

预研阶段应形成以下文件清单，如表3-1-1所示。

表 3-1-1　预研阶段的形成文件清单

文件名称	文件内容或要求	性质
"浙江制造"标准项目立项建议书	内容按模板填写(参见后文示例,网上填写申报),应准确、完整、清晰以及前后一致,填写内容符合实际,无省略缺失,并且突出重点。具体包含以下内容: (1)申报标准基本信息 (2)申报单位基本信息 (3)行业背景(主要描述申报标准相应产品的国际、国内行业基本情况) ①行业类别、产品用途、行业规模、本行业绿色制造和智能制造发展水平、发展趋势和发展前景 ②现阶段行业的国际水平、国内水平,国内行业前五企业描述 ③配套技术服务机构基本情况,含国内及省内行业协会、国内及省内科研院所、国内及省内检验检测机构、省级标准技术委员会 ④浙江省内行业现状,省内行业前五企业描述 (4)主起草企业及产品信息 ①申报产品销售额 ②市场地位 ③企业标准化基础 ④企业技术、管理优势 ⑤企业荣誉 ⑥其他反映企业综合实力的内容 ⑦产品执行标准 ⑧产品技术优势 ⑨主要客户群及主要销售区域 ⑩产品定价权、溢价水平、毛利率 ⑪产品获成果、荣誉及重大支持/资助 ⑫其他反映产品先进的内容 (5)标准研制需求及目标 ①申报产品现行的国内、国外标准的现状分析 ②标准行业应用前景分析(省内是否有企业具备实施本标准的条件,省内企业是否有意愿对标达标用标,若有应提供相应证实性材料) ③以提升产品性能、用户体验为目的,提出拟增加或提高的核心技术指标或要求,并以表格的形	必备文件

续表

文件名称	文件内容或要求	性质
"浙江制造"标准项目立项建议书	式,将提出的核心技术指标或要求与现行国内外先进标准(或高端产品实物质量)进行对比。对比表格是立项建议书中至关重要的一项,是表现申报产品先进性的重要内容。该表格必须提炼质量特性、提出核心技术指标或要求并明确对比指标。对比项可以是现行的国内外标准、先进企业的企业标准、高端产品实物质量、高端客户的技术指标要求等。技术指标只需要罗列出拟增加或提高的核心技术指标,并将其纳入产品的质量特性 (6)标准研制计划 (7)参与起草单位(如果没有可以不添加) (8)标准可行性	必备文件
"浙江制造"标准草案或申报产品执行标准文本	可二选一,推荐上传"浙江制造"标准草案。若选择上传申报产品正在执行的标准,该标准应为企业标准 草案或企业标准的内容,应与"对标"中提出的核心技术指标或要求相对应。草案应符合"2+1"框架,产品标准框架为"1",基本要求+质量保证为"2"	必备文件
证实性材料	(1)核心技术指标检测报告 (2)法人证 (3)重要资质荣誉证书(省级以上政府颁发) (4)"浙江制造"标准实施承诺	必备文件
	(1)检验检测机构资质认定或认可证书 (2)荣誉,如高新技术企业、浙江名牌、政府质量奖、浙江省绿色企业等 (3)专利和经营数据等其他证实性材料	可选
立项建议材料自查承诺	原浙江省品牌建设联合会申报系统有模板可下载	必备文件

四、预研阶段的活动及参与角色

预研阶段的活动及参与角色对应关系，见表3-1-2所示。

表3-1-2　预研阶段的活动及参与角色对应表

活动	参与角色	说明
项目的提出	申报单位	
项目查询	申报单位	针对项目的主题,查询已有相关标准,若已有相同的"浙江制造"标准,则重新选择项目申报产品
	拟推荐牵头单位(可选)	
调研	申报单位	针对项目的技术内容、应用领域、用户群体
	拟推荐牵头单位(可选)	
材料准备	申报单位	"浙江制造"标准草案或申报产品执行标准文本、证实性材料
项目建议书	申报单位	按规定的模板在申报系统中填写,导出盖章后再上传
网上申报	申报单位	通过申报系统进行,见本节中的五、浙江省品牌建设联合会管理平台申报系统

五、浙江标准在线管理平台申报系统操作

"浙江制造"标准的立项申报在浙江标准在线申报系统上进行操作。平台申报系统网址为https://bz.zjamr.zj.gov.cn/。

第一步，根据单位性质，点击"申请单位"下的"企业"或"非企业"，输入用户名、密码登录。

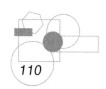

第二步，登录后选择"用户中心"，点击"浙江制造"后再点击"新增"，跳转至"浙江制造"标准培育信息填报表，填写培育信息，填写完毕后，先点击保存，后点击提交。

"浙江制造"标准培育信息填报表

❘ 申报单位

单位名称*			
	请输入		
统一社会信用代码*		属地*	浙江省 / 杭州市 / 西湖区 ⌄
	请输入正确得18位统一社会信用代码		
项目联系人*		职务*	
联系电话/手机*		电子邮箱*	
	手机号格式不正确!		

❘ 培育标准名称

*	

第三步，申报单位按照网页内容填写并上传相应材料后点击提交。由浙江省市场监督管理局组织对提交的立项申报材料进行审查。

❘ 培育标准名称

*	

❘ 培育标准类型

* ● 团体标准　○ 企业标准　○ 地方标准

* ○ 产品类　○ 技术类　○ 方法类　○ 基础类　○ 生产性服务类

标准所属领域*	(中国标准分类号)
标准适用范围*	0/2000
标准主要内容*	(包括标准主要技术指标先进性等) 0/2000
标准拟发布单位*	0/2000

思　考　题

1.预研阶段工作的形式及内容有何要求？

2.预研阶段应形成哪些文件？举一个文件内容的例子。

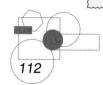

第二节 立项阶段

浙江省市场监督管理局面向社会公开征集"浙江制造"标准立项建议。各有关政府部门、标准化研究机构、检验检测机构、认证机构、专业标准化技术委员会、行业协会和企业，可根据浙江省制造业发展情况，向浙江省市场监督管理局提出"浙江制造"标准立项建议。浙江省市场监督管理局处按照《浙江省品牌建设联合会"浙江制造"标准立项论证细则》的要求，对"浙江制造"标准立项建议书进行统一汇总、形式审查、公开答辩会审、项目公示无异议、计划下达等环节。立项阶段是项目制修订中一个重要环节，是"浙江制造"标准立项科学性和标准研制质量的重要保证，也是确保标准制修订过程的"公平、公正、公开、透明"的举措。

一、立项的目的和意义

立项阶段是浙江省市场监督管理局对上报过程的标准立项建议进行统一汇总、审查、协调、确认的过程，是项目制修订过程中至关重要的一步。只有立项成功的项目才能够实质性开展标准制修订工作。

立项阶段的目的，主要是通过该阶段工作的开展，提高"浙江制造"标准立项的科学性，提升标准质量，保证标准制修订过程公平、公正、公开、透明。

二、立项阶段的工作形式、内容及要求

立项阶段的主要工作是在标准预研阶段结束之后，将项目向培育申报单位所在县（市、区）局进行审核申报，并经浙江省市场监督管理局

审评下达计划的过程。立项阶段主要由浙江省市场监督管理局完成主要的立项工作。

浙江省市场监督管理局根据"浙江制造"品牌建设的目标和要求，面向社会公开征集"浙江制造"标准立项建议。申请与立项采取"全年随时申报、即时受理申请、按时完成初审、定期组织论证、分批发布计划"的工作形式开展。

立项程序阶段的主要工作内容分为项目受理、形式审查、答辩会审、项目公示等环节。

（一）项目受理

浙江省市场监督管理局接受来自各申报单位所申报的项目，进入形式审核阶段。

主要申报材料为：

（1）"浙江制造"标准立项建议书。

（2）证实性材料。

（3）"浙江制造"标准草案或申报产品正在执行的标准文本。

（4）立项建议材料自查承诺。

（二）形式审查

形式审查内容包括"浙江制造"标准立项建议的文本完整性审查、内容完整性审查和项目重复性审查，由秘书处组织开展。审查内容包括所有申报材料。

1.申报材料重要关注点或把控点

（1）文本完整性。

"浙江制造"标准立项建议书（含证实性材料，立项建议书的电子版和盖章后的扫描件版）。

"浙江制造"标准草案或申报产品正在执行的标准文本（PDF版）。

立项建议材料自查承诺（重点说明）。

（2）内容完整性。

申报产品的行业应用情况及前景分析。

申报标准的关键技术指标与现行国家、行业及相关团体标准的对比情况。

申报标准的关键技术指标与国外先进标准或同类产品国际先进要求的对比情况。

2.审查不通过包含以下几种情况

（1）文本完整性审查为不通过。

★立项建议书、标准草案或证实性资料不全（三者缺一不可）；

★立项建议书未加盖公章。

（2）内容完整性审查为不通过。

① 未按要求填写立项建议书，包括但不限于以下情况：

★产品现行国内、国外标准的现状分析不准确。

★标准必要性和可推广性说明不清晰。

★产品主要质量特性分析模糊，不符合市场需求。

★支撑质量特性的指标体系设计不清晰，未与国内外标准或行业现状或中高端客户需求或同行业前3名企业产品进行指标对比。

★行业应用情况及前景分析描述不清晰或无内容（即产品近三年销售额及增长情况不良或市场份额比较低等情况）。

★内容缺失，前后描述不一致。

② 未按要求提供证实性材料，包括但不限于以下情况：

★申报单位的行业地位、荣誉、专利和经营数据等无证实性材料。

★指标对比的国家、行业标准或高端企业产品实物质量实测数据无证实性材料或材料无效（作废标准）或描述不清晰或无内容。

★支撑质量特性的指标体系无可验证的检测报告。

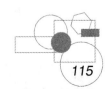

③"浙江制造"标准草案不符合要求,包括但不限于以下情况:

★名称、适用范围不明确。

★名称、适用范围等内容与立项建议书不一致。

★标准草案框架没有体现基本要求、技术要求和质量承诺要求。

★与国外先进标准或同类产品国际先进要求的对比情况描述不清晰或无内容。

④项目重复性审查为不通过:

★名称与已发布(或在研)的"浙江制造"标准类似。

★适用范围与已发布(或在研)的"浙江制造"标准重叠。

★支撑质量特性的指标体系与已发布(或在研)的"浙江制造"标准基本相同。

3.形式审查结果处理

(1)文本完整性审查、内容完整性审查不通过的,退回至立项建议申报单位,修改后重新提报。

(2)项目重复性审查不通过的,退回至立项建议申报单位,若与已发布的"浙江制造"标准类似或重叠的,补充标准差异性比对说明;若与在研"浙江制造"标准重复的,待相关标准发布后,补充标准差异性比对说明。

(3)形式审查期限:形式审查周期一般为15个工作日,提供"浙江制造"标准草案的优先审查。

(三)答辩会审

1.答辩时间安排

(1)对已通过形式审查的项目,浙江省市场监督管理局根据通过时间,定期编制形成答辩会审清单(以下简称"清单"),并通知清单内各申报单位参加答辩会审。

（2）申报单位未在规定时限内按要求回复回执的，视为放弃答辩；申报单位应出席答辩会审未出席的，视为放弃答辩。

2.答辩专家安排及答辩会审程序

（1）答辩专家安排：秘书处根据通知回复回执情况制定并公示答辩会审计划（每月至少组织1场），并根据专业领域构建答辩会审专家组。答辩会审专家从原浙江省品牌建设联合会核心专家库中产生，每组不少于5人。

（2）答辩会审程序：答辩会审分为介绍环节和提问环节。

答辩介绍环节：由申报单位答辩人员从对标国际国内一流水平出发，围绕体现浙江制造业创新水平、符合引领产业高质量发展需求、具有高实施效益的内涵定位以及推动标准实施应用举措等方面进行项目介绍，时间不超过6分钟。

答辩提问环节：由专家组成员轮流主持，时间不超过4分钟。申报单位应提供电子版汇报材料，由秘书处留存备案。

（3）答辩会审结论。

★答辩结束后，申报单位离场，答辩会审专家组进行商议票决，提交"浙江制造"标准立项建议评估用表。

★推荐票数达到2/3以上票决，即4票推荐1票不推荐，或5票推荐，则通过专家答辩，评估结论为推荐。

★推荐票数低于2/3的，评估结论为不推荐，并反馈不推荐理由。

★评估结论为推荐的，由浙江省市场监督管理局适时纳入"浙江制造"标准制定计划。

（四）项目立项计划公示

浙江省市场监督管理局根据答辩会审评估结论，分批形成"浙江制造"标准拟立项计划，向社会进行公示（公示渠道：https://bz.zjamr.zj.gov.cn/），公示期为5个工作日。

（五）立项计划下达

经公示无异议和有异议但经协调一致的拟立项项目，由浙江省市场监督管理局制定发布"浙江制造"标准立项计划。

三、立项阶段的申报材料及形成文件

（一）立项阶段申报材料

1.申报材料总体要求

坚持"国内一流、国际先进"的定位，坚持问题导向、需求导向、发展导向，坚持底线思维、用户思维和营销思维，以提供产品质量、提升用户体验、引领产业高质量发展为己任，根据"五性并举"原则，从标准研制全流程、产品全生命周期以及影响产品质量全要素的角度出发，围绕全产业链产品生产过程的设计研发、原材料、生产工艺控制与装备、检验检测、质量承诺等方面提出的更高要求，体现"精心设计、精良选材、精工制造、精诚服务"的先进性要求。

2.申报材料具体要求

具体申报材料中要求充分体现"好企业、好产品、好标准"的内涵，具体归纳如下。

（1）好企业。

好企业的要素和具体体现，如表3-2-1所示。

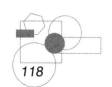

表3-2-1　好企业的要素和具体体现

序号	要素	具体表现
1	市场地位	国内外排名、学会协会任职
2	标准化基础	参加各级标技委、主持或参与国际、国行标制修订情况
3	技术管理优势	绿色制造与智能制造水平、研发设计中心、专利、卓越绩效管理、产学研合作、产业研究院等
4	企业形象	企业荣誉及反映企业综合实力的内容如科技进步奖、百强企业等

（2）好产品。

好产品的要素和具体体现，如表3-2-2所示。

表3-2-2　好产品的要素和具体体现

序号	要素	具体表现
1	产品前景	产品用途、适应领域、行业规模和发展前景、产品的进出口前景
2	产品技术优势	产品主要质量特性、核心技术指标、体现绿色制造和智能制造的技术指标或其他工艺技术及性能优势
3	产品市场竞争力	产品国内外市场销售区域场核心竞争力、客户群和细分市场,产品的市场核心竞争力
4	产品经济指标	产品定价权、溢价水平、毛利率、年销售额和税利率、国内外行业排名等
5	产品的成果	产品的成果、荣誉及重大支持或资助,如名优特新产品、国内外产品获奖

（3）好标准。

好标准的要素和具体体现，如表3-2-3所示。

表3-2-3　好标准的要素和具体体现

序号	要素	具体表现
1	标准水平	通过申报产品标准与国内外标准比对分析,体现其水平地位
2	标准实施推广	通过对标准实施推广前景分析,体现标准实施推广的价值
3	标准比对	围绕产品质量特性开展对产品核心技术指标的比对分析,进一步体现标准先进性和客户的满意度认可度

（二）立项阶段形成文件

立项阶段最终形成的阶段性结果为批准或否决项目，形成的文件为"浙江制造"标准立项计划。

"浙江制造"标准立项计划由浙江省市场监督管理局下达，在其官网公开发布。

四、立项阶段的活动及参与角色

立项阶段的活动与参与角色对应关系，如表3-2-4所示。

表3-2-4　立项阶段的活动及参与角色对应表

活动	参与角色	说明
申报项目的受理	浙江省市场监督管理局	受理
	申报单位	
形式审查	浙江省市场监督管理局	
	浙江省市场监督管理局	
	专家	立项论证,提出评估意见
项目公示	申报单位	答辩
下达计划	浙江省市场监督管理局	

五、立项阶段的答辩论证目的、形式、内容及要求

（一）立项答辩会审目的

主要是对申报"浙江制造"标准的"五性"进行综合评价，对标准成熟度进行判断分析及同类型排比（同类型项目横向比较、相近项目在同一场进行答辩）。

（二）立项答辩会审形式

分为介绍环节和提问环节。介绍环节由申报单位答辩人员从对标国际国内一流水平出发，围绕体现浙江制造业创新水平、符合引领产业高质量发展需求、具有高实施效益的内涵定位以及推动标准实施应用举措等方面进行项目介绍，时间不超过6分钟。提问环节由专家组成员轮流主持，时间不超过4分钟。申报单位应提供电子版汇报材料，由秘书处留存备案。

（三）立项答辩会审汇报材料内容

答辩汇报材料一般以PPT的形式展示。汇报材料要求逻辑正确、重点突出、条理清晰、通俗易懂；围绕"质量特性有需求、指标体系合理性、指标量化有依据、项目实施有保障"等评审重点和要求；介绍时间控制在6分钟，一般不超过10—15张PPT；针对可能存在的问题和短板，做好应对专家质疑的准备。

汇报材料PPT的内容要求：

★企业简介（行业地位、标准化工作基础、荣誉等）。

★产品功能和适用场合简介。

★国内外标准现状。

★产品核心质量特性（围绕目标和导向，突出产品卖点和亮点）。

★标准关键技术指标（围绕核心质量特性，突出指标体系合理性）。

★国内外标准比对（突出标准先进性和确定依据）。

★指标可检测性分析（突出标准可操作性）。

★研制计划和保障措施。

（四）立项答辩会审的具体要求

立项答辩会审的具体要求，如表3-2-5所示。

表3-2-5　立项答辩会审的具体要求

质量特性有需求	产品的质量特性把握准确,适应满足市场需求。若已有相同或类似产品的"浙江制造"标准,要说明质量特性是否存在较大差异而具备研标必要性
	答辩时要对产品的质量特性把握准确,要让专家充分认识到产品的市场前景及功能和作用,能适应满足市场的需求。若已有相同或类似产品的"浙江制造"标准,要对专家说清楚质量特性是否存在较大差异而具备研标必要性
指标体系合理性	围绕质量特性形成可量化的指标体系。指标体系具有科学性,未发现缺失指标或设置过高等情况
	指标体系可量化并有依据,如检验报告、客户的技术合同及国内外标准的要求,能满足市场客户的需求,充分体现指标体系的科学性,未发现缺失指标或设置过高或限制市场主体竞争的技术壁垒等情况
指标量化有依据	指标设置应对标国内外相关标准和客户要求,充分体现先进性。由具备检验检测能力的检验机构来验证
	主动对标国内外标准和客户的需求,通过与国家/行业/团体标准及客户技术合同要求进行对标分析,体现标准的先进性。指标体系中无法在国内外相关标准找到依据的技术要求,必须提供有效的检测报告予以验证认可,所有指标体系中的技术要求必须由具备检验检测能力的第三方检验机构做可验证、可测试的配套验证
项目实施有保障	申报单位处于行业领先水平,能够从设计、原材料、生产工艺、检验检测、交付服务等产品全生命周期方面保障标准研制和实施
	申报单位处于行业领先水平,从企业基本的技术能力如工艺技术装备、管理与技术团队的组建、产品研发能力、检验检测能力、客户服务团队等方面保障标准的研制和实施

　　下面以"浙江制造"标准《机械喷涂抹灰砂浆》为例，来阐明"质量特性有需求、指标体系合理性、指标量化有依据、项目实施有保障"四方面内容，供建材企业参与"浙江制造"标准研制参考。

　　1.质量特性有需求

　　"浙江制造"标准《机械喷涂抹灰砂浆》产品主要质量特性描述如下。

　　（1）抗流挂性能好。当采用普通抹灰砂浆进行机械喷涂施工时，20 mm厚的抹灰层需要多遍施工。本产品在配合比设计时，通过对骨料的细度模数调整，以及外加剂的改性，使砂浆抗流挂性能增加，20 mm墙面可实现一次喷涂，使施工效率明显提升。

　　（2）不易堵管。预拌抹灰砂浆机械化喷涂施工时最常见的问题就是堵管。堵管主要原因就是管道内砂浆在压力的作用下产生泌水，使管道内某一段砂浆流动度丧失，从而造成堵管。本产品在配合比设计方面增加了压力泌水测值指标，使产品出厂时压力泌水指标控制在合理的范围，解决了常规产品容易堵管的问题。具体对应指标为：压力泌水率/%≤35。

　　（3）对喷涂设备磨损小。机械喷涂抹灰砂浆对机械喷涂设备最大的影响就是设备的磨损。磨损的主要原因就是砂的粒径，因此在配方中添加了部分轻砂材料，降低了砂浆拌合物密度。砂浆拌合物密度越大，砂浆喷涂设备的磨损就越大。因此，随着本产品砂浆拌合物密度的降低，大大减少了砂浆喷涂机转子和定子之间的磨损。同时，随着砂浆拌合物密度的降低，其抗流挂、抗裂性能明显提高。经试验证明，砂的最大粒径大于2.36 mm时对螺杆泵的转子定子磨损最大；而小于1.18 mm以后，螺杆泵的泵送压力又有了明显降低。因此，本标准规定了砂应符合GB/T 14684的规定。应采用中砂，砂的最大粒径不应大于2.36 mm，通过1.18 mm筛孔的颗粒不应少于60%，天然砂的含泥量应小于3.0%，泥块含量应小于1.0%，含水率应小于0.5%。

　　（4）有效控制稠度损失率。由于机喷抹灰砂浆施工操作时间比人工施工时间短，更需要控制短时间内的稠度损失率。因此，本产品砂浆2h稠度损失率指标按GB/T 25181—2010《预拌砂浆》技术参数控制，使出厂砂浆喷涂施工更流畅。具体对应指标为：2h稠度损失率1%≤30。

2.指标体系合理性

"浙江制造"标准《机械喷涂抹灰砂浆》产品主要技术指标如下：保水率≥95%；凝结时间3—5h；14d拉伸黏结强度≥0.3MPa；28d收缩率≤0.15%；2h稠度损失率≤30。以上指标均满足或优于GB/T 25181—2010《预拌砂浆》及工信部行业标准《机械喷涂砂浆》（报批稿）标准要求。产品达到以上技术指标要求后能满足基本的机械喷涂砂浆性能要求；但为了提高机械喷涂施工效率，减少机械喷涂设备易损件消耗量，增加拌合物表观密度、压力泌水率等指标（其中表观密度≤1800 kg/m³，压力泌水率＜30%），普通的预拌抹灰砂浆拌合物表观密度一般在2000 kg/m³，由于主流的机械喷涂设备基本都是螺杆泵形式，砂浆的拌合物密度越大，对螺杆泵的泵头磨损就越大，因此，对机械喷涂砂浆表观密度作了≤1800 kg/m³的规定，同时因为密度降低，使得砂浆上墙后的抗流挂能力增强，大大减少了常见的横向可塑性裂纹。机械喷涂砂浆在喷涂过程中砂浆容易在管道中堵塞是施工最大难题，而堵塞的主要原因就是喷涂砂浆在压力的作用下开始泌水，砂浆失水后流动度丧失、摩擦力增加，进而产生堵管现象。为有效解决机械喷涂砂浆的堵塞问题，经多次试验研究发现，当喷涂砂浆压力泌水值≤35%后，基本不会产生堵管现象，为此新增喷涂砂浆压力泌水值≤35%的指标作为出厂检测项目来保证这个指标的生产实现，从而使机械喷涂抹灰砂浆的正常施工得到有效保障。

3.指标量化有依据

"浙江制造"标准《机械喷涂抹灰砂浆》核心技术指标体系比对分析，提升或新增指标占60%以上，指标体现具有一定的先进性，能满足中高端客户的需求。不同标准的核心技术指标体系，如表3-2-6所示。

表3-2-6　核心技术指标体系比对分析一览表

核心技术指标		"浙江制造"标准	国家标准GB/T 25181—2019	国外用户要求	备注
保水率/%		≥92	≥92	≥90	高于国外用户要求
压力泌水率/%		≤35	/	≤40	高于参照标准
凝结时间/h		3—7	/	/	新增指标
2h稠度损失率/%		≤30	≤30	/	持平
14d拉伸黏结强度/MPa		M5:≥0.20 > M5:≥0.25	M5:≥0.15 > M5:≥0.20	≥0.15	高于参照标准
28d收缩率/%		≤0.20	≤0.20	/	持平
抗冻性	强度损失率/%	≤25	≤25	/	持平
	质量损失率/%	≤5	≤5	/	持平
放射性	IRa	≤1.0	/	/	新增指标
	Ir	≤1.3	/	/	新增指标

4.项目实施有保障

（1）研制计划。本公司计划在6个月左右完成标准的制修订工作。具体计划如下：

①2019年1月20日前确定标准工作组名单和评审专家建议名单，并完成实地调研和相关标准的收集整理。

②2019年1月1日—2月15日，起草阶段：编写标准（草案），标准编制说明，标准先进性说明。

③2019年2月20日—2月28日，召开标准启动暨研讨会。

④2019年3月1日—4月15日，征求意见阶段：形成征求意见稿，并向利益相关方等发送电子版标准征求意见稿，征求意见，并根据征求意见，汇总成征求意见表。

⑤2019年4月16日—5月15日，送审阶段：标准研制工作组探讨专家

意见，并修改、完善征求意见稿、标准编制说明、先进性说明等材料，编制标准送审稿及其他送审材料并推荐评审专家，提交送审材料并等待评审会召开。

⑥2019年5月30日前，评审阶段：召开标准评审会。专家对标准送审稿及其他送审材料进行评审，给出评定建议。

⑦2019年6月1日—6月20日，报批阶段：根据评审会专家评定建议，对标准（送审稿）进行审查，并根据专家意见对送审稿进行修改完善，形成标准（报批稿），同步完善其他报批材料，并提交等待标准发布。

（2）保障措施。

①抽调公司内部技术骨干组成标准研制小组，包括研发人员6名、技术人员2名、检测人员2名、生产人员2名、施工人员2名（原则上立项后6个月内必须完成）。如表3-2-7所示。

②技术人员团队保障。

表3-2-7 标准研制工作小组成员

姓名	工作单位	工作内容	职务/职称
×××	浙江省建材质量协会	标准研制总体协调管控	副秘书长
×××	浙江省建材质量协会	起草标准、拟定相关材料	协会秘书
×××	浙江益森科技股份有限公司	起草标准	高级工程师
×××	浙江益森科技股份有限公司	起草标准、内外联络	副总/工程师
×××	浙江益森科技股份有限公司	起草标准、内外联络	副总/工程师
×××	浙江大学建筑工程学院	材料研究、起草标准	教授
×××	浙江大学建筑工程学院	材料研究、起草标准	教授级高工
×××	浙江环宇建设集团有限公司	项目管理、起草标准	教授级高工
×××	浙江省建材标准化技术委员会	起草标准	工程师

③生产工艺及装备的保障：因相关质量指标的提升，对生产线要求也相应提升。生产设备应具有行业先进性，同时满足产品特别指标的要求。配备 DCS 自动化控制系统，并具有自动计量、储存和输出系统，主机设备电流电压在线监测与自动控制，气动阀门气压故障自动报警与联锁切断。外加剂应采用微量给料装置自动给料。机械喷涂抹灰砂浆混合机应符合 JC/T 2182 的规定。

（五）立项答辩会审的关注焦点及注意事项

1.立项答辩会审的关注焦点

一是答辩通过率比较低。原浙江省品牌建设联合会从未设置通过率要求。答辩通过率与你汇报项目的质量有关，因为专家是票决制，只有你精心准备申报和汇报材料，获得专家高度认可，才能获得通过，不要指望通过关系或打招呼获得通过。

二是答辩时间非常短。项目数量多，统一规则线上一天不超过 15 个企业，线下一天不超过 20 个企业。线下时长不能超过 20 分钟，线上时长一般不能超过 30 分钟。线上答辩每周五一次。答辩时长越短越好，说明你的项目材料的准备越充分和精炼。

三是专家专业度不够。由于项目种类复杂、不能保证答辩专家完全是行业专家，只能用相对专业来保证，同时 2019 年开始编制浙江省重点产业的"浙江制造"标准框架体系，原浙江省品牌建设联合会通过产业专场答辩解决专家的专业度问题，如电机产品的立项答辩会。申报单位能清楚介绍电机产品质量特性指标、技术能力、关键性指标、高端客户的技术指标需求等，答辩专家大部分是机电行业的专家。因此，以指南为引领的"浙江制造"标准电机框架体系图为依据的申报"浙江制造"标准答辩通过率达到 80%，通过率就比较高。在此，提醒答辩者要高度认识到，答辩是一个回答过程，不能争辩，要展示优势、解决疑惑，要精准回答专家所提的问题。答辩是一个会商过程，特别是主审专家的提问必须清楚回答，听清楚问题背后需要解决的是什么问题，直面主审，全面会审，就事论事。所有专家所提的问题，回答要一目了然、切中要害，不能就轻避重。

2. 立项答辩会审的注意事项

（1）把控好时间及内容节奏。

专家把控时间（企业汇报8分钟，提问5—7分钟）在15分钟时长内，最长20分钟。到点工作人员提醒，可能导致汇报人员回答混乱及不知所措，建议答辩者预演时汇报时长5分钟，正式答辩时应严把时长。汇报人员要做到节奏有序、内容简明扼要、重点突出。

把控好内容节奏：体现项目核心内容的PPT准备页面以10—12页为佳（精控内容）；平均半分钟/页。

（2）汇报和答辩交流重点。

答辩者要说清楚"这是什么，产品好在哪里、有多好、做得到"等四个方面内容，具体要求如下。

"这是什么"：产品具备什么功能、用途，要使专家充分认识产品的市场、功能和作用。答辩者汇报时要说清楚产品功能和使用的概念，特别是应用场景在PPT汇报中要做到充分体现，非终端产品要说明这是什么产品、主要用途及对终端产品质量提升有何益处等。

"好在哪里"：质量特性能有效满足消费者和市场客户的需求，非终端产品必须详细说明"好在哪里"，如何保证客户配套产品质量特性的实现。

"有多好"：通过"先进性指标对标对比"必须清楚表明合理性、必要性；做到让专家认可，如过高浪费、过低不能满足高端客户需求。

"做得到"：数据必须有来源，如合同文本、标准、检测报告有据可循，而不是随意杜撰。

把控关键要点如下：

没那么重要的：企业荣誉、资质经历、经营经历情况、项目准备情况。

非常重要的：指标对比表（证明过程中涉及核心质量技术指标合理、可行、完整度、熟练度、成熟度）、配套证实性材料（检测报告、标准文本等）。

没想到这个也重要：质量特性分析（要求说清楚、一目了然）；特殊产品的应用趋势分析说明要详细展开，如对产业高质量发展的促进作用、市场需求和核心竞争力等未来的发展趋势，让专家听后明明白白，入心入脑。

（3）答辩会审遇到紧急问题的应变。

问题一：现场提交资料PPT与线上材料不一致。

所有材料以线上内容为准，若需新材料，要线上提前补充（在答辩之前7天左右完成有效）；专家可以有理由不采信，因为专家无法全面对申报材料进行评估。

问题二：临时被叫停或跳章节，可能使汇报节奏被打乱，引起答辩者心理恐慌和紧张（主要是为企业考虑），表达不流利。

申报答辩者要熟悉内容、精炼材料、提前演练、抓住重点、简明扼要。遇到提醒时，要冷静沉着，改变汇报内容。要突出重点和关键内容进行汇报，如企业荣誉简单过目，核心质量技术指标的先进性比对和中高端客户的技术需求内容要详细解读。

问题三：对专家提出的问题回答不准确，答非所问。

答辩的目的是为专家解答疑惑。要解决回答盲区问题，答辩者问题解决的心态要正确。申报答辩者要做到合理配置答辩人员（主汇报、技术、商务等）。答辩人员要思考专家提问目的，有的放矢地回答问题，切忌答非所问、偏离专家提问的意图。

问题四：质量特性缺乏说服力。

由于专家对产品功能、特性及用途理解不透彻，才会不理解质量特性，因此答辩者要多结合市场和客户对质量特性要求，以此说服专家认可答辩者对质量特性的解释。

问题五：产品较新，无同类型标准、指标对比表，即无标可对。

产品的技术指标来源不仅是标准、实测数据、客户订单，也包含公开刊物发表的文章信息、专利及科研、第三方检测机构和企业实验室出具的测试分析数据，所以答辩者必须详尽阐述技术指标的确定依据及测试验证方法,以充分的理由和证据获得答辩专家的认可。

问题六:非标测试方法。

一般谨慎采用。一旦采用其关键性能指标必须有检测报告,要大量举证,如多少客户认可,公开刊物发表的文章论述,机构背书即最好有第三方科研、高等院校和检验检测机构的测试分析数据和检测报告来证明非标测试方法的可靠性。

问题七:提交的"浙江制造"标准草案与申报材料指标内容不一致。

写好了是加分项,写不好是扣分项(主要核查研标成熟度)。因此提交的"浙江制造"标准草案必须符合"浙江制造"标准的格式、章节等内容的要求,切记不要把在"企业标准信息公共服务平台"公开的企业标准作为"浙江制造"标准草案提交给答辩专家审核评价。

问题八:优化指标缺检测报告等证实性材料。

指标来自实测,不要有侥幸心理。所有指标均有出处,报告可以用近几年的,证明可测性,具有追溯性。核心质量技术指标必须要提供相关的检测报告,检测报告数据来源真实可靠,最好是第三方科研、高等院校及检验检测机构出具的测试数据,也可以是企业实验室的测试数据。为了让专家高度信任,必须提供检测人员签字的测试原始数据记录,而不是杜撰或拼凑的记录。

问题九:已有相近标准发布,曾参加答辩未通过的。

直面问题,展示信心,不要刻意回避,不要有恐慌心理,主动排摸一遍与现有"浙江制造"标准是否有重叠,要向答辩专家完整阐述申报立项的"浙江制造"标准,与已有相近发布的"浙江制造"标准中质量特性的功能差异性和国内外市场客户需求的特殊性。对曾参加答辩未通过申报立项的"浙江制造"标准,要明确回答上次答辩未通过的主要原因,本次材料中的补充及修改内容与"浙江制造"标准"五性"并举要求符合性的理由要充分,使答辩专家完全赞同和认可本次提供的申报材料和汇报内容,从而获得专家推荐。

问题十:专家问省内是否有与你们水平相当的同行。

要明确回答"有"或"没有"。如回答没有,省内就我家;其他都是

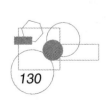

小规模跟我们无法比等。无论"有"或"没有"都要详尽回答,要把"浙江制造"标准研制过程的技术指标设置合理性、整体性、能否引领行业发展等问题向专家清晰阐明,不能简单而行之,否则会让专家认为省内肯定有同类规模水平相当的同行,只是企业故意规避罢了。

问题十一:专家问你对 "浙江制造"标准的定位和研制要求理解吗。

答辩者千万不要回答"我们企业做了好多国家标准、行业标准,非常熟悉GB/T 1.1",因为"浙江制造"标准是引领标准;行业标准是出处标准,企业必须了解"浙江制造"标准的基本要求、质量承诺等特殊要求,答辩者必须理解"浙江制造"标准的定位和研制要求。"浙江制造"标准的定位是"国内一流、国际先进",研制要求是要做到"五性",即"合规性、必要性、经济性、先进性以及可操作性"并举。

问题十二:专家问你们企业是否有咨询机构帮你们进行辅导和申报。

企业要肯定回答"有"或"没有"。若企业聘请有咨询机构,要明确咨询机构主要提供技术提升服务,而不是包办的服务。企业研制标准过程中要有效发挥牵头单位的作用,建立自己的项目团队,要有高层负责和挂帅,产品技术指标体系和专利转化为标准等研制内容,咨询机构是无法全面代办的。只有熟悉产品特性和参与产品研发过程的人员或团队才能明确其技术要求及满足客户的技术需求有哪些,必须强调自己团队技术的优势,否则会导致专家认为申报立项企业技术团队无法满足研标的需求而得出"不推荐"的结论 。

(六)立项论证答辩主要存在的问题

1. 质量特性有需求

质量特性把握不准确,标准名称中的特性缺少相应指标的设置。
产品分类过细,产品规模较小,产品低端,发展前景不足。
应用场景不明确,导致质量特性不突出、不聚焦。

2. 指标体系合理性

指标体系设置不合理，无法体现先进性，未能体现产品特性（指标有缺失、量化指标不足、指标设定过高或过低、不必要的指标设置等情况）；草案不够完善，仅列出部分指标；建议提供标准草案。

对标不充分，无法体现先进性（例如仅对比国标，无法体现国内一流、国际先进）；对标标准已作废或即将作废。

3. 指标量化有依据

指标缺少检测依据、检测方法不合理。

新增指标第三方检测机构不可检。

关键指标缺少第三方检测报告。

4. 项目实施有保障

不能精准诠释及满足"四精"要求。

企业标准化基础偏弱。

汇报人材料准备不充分。

思　考　题

1. 立项阶段工作的形式及内容有何要求？

2. 立项答辩应注意哪些事项？举例说明。

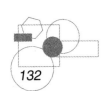

第三节　立项建议书的内容框架及案例

一、立项建议书的内容组成

（1）申报标准基本信息。

（2）申报单位基本信息。

（3）行业背景（主要描述申报标准相应产品的国际、国内行业基本情况）。

（4）主起草企业及产品信息。

（5）标准研制需求及目标。

（6）标准研制计划。

（7）参与起草单位（如果没有可以删除）。

（8）标准可行性。

二、立项建议书各部分的内容描述

（一）申报标准的基本信息

申报标准的基本信息，如表3-3-1所示。

表3-3-1　申报标准的基本信息表

标准名称	机械喷涂抹灰砂浆			
产品名称	机械喷涂抹灰砂浆			
产品类型	其他			
制定或修订	☑ 制定	□ 修订	被修订标准号	
ICS分类号	91		中国标准分类号	Q

（二）申报单位的基本信息

申报单位的基本信息，如表3-3-2所示。

表3-3-2　申报单位的基本信息表

申报单位基本信息	单位名称	×××		
	统一社会信用代码	×××	属地	×××
	项目联系人	×××	职务	×××
	联系电话/手机	×××	电子邮箱	×××
	检测合作机构	×××检测有限公司(主要合作机构,若无可填"无")		
	认证合作机构	无(主要合作机构,若无可填"无")		
	国际对标/认证需求	国际标准名称	无	（根据实际情况填写）
		国际认证类别	无	（根据实际情况填写）

（三）行业背景

（1）行业类别、行业规模、本行业绿色制造和智能制造发展水平、发展趋势和发展前景。

行业类别：××。

行业规模：××。

本行业绿色制造和智能制造发展水平、趋势和前景：××。

（2）现阶段行业的国际水平、国内水平，国内行业前五企业描述。

例：

第一家：

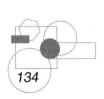

名称，企业优势（可一句话概括，如品种齐全、基础雄厚、价格优势等）。

第二家：

……

（3）配套技术服务机构基本情况。

①国内及省内行业协会基本情况：××。

例：协会名称：×××；专家：×××；手机号：×××。

②国内及省内科研院所基本情况：××。

③国内及省内检验检测机构基本情况：××。

④省级标准技术委员会基本情况：××。

（4）浙江省内行业现状，省内行业前五企业描述。

（四）主起草企业及产品信息

（1）产品用途。

（2）申报产品销售额：2018年__万元，增长率__%；2019年__万元，增长率__%；2020年__万元，增长率__%。

（3）市场地位。

①国际排名：前___名，国际市场占有率___%左右；自有品牌出口额__万元。

②国内排名：前__名，国内市场占有率__%左右。

③国际/国内协会、学会/商会担任职务情况：_____。

（4）企业标准化基础。

①参加国家或者省级标技委。

②主持或参与标准制定数（前三）。

主持：国际标准____项；国标____项；行标____项。

参与制定：国际标准____项；国标____项；行标___项。

③企业曾经参与制定的与本标准直接相关的标准名称及排名。

（5）企业技术、管理优势。

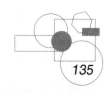

①当前绿色制造和智能制造水平：自动化生产线、进口设备、环保设备、除尘设备等（描述企业的先进管理系统和先进生产设备均可）。

②是否拥有研发中心、设计中心：　□否　□是，级别＿＿＿。

③专利数量：发明专利＿＿＿项，实用新型专利＿＿＿项。

④是否导入卓越绩效：□否　□导入卓越绩效。现用何种管理模式：××。

□区（县）级奖　□市级奖　□省级奖；

⑤产学研合作情况：××。（与院校、科研院所的合作，如有具体项目，可描述）

（6）企业荣誉。

□浙江省名牌产品　□浙江省"三名"企业　□国家高新技术企业
□其他

（7）其他反映企业综合实力的内容。

例：

先进管理模式：全面推行 6S、看板管理和精益生产管理，在产品生产制造过程中防错、进行资源追踪并实时分析，使各单位能够迅速得到作业所需的信息，以提升生产效率、产品质量与客户满意度。

先进管理软件：运用 ERP 管理软件对公司进行管理，提高了公司运行的效率。

信息化管理：生产过程中采用 MES 管理软件，用自动化生产设备，自动数据采集设备在实际的物流配送、制造、测试过程（含检验）进行作业的同时，自动输入数据，实现了产品的信息化管理和智能化生产。

体系认证：公司通过 ISO9001：2015 和 ISO14001：2014 的体系认证，在生产过程中的高标准、严要求，保证了产品的产能和优质。

智能化制造：公司积极施行机器换人，利用先进自动化生产设备进行技术改造升级，以现代化、自动化的装备提升传统产业，提高生产效率和技术贡献率，采用智能制造提高公司的竞争力。

减少或者消除对人类及环境的可能危害，既节约了原材料与能源，又使其对环境的影响减到最低，是浙江省清洁生产企业的代表。

注：可参考，如有其他的公司介绍，也可进行填写，如各种荣誉等，也可参考公司宣传册等内容。

（8）产品执行标准：参照的主要国标、行标和国际先进标准。

（9）产品技术优势：产品主要质量特性、核心技术指标、体现绿色制造和智能制造的技术指标或其他工艺及性能优势。

例：

产品主要质量特性：产品优势，即产品的宣传点、性能优势。

核心技术指标：主要为拟提升的技术指标，最好罗列出具体指标数据。

绿色制造和智能制造的技术指标：噪声、重金属含量、卫生指标、节能指标。

其他工艺及性能优势：设计研发能力、原材料选材、生产制造能力（工艺及设备）、检验检测能力（在线检测及出厂检测）。

（10）主要客户群及主要销售区域（如有出口应说明主要出口地区、国家）。

（11）产品定价权、溢价水平、毛利率。

（12）产品获得成果、荣誉及重大支持/资助。

（13）其他反映产品先进的内容，例如产品进口替代情况等。

可从精心设计、精良选材、精工制造和精诚服务四个方面体现。

（五）标准研制需求及目标

（1）申报产品现行的国内、国外标准的现状分析。

（2）标准行业应用前景分析（省内是否有企业具备实施本标准的条件，省内企业是否有意愿对标达标用标，若有应提供相应证实性材料）。

（3）以提升产品性能、用户体验为目的，提出拟增加或提高的核心技术指标或要求，并以表格的形式，将提出的核心技术指标或要求与现行国内外先进标准（或高端产品实物质量）进行对比，如表3-3-3所示。

表3-3-3 先进性技术指标对比表

主要质量特性	核心技术指标	国内对比标准 GB/T 1.1(×××)	国外对比标准 ISO 1.1(×××)	浙江制造标准	备注
××性	某指标1	≤4mm	≤4mm	≤3mm	
	某指标2	5min	5min	4min	
××性	某指标3	…	…	…	
	某指标4	…	…	…	

（六）标准研制计划

原则上立项后 6 个月内必须完成。

（七）参与起草单位

与"主起草企业及产品信息"填报内容基本相同。

（八）标准可行性

（1）为主制定并已发布的"浙江制造"标准号及标准名称（有则填写，无则请勿填写包括"无"字在内的任何内容）。

（2）安排标准牵头组织制定单位（有项目联合申报单位的，选择"自主推荐"并填写单位名称，无联合申报单位的根据情况选择其他两项）。

①由浙江省市场监督管理局安排。

②自主推荐（单位名称）（请提供该单位符合《浙江省浙江制造品牌建设促进会"浙江制造"标准管理办法》第七条要求的证实性材料）。

③由地方财政支持安排：（单位名称）（请提供该单位符合《浙江省浙江制造品牌建设促进会"浙江制造"标准管理办法》第七条要求的证实性材料）。

（3）检测机构名称，相应检验能力证明材料（相关产品检测能力及本

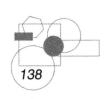

标准检测能力建设意愿)。

（九） 证实性材料

（1）立项建议书（必填，只能上传一个PDF文件）。

（2）"浙江制造"标准草案或现执行标准文本 （必填）。

（3）核心技术指标检测报告（必填）。

（4）法人证（必填，只能上传一个PDF文件或图片）。

（5）重要资质荣誉证书（省级以上或政府颁发）（必填）。

（6）"浙江制造"标准实施承诺（必填，只能上传一个附件）。

（7）检验检测机构资质认定或认可证书。

（8）认证机构认可证书。

（9）其他材料。

三、立项建议书（示例）

2018-ZZB-2491

"浙江制造"标准项目
立项建议书

标准名称：＿＿＿＿机械喷涂抹灰砂浆＿＿＿＿

行业分类：＿＿＿＿其他建筑材料制造＿＿＿＿

申报单位：＿＿＿＿＿＿×××＿＿＿＿＿＿

申报时间：＿＿＿＿×××× - ×× - ××＿＿＿

标准名称	机械喷涂抹灰砂浆		
产品名称	机械喷涂抹灰砂浆		
产品类型	其他		
制定或修订	☑ 制定	□ 修订	被修订标准号	
ICS分类号	91	中国标准分类号	Q
申报单位基本信息	单位名称	×××	
	统一社会信用代码	×××	属地	×××
	项目联系人	×××	职务	×××
	联系电话/手机	×××	电子邮箱	×××
	检测合作机构	×××检测有限公司(主要合作机构,若无可填"无")		
	认证合作机构	无(主要合作机构,若无可填"无")		
	国际对标/认证需求	国际标准名称	无	(根据实际情况填写)
		国际认证类别	无	(根据实际情况填写)

行业背景	主要描述申报标准相应产品的国际、国内行业基本情况,至少包括: (1)行业类别、行业规模、本行业绿色制造和智能制造发展水平、发展趋势和发展前景。 ①行业类别。 根据我国《国民经济行业分类与代码》国家标准(GB/T 4754—2017),申报产品所属行业为C30非金属矿物制品中的C3039其他建筑材料制造。 …… ②行业规模、本行业绿色制造和智能制造发展水平、发展趋势和发展前景。 在技术创新和政策干预的双重推动作用下,我国预拌干混砂浆行业已逐步从市场导入期向快速成长期过渡,预拌砂浆产能不断上升,特别是近几年平均增长率达到40%左右。随着国家相关政策的推动、国外先进理念和先进技术的引进,以及各级政府、生产企业、用户的积极努力,我国预拌砂浆行业稳步发展。预拌砂浆科研开发、装备制造、原料供应、产品生产、物流及产品应用的完整产业链已初步形成。 目前我国经济发展较快的长江三角洲、珠江三角洲和环渤海地区仍然是预拌砂浆发展最快的三个地区,80%以上的预拌砂浆生产企业集中在此。上海市是我国开展建筑砂浆科研工作最早的城市之一,也是目前预拌砂浆生产量最大的地区;北京市近几年预拌砂浆市场异常活跃,特别是国家体育场(鸟巢)和国家游泳中心(水立方)等奥运工程被北京市建委作为示范项目率先使用预拌砂浆;天津市以建筑施工示范工程为市场拉动点,预拌砂浆市场发展速度也较为迅猛。除此之外,郑州、成都、苏州、南昌、济南等地预拌砂浆市场近两年都得到了较快发展。 浙江省商务厅、发改委、住建厅、环保厅联合印发的《浙江省散装水泥、预拌混凝土和预拌砂浆发展"十三五"规划》被列入省政府三类规划。省商务厅、住建厅曾在2015年6月联合印发《关于加快发展预拌砂浆的实施办法》,明确规定将预拌砂浆纳入工程预算,要求建设行政主管部门将预拌砂浆使用情况列入标准化示范工地评比的审查内容,各市也相继出台文件并贯彻落实。这大大提高了浙江省预拌砂浆的推广力度,使浙江省预拌砂浆行业呈现出整体进步的局面。在政府部门相关政策的引导下,未来浙江省内预拌砂浆需求量将会进入爆发式增长阶段。 预拌砂浆属于投资拉动、资源消耗型的周期性行业,受基础设施建设、房地产投资影响较大。2018年,省政府工作报告指出,高标准推进生态文明建设,打造人与自然和谐共生的美丽浙江。把生态文明作为千年大计,深入践行"绿水青山就是金山银山"的理念,全面实施生态文明示范创建行动计划,坚定走生态良好的文明发展道路。制定实施浙江工业废气清洁排放标准,高标准推进"五水共治",着力解决工业扰民问题。力争到2020年,全省设区市环境空气PM2.5年平均浓度下降到35μg/m³以下,彻底消除劣Ⅴ类水体。深入推进"三改一拆",全面完成城中村改造和农村危房治理,进一步提升城乡建设水平。深化生态文明体制改革,加快环保监测监察执法体制改革,建立健全环境保护奖惩机制、绿色发展财政奖补机制,完善主要污染物排放财政收费制度,建立健全以单位生产总值能耗为基础的用能权交易制度。这些都将为预拌砂浆的发展提供动力保障。

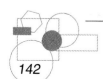

行业背景	未来5年,国内经济将处于新常态,固定投资增速将放缓,大规模基础建设仍将持续,保障性安居工程、农业设施和新农村建设以及水利、公路、高铁等重大项目的实施,仍将提供较大的市场空间。工信部《建材工业"十三五"规划》、工信部和住建部《促进绿色建材生产和应用行动方案》、商务部《关于"十三五"期间加快散装水泥绿色产业发展的指导意见》中,都强调要加快建成以散装水泥应用为核心,预拌混凝土、预拌砂浆、水泥预制件一体化的绿色产业体系,加强清洁生产、发展循环经济、综合利废、强化低碳发展、降低单位产品能源消耗和碳排放强度,完成清洁生产和绿色发展规章、规范和标准,提高散装水泥行业对工业固体废弃物的综合利用水平,减少预拌砂浆对天然资源的消耗。 （2）现阶段行业的国际水平、国内水平,国内行业前五企业描述。 预拌干混砂浆技术在欧洲最发达,1893年由 Terranova 发明,20世纪初在法国开始工业化生产,但在相当长时间内绝大部分地方仍然使用现场拌制砂浆。直到20世纪中叶,预拌干混砂浆才开始兴起并快速增长。至今,全球约有40%的预拌干混砂浆依旧在欧洲生产。目前,欧美等发达国家干混砂浆已经基本取代传统砂浆。 砂浆机械化施工最早起源于20世纪50年代的德国,至今已有50多年的历史。自德国人 Karl Schlecht 先生发明第一台砂浆喷涂机以来,欧美等发达国家的砂浆机械化施工已得到广泛的应用。灰浆机等技术装备得到了快速发展,砂浆的施工基本实现机械化。亚洲的一些发达国家如日本、韩国也得以广泛应用。 我国在20世纪80年代开始了预拌砂浆的研究,1998年广东省开始首次生产,目前约占全国80%的预拌砂浆企业集中于长三角、珠三角和环渤海地区。与之相应的,几乎所有的国外大型砂浆公司都在中国设立了分厂或办事处。国内产品与国外产品的质量相比,还有较大的差距,一方面因为国内的研发滞后;另一方面,因为砂浆企业、施工工地等设备落后,现场施工人员水平不稳定,缺乏准确稳定的计量系统和机械化的泵送喷涂设备。 几乎在同一时期,我国开始了砂浆的机械喷涂施工技术研究,并在多个施工现场进行了试验。但当时因为现场拌制砂浆颗粒不均匀、质量不稳定、迸溅的大颗粒伤人等直接因素,以及产品标准体系滞后,明显落后于发达国家,产品的保证能力和技术水平方面存在欠缺等技术体系上的因素,没有能够实现真正意义上砂浆施工机械化,使得我国在机械化施工上一直不能大规模推广。 近几年随着预拌砂浆的发展、国外灰浆机设备的引进等因素的推动,普通预拌砂浆的机械化施工开始应用到建筑工程中,并取得了很多的施工经验。伴随着预拌砂浆的发展,国内的砂浆材料质量有了大幅度的提高,不少预拌砂浆的生产企业都在研制开发专门应用于机械化施工的机喷砂浆,将有力推动国内普通砂浆的机械化施工进程。作为正处于大规模建设期的中国,机械化施工普及应用和预拌砂浆生产技术的发展,将会使中国建筑业进入机械化施工时代,掀起中国建筑施工史上的又一次革命。

行业背景	国内行业前五：×××砂浆有限公司、×××股份有限公司、×××新型建筑材料有限公司、×××建筑材料有限公司、×××建材有限公司 ①×××砂浆有限公司 ×××砂浆有限公司是以水泥及商品混凝土、新型建材制造、房地产开发、现代服务业为一体的大型综合性产业集团。"××砂浆"是利用××建筑材料科学研究总院在预拌砂浆专业领域近30年的科技成果而形成的规模化高科技产业，多年来一直跻身中国企业500强和世界建材百强企业行列，已成为预拌砂浆行业龙头企业和全国预拌砂浆行业技术依托单位。现拥有6条现代化的干混砂浆生产线，年生产能力200万吨。生产线自动控制和工艺装备均达到世界先进水平，是目前世界上最为先进的干混砂浆生产线之一。可生产9大类近百种砂浆产品，产品种类、生产规模、产销量均居全国首列，并先后被认定为住建部科技成果推广项目、康居工程推荐产品、全国用户满意产品、政府采购指定产品，在鸟巢、水立方等奥运工程，国家大剧院、中央电视台新址等国家重点工程中得到了广泛应用。 ②×××股份有限公司 …… ③×××新型建筑材料有限公司 …… ④×××建筑材料有限公司 …… ⑤×××建材有限公司 …… (3)国内及省内行业协会基本情况。 我公司为中国散装水泥推广发展协会干混砂浆专业委员会成员，该组织是中国散装水泥推广发展协会下设的两个分支机构之一，主要职能包括：组织开展行业问题的调查研究，为有关政府部门制定行业的技术经济政策和发展规划，以及完善行业法规体系建设等提出建议，进行全国干混砂浆行业统计分析，组织召开行业统计工作会议、学术研讨会和报告会等行业交流活动，组织新技术的研制开发和交流，建立完善行业自律性管理约束机制，规范会员行为，协调会员关系，维护公平竞争的市场环境等。 国内及省内科研院所基本情况如下。 与我公司长期紧密合作的主要科研院所有浙江大学建筑材料研究所、浙江省建筑科学设计研究所有限公司、浙江省通用砂浆研究院等，且我公司专门成立浙江省益生预拌砂浆研究中心，积极从事产品技术开发和标准化相关工作。此外，公司积极与意大利·索泰美可斯、德国普茨迈斯特、温州华宁建筑机械有限公司、浙江温州工程机械有限公司等单位合作，改进机械化喷涂设备的性能，并深入各施工单位进行实地调研，对预拌砂浆机械化施工的材料品质、机械选择、队伍建设、机喷手的系统性培训、队伍的组织与管理实战技术等全体系各个环节进行研究和总结。 国内及省内检验检测机构基本情况如下。

行业背景	我公司合作的主要检验检测机构有浙江方圆检测集团股份有限公司、中国建材检测认证集团浙江有限公司、浙江省建筑材料科学研究所有限公司。 　　省级标准技术委员会基本情况如下。 　　无。 　　(4)浙江省内行业现状,省内行业前五企业描述。 　　2017年,是浙江省预拌砂浆发展机遇和挑战并存的一年,有房地产市场向好、基础设施投资增加等有利因素,也有因为水泥价格提高、环保督查、世界互联网大会、节能限产等的影响。2017年,全省已通过预拌砂浆生产企业试验室验收和备案并投产砂浆生产企业107家,比2016年增加13家,年生产能力2595万吨,预拌砂浆使用项目超千个,机喷砂浆实施面积超300万平方米。2017年产量805.71万吨,同比增加115.11万吨,增长16.67%,列全国第四。其中:杭州、嘉兴2市领跑全省,2市合计397.59万吨,占全省预拌砂浆供应量的49.35%;绍兴、宁波、湖州、舟山、温州5市供应量分别为105.88万吨、102.74万吨、55.56万吨、42.84万吨、38.00万吨,发展势头强劲。金华、台州、衢州等3市,同比上年也有较大增幅。全省已有益森科技、忠信新材、天翔新材、鼎峰科技4家企业在新三板上市。 　　第一家: 　　浙江益森科技股份有限公司创建于2009年,位于绍兴市越城区鉴湖镇,占地面积5万平方米,注册资金6150万元,专业从事预拌砂浆的研发、生产、销售、装备制造和技术服务,是浙江省内拥有砂浆产品规格、品种最多的专业性生产企业之一,国内首家在砂浆生产线全过程采用DCS计算机中央控制,在生产、产品配送、储存等环节采用GPS远程实时信息监控,是目前为止全国最典型的信息化管理现代示范企业,保障了从原材料进厂到生产、运输及在施工现场应用的管理高效性和质量可靠性,是全省唯一具备砂浆外加剂研发、机械化泵送喷涂生产配方、现场施工技术指导和机械喷涂技术装备研发销售的企业。 　　公司被认定为国家高新技术企业、省级专利示范企业、省级创新型示范中小企业、浙江省预拌砂浆行业首家绿色企业、绍兴市专利示范企业、绍兴市创新型企业、越城区科技创新10强企业、越城区综合10强企业;荣获"2017年中国最具成长性建材企业100强""区长质量奖",并被中国建筑材料联合会预拌砂浆分会评选为"中国预拌砂浆行业科技创新团队""预拌砂浆行业标准编制贡献奖""预拌砂浆行业优秀生产企业""预拌砂浆行业最具推动力企业"和"预拌砂浆行业最具影响力品牌";主要产品被认定为国家首批三星级绿色建材评价标志、绍兴市著名商标、绍兴市名牌产品。 　　公司注重新产品的开发研究和产品标准化建设,掌握了预拌砂浆生产和机械喷涂施工的核心技术,以浙大、浙工大、省建材院、省建科所等为技术后盾,并联合专业外加剂和喷涂设备制造企业,先后成立了"干混砂浆新材料研究开发中心""预拌砂浆生产新技术和新装备开发中心""建筑新材料研

行业背景	究开发中心"等机构。公司投资设立了全国首家省级预拌砂浆研究中心、浙江省通用砂浆研究院和全国预拌砂浆机械化施工培训基地,已成为全省行业培养优秀科技人才和开展高层次学术交流的重要基地。共承担各级科技计划项目4项,省级新产品15项,完成科技成果转化17项,省级工法1项,获得专利授权48项,其中发明专利4项,并受邀主持和参与各级行业标准的制定,把握了行业发展方向,提高了公司在行业中的影响力。 公司系浙江省散装水泥与预拌砂浆发展协会常务理事单位、浙江省预拌砂浆专业委员会副主任单位,中国建筑材料联合会预拌砂浆分会常务理事单位。产品广泛应用于工业民用建筑、市政人防设施、水利水电项目等工程,对提高建筑工程质量、节约资源、保护环境、文明施工等发挥了重要的作用。 公司首批通过省级试验室的验收认证,并通过ISO9001—2008质量管理体系、ISO14001–2004环境管理体系、GB/T28001—2011职业健康安全管理体系、GB/T23331—2012能源管理体系和安全标准化管理体系的认证。 公司目前拥有大量现代化的生产设备和成熟的管理机制,企业规模、技术水平、研发能力、资金健康程度、产品性能都处于省内领先地位,并逐步追赶国内领先企业。…… 第二家: 浙江×××新型建材股份有限公司是中国·忠信集团下属的新兴企业,一直专注于标准化、商品化预拌干混砂浆的开发与应用。拥有年产5万吨特种砂浆生产线及年产90万吨普通砂浆生产线,配备、运输、自动喷涂、检验检测等成套设备,…… 第三家: 杭州××新型建材股份有限公司是集研发、生产、销售为一体的新型建筑材料的高新科技企业。拥有现代化的工业生产设备,采用国际先进的干粉生产技术,年产商品砂浆80万吨,特种砂浆20万吨。与浙江大学建筑材料研究所成立了联合实验室,2016年8月在全国中小企业股份转让系统挂牌。 第四家: 浙江××科技股份有限公司专业从事预拌干混砂浆的研发、生产、销售和设备技术的研发转让。注重砂浆产品的开发研究和产品规范化建设,重视生产装备的优化升级与改良创造。…… 第五家: 杭州××砂浆有限公司专业从事预拌干混砂浆的研发、生产、销售和服务,拥有30万吨普通预拌砂浆的生产规模。以高效、协作的员工团队为依托,注重高新技术的研发,致力于促进循环经济发展,建设资源节约型、环境友好型社会,提供低碳、环保的新型建材产品。……

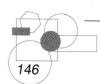

主起草企业及产品信息	(1)产品用途。 预拌砂浆是随着建筑业科技的进步和文明施工的要求发展起来的新型建筑材料。随着研究开发和推广应用,预拌砂浆的优越性已日益明显,正被人们所逐步认识。预拌干混抹灰砂浆机械化喷涂施工技术是弥补传统手工抹灰缺陷的一种新型砂浆抹灰施工方式,是未来建筑业抹灰施工发展的新方向。机械喷涂抹灰砂浆可在保证和提高建筑工程质量的前提下,成倍地提高工作效率,缩短施工周期,能因施工的专业化、集中化等优点为建筑工程节省材料,改进施工组织,提高设备利用率,减轻劳动强度,减少施工用地噪声、粉尘、固体废弃物等对城市的污染,而且具有配料准确、质量稳定、科技含量高等优点。 ①节约成本,提高经济效益。 通过研究和大量试验表明,机械喷涂抹灰砂浆与传统的现场拌制砂浆相比,可以省略界面剂进行直接施工,尤其是在混凝土墙面及蒸压加气混凝土砌块墙面上喷涂,效果尤为明显。现场拉拔试验发现,28 d 拉伸黏结强度可达到 0.4 MPa 以上,远远高于国家标准。 机械喷涂抹灰砂浆墙体不需要预先润湿;抹灰厚度在 20 mm 以内,可以一次性施工,省工省时。墙面有拉毛要求时,不需要粉刷专用的拉毛砂浆,可以在喷涂砂浆刮平后直接完成拉毛处理,省料省时。 机械喷涂抹灰砂浆降低了对施工人员抹灰水平的依赖,有效克服施工队伍流动性大、人员技术水平不稳定的难题。并且由于施工效率的大幅度提高,缩短了工程的施工周期,减少了建筑机械的租赁费用,也降低了工程管理成本。 经砂浆使用单位的统计分析,机械喷涂抹灰砂浆施工与自拌砂浆传统抹灰综合成本降低2—3 元/m²,相当于每吨砂浆成本降低60—90 元。 ②文明施工,提高施工现代化水平。 机械喷涂抹灰砂浆进一步提高了砂浆行业和建筑业的现代化水平,使得砂浆生产、流通、供应、使用一体化,改善了工人劳动条件,提高生产效率,减少了水泥损耗,降低工程造价。机械喷涂抹灰砂浆可以实现砂浆泵送,节省大量的运输人工,又减少车辆运输过程中的溢料,不受建筑电梯和塔吊使用紧张的影响,从而加快整体施工进度。机械喷涂抹灰砂浆实现砂浆抹灰的"机器换人",能够带动相关装备制造业的发展,有利于建筑行业和世界水平接轨,缩小与发达国家的差距。 ③节约资源,提高环境效益。 机械喷涂抹灰砂浆从生产到应用全部采用机械化,占地面积小,对周围环境无影响,尤其是在大中城市的建筑翻新改造工程中,解决了因交通拥挤、现场狭窄而凸显的诸多问题。同时,采用机械喷涂抹灰砂浆能够按量随时使用,施工过程落地灰少,节约材料,杜绝浪费,有利于建设节约型社会。 (2)申报产品销售额:2016年 <u>3886.00</u> 万元,增长率 <u>41.69</u> %;2017年 <u>4962.00</u> 万元,增长率 <u>27.68</u> %;2018年 <u>6661.00</u>万元,增长率 <u>34.26</u> %。

主起草企业及产品信息	(3)市场地位。 ①国际排名：前 0 名，国际市场占有率 0.00 %左右；自有品牌出口额 0.00 万元。 ②国内排名：前 3 名，国内市场占有率 10.00 %左右。 ③国际/国内协会、学会/商会担任职务情况如下。 浙江省浙江制造品牌建设联合会团体会员单位、浙江省散装水泥与预拌砂浆发展协会常务理事单位、浙江省预拌砂浆专业委员会副主任单位、中国建筑材料联合会预拌砂浆分会常务理事单位。 (4)企业标准化基础。 ①参加国家或者省级标技委：无或参加全国×××标准化技术委员会或浙江省×××标准化技术委员会 。 ②主持或参与标准制定数(前3)。 主持：国际标准 0 国标 0 行标 3 。 参与制定：国际标准 0 国标 0 行标 4 。 ③企业曾经参与制定的与本标准直接相关的标准名称及排名(排名前3)： 国家建材行业标准2013-1248T-JC《机械喷涂砂浆》(主编单位)、2015-0946T-JC《机械喷涂砂浆施工技术规程》(主编单位)、JC/T2380—2016《抹灰砂浆添加剂》(参编单位)、DB33/T 1095—2013《预拌砂浆应用技术规程》(参编单位)。此外，企业负责起草的《浙江省预拌砂浆生产企业砂浆机械喷涂操作规程》，于2014年5月由浙江省商务厅正式发布(浙商务商发〔2014〕78号文)，是浙江省目前较为全面的机械化抹灰施工的专业性标准，可以指导全省机械化抹灰施工过程。 (5)企业技术、管理优势。 ①当前绿色制造和智能制造水平：企业系浙江省绿色企业(清洁生产先进企业)，获得三星级绿色建材评价标志。近年来，随着中国建筑业的迅速发展，中国的建筑材料行业得到了快速提升和长足进步。当今的工程建设，对预拌砂浆材料提出了更加优质高效、低碳环保、绿色节能的要求。纵观砂浆行业，普遍存在生产线低水平重复建设、自动化程度较低、原材料过度依赖天然资源、生产施工清洁化不足、管理粗放、信息化技术应用严重缺乏的现状。为此，预拌砂浆行业在未来如何更好地提升工业自动化水平、降低能源资源消耗、减少污染物排放、确保产品质量、提高产品性能，在产品、质量、技术、工艺、管理等方面有更多创新和更大突破，促使行业健康绿色可持续发展，迫使行业升级，创新发展装备智能化、生产清洁化、管理信息化现代企业模式，快步实现"三化"融合。 a.生产线采用DCS智能工控系统，实现工业自动化生产。 公司采用分布式DCS控制系统，引入智能传感器控制技术、模糊逻辑控制技术、自适应控制技术以及专家系统等形成闭环控制，实现对工艺参数的实时监测、生产自动调节与设备平稳运行，同时实现生产数据与企业ERP系统数据的共享。

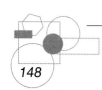

续表

主起草企业及产品信息	b.企业管理采用ERP信息网络管理。 围绕以目标为导向、以流程为中心设计专一的ERP管理系统,涵盖从原材料进厂到砂浆产品销售出厂的全过程管理的流程监控和数据统计分析,整个平台包括原材料进厂管理系统、生产数据采集系统、质量控制与试验室台账管理系统、销售管理系统(开票、发货、出门证、合同、欠发、应收款、客户管理、业务员管理等)、出厂管理系统、综合台账统计系统、仓库管理系统、财务管理系统、查询分析系统及远程数据信息采集调度管理系统等。 c.物流、工程应用采用GPS远程监控管理信息平台。 搭建由监管系统、监管企业客户端、数据采集接收子系统组成的预拌砂浆行业监管平台,包括砂浆移动罐管理、工程管理、企业管理、用料统计、流向统计、异常提醒、系统管理;监管系统及时采集企业生产工控机中砂浆生产量、配送量、配送工地、配合比等动态数据和砂浆运输车辆、工地实际使用等实时数据进行对比、流向分析、报表统计等,并对砂浆企业、砂浆罐、运输车辆、工程应用等砂浆相关信息进行智能化管理,可与第三方系统进行数据接入。同时还专门设置预拌砂浆监控企业C/S客户端、手机App,实时监控企业砂浆储、运、产、销、用等方面的数据。 d.清洁化生产按高标准、严要求规范建设。 a)生产线整体全封闭。生产厂房采用整体钢结构全密封,屋顶采用100 mm厚度双层夹心岩棉彩钢板,墙体采用8 mm厚度双层夹心岩棉彩钢板。有噪声区域专门设置300 mm厚度蒸压加气混凝土砌块砖隔音墙和专用吸音棉布,进行隔音消音特殊处理。 b)废气排放高效收尘。从工艺流程上尽量减少扬尘环节,选择扬尘较少的自密封环保设备。并投入布袋除尘设备35台,总装机功率达204.5kW。实行从原料进入、堆放、烘干、制备、储存、配置、生产、包装、散装全过程采取高效收尘。 c)烘干机应用清洁能源,系统智能化运行。生产线选用三回程高效节能型烘干机,采用天然气清洁能源,采用热风炉天然气。 d)动力配备节能技术。生产线供电采用节能型变压器,动力配置全部以YE3型国内最高能效等级电机,照明采用LED节能灯具。生产线无重力双轴桨叶高效混合机、螺杆式空压机、离心风机、称重计量装置等均采用变频技术。制砂机、整形机、大容量提升机等重载设备均采用软起动装置。 e)废弃资源综合利用。利用当地建筑废弃混凝土块和矿山碎硝、尾矿渣专业制砂,减少天然砂自然资源的消耗,减少物料烘干,减少燃料使用,减少废气排放,实现废弃资源高效绿色利用。 f)专用车辆与原材料堆放清洁化管理。原材料运输车必须加盖防尘、防抛撒,散装运输车辆必须配置车载收尘器,车辆进出厂实施车轮、车身高压清水冲洗后上路,减少道路扬尘;原材料堆放、取料采用轨道行车抓斗堆取,减少大功率装载机使用,实现节能、降噪、减污、增效。 e.装备智能化、生产清洁化和管理信息化的建设应用取得的绩效。 a)实施清洁化生产,有效降低能源消耗,减少废气排放,降低噪声、减少扬尘、综合利用废弃资源,实现节能降耗,绿色环保。

主起草企业及产品信息	b)做到关键部门、关键数据、关键流程完全脱离人工操作,生产系统自动调节,自动平衡,减少设备的故障,有效提高生产线设备的运转率,降低了人员的劳动强度,保证了生产的连续性、安全性、稳定性、可靠性;更重要的是保证了预拌砂浆的产品质量,满足个性化生产需求,提升了建筑品质和建筑功效。
	
	c)企业使用ERP信息化网络管理,数据提供迅速、及时、精确,结算方便、信息共享、历史数据保存完整、查阅方便、公开透明、安全保密、有效控制、高效管理,时刻接受监督,避免或减少一些难以管理的漏洞,杜绝人为的因素,规范企业各系统的流程,有效地将企业生产经营质量、管理有机地相结合,并把整个生产经营始终贯穿全过程,受控于各环节部门,能够大大提高人的工作效率,降低劳动强度,节约人力资源,将广大管理人员从烦琐的手工操作、脑力劳动中解脱出来,以提高效率,减少岗位工作人员,结合OA系统,可实现真正意义上的无纸化办公。
	
	d)能够更好地利用企业已经基本具备的信息化建设所需的硬件设施条件,让企业现有的计算机发挥应有的作用,让企业管理人员在整体素质上有一个新的提高,提升企业形象,提高企业的知名度,同时为企业管理水平的提升和经济效益的提高带来一定的推动作用。
	
	e)通过信息化管理,有效管控源头的材料质量与成本,同时全过程的数据统计、信息收集、参数分析,实行有效的监控,从而能够及时发现和解决问题,保证产品质量,降低总成本。
	
	f)GPS监控平台管理系统为监管、质监、生产企业、工地使用提供较为完整的实时信息及追溯功能,系统通过图表的方式,直观查看工程、用量及设备的重要数据;通过工程项目管理,及时掌握工程的施工状态,实现对工程项目施工进度、用料量的监管;信息展示通过砂浆分布地图、占比图涵盖所有区域、砂浆工地、生产企业、砂浆罐、砂浆车辆的实时信息;通过砂浆流向图,进行工程计划用量和实际用量的对比,查看企业砂浆流向,解决质量盲区、管理盲区;通过手机App实现移动执法管理、现场及时处理;可对接生产企业监控平台、砂浆罐称重监控平台、车辆监控平台等多个应用系统。
	
	②是否拥有研发中心、设计中心: □否 ☑是,级别:省级。
	
	③专利数量: 发明专利5项,实用新型专利 37项。
	
	④是否导入卓越绩效:□否,现用何种管理模式:_____。
	      ☑导入卓越绩效 ☑区(县)级奖 □市级奖
	      □省级奖;
	
	⑤产学研合作情况:企业与绍兴职业技术学院合作建立了浙江省通用砂浆研究院,并与浙江大学、浙江工业大学、绍兴文理学院及浙江省建筑材料科学研究所等大专院校、科研单位合作,先后成立了"干混砂浆新材料研究开发中心""预拌砂浆生产新技术和新装备开发中心""建筑新材料研究开发中心"等机构。

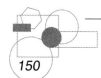

续表

<table>
<tr>
<td>主起草企业及产品信息</td>
<td>

（6）企业荣誉:□浙江省名牌产品　□浙江省"三名"企业（国家高新技术企业　□其他

（7）其他反映企业综合实力的内容。主持和参与制定行业和地方标准9项,承担各级科技计划项目4项,完成科技成果转化19项,省级工法1项,获得专利授权50项,其中发明专利5项。公司积极推广机械喷涂砂浆生产及施工技术,一直致力于推动全省预拌砂浆机械施工进程,通过不断的实践应用、改革创新,围绕生产市场形势发展、砂浆产品质量达标、喷涂设备性能合格、施工团队的合理化协作等方面建立了很多开创性工作,以期简化施工工序、提高施工效率、降低综合成本。

（8）产品执行标准: GB/T 25181—2010《预拌砂浆》。

参照的主要国标、行标和国际先进标准:

①JGJ/T 105—2011《喷涂抹灰施工规程》。

②2013-1248T-JC《机械喷涂砂浆》（报批稿）。

③JGJ/T 70—2009《建筑砂浆基本性能试验方法标准》。

④JGJ/T 105—2011《建设用砂》。

⑤DB33/T 1095—2013《预拌砂浆应用技术规程》。

⑥JGJ/T 223—2010《预拌砂浆应用技术规程》。

⑦JGJ/T 220—2010《抹灰砂浆技术规程》。

（9）产品技术优势:产品主要质量特性、核心技术指标、体现绿色制造和智能制造的技术指标或其他工艺及性能优势。

①产品主要质量特性。

a.抗流挂性能好。

当采用普通抹灰砂浆进行机械喷涂施工时,20 mm厚的抹灰层需要多遍施工。本产品在配合比设计时,通过对骨料的细度模数调整,以及外加剂的改性,使砂浆抗流挂性能增强,20 mm墙面可实现一次喷涂,施工效率得到明显提升。

b.不易堵管。

预拌抹灰砂浆机械化喷涂施工时最常见的问题就是堵管。堵管主要原因就是管道内砂浆在压力的作用下产生泌水,使管道内某一段砂浆流动度丧失,从而造成堵管。本产品在配合比设计上增加了压力泌水测值指标,使产品出厂时压力泌水指标控制在合理的范围,解决了常规产品容易堵管的问题。

c.对喷涂设备磨损小。

配方中添加了部分轻砂材料,降低了砂浆拌合物密度。砂浆拌合物密度越大,砂浆喷涂设备的磨损越大。因此,随着本产品砂浆拌合物密度的降低,大大减少了砂浆喷涂机转子和定子之间的磨损。同时,随着砂浆拌合物密度的降低,其抗流挂、抗裂性能明显提高。

d.稠度损失小。

由于机喷抹灰砂浆施工操作时间比人工施工时间短,更需要控制短时间内的稠度损失率。因此,本产品砂浆2h稠度损失率指标按GB/T 25181—2010《预拌砂浆》技术参数控制,使出厂砂浆喷涂施工更流畅,2h稠度损失率%≤30。

</td>
</tr>
</table>

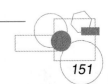

主起草企业及产品信息	②核心技术指标、体现绿色制造和智能制造的技术指标或其他工艺及性能优势。 产品主要技术指标如下:保水率≥95%;凝结时间3—5h;14d拉伸黏结强度≥0.3MPa;28d收缩率≤0.15%;2h稠度损失率≤30%。以上指标均满足或优于《预拌砂浆》及《机械喷涂砂浆》标准要求。产品达到以上技术指标后已经能满足基本的机械喷涂要求,但为了继续提高机械喷涂施工效率,减少机械喷涂设备易损件消耗量,还增加了拌合物表观密度、压力泌水率指标。其中表观密度≤1800kg/m³,压力泌水率<30%。普通的预拌抹灰砂浆拌合物表观密度一般在2000kg/m³,由于主流的机械喷涂设备基本都是螺杆泵形式,砂浆的拌合物密度越大,对螺杆泵的泵头磨损越大。因此,对机械喷涂砂浆表观密度作了≤1800kg/m³的规定;同时因为密度的降低,使得砂浆上墙后的抗流挂能力增强,大大减少了常见的横向可塑性裂纹。一直以来,机械喷涂施工最大的难题就是在喷涂过程中砂浆容易在管道中堵塞,而堵塞的主要原因就是喷涂砂浆在压力的作用下开始泌水,砂浆失水后流动度丧失、摩擦力增大,进而产生堵管现象。根据试验,当喷涂砂浆压力泌水值<30%后,基本不会产生堵管现象,规定了该指标值后使喷涂抹灰砂浆通过出厂检测就可以保障正常施工。 (10)主要客户群及主要销售区域(如有出口应说明主要出口地区、国家)。 公司主要客户群为建筑工地、家装客户、高铁/地铁等特别客户。我国目前行业现状为预拌砂浆销售半径一般不超过100km,且市场需要属地化产能的配套实施,因此公司目前的产能及销售覆盖区域主要为绍兴市、杭州市和宁波市,未来计划向浙江周边地区逐步拓展。 (11)产品定价权、溢价水平、毛利率。 公司机械喷涂抹灰砂浆生产和应用技术独占鳌头,提供了机械喷涂抹灰砂浆施工解决方案,保证了砂浆的高品质及质量稳定性,能够提高施工质量并降低施工成本。因此,公司机械喷涂抹灰砂浆的产品价格比普通抹灰砂浆具有一定的溢价优势,产品盈利能力较强,毛利率高于35%,并呈上升趋势,规模效应凸显。 (12)产品获成果、荣誉及重大支持/资助。 ①获得发明专利授权2个。 a.一种专用于砂浆喷涂机的活塞机构,专利号:201610224444.2。 b.一种新型喷涂机,专利号:201610225075.9。 ②获得实用新型专利授权5个。 a.高层泵送机械化喷涂系统,专利号:201320188190.5,授权日期:2013年10月16日。 b.一种砂浆拌合物储存搅拌罐,专利号:201320188188.8,授权日期:2013年10月16日。 c.一种砂浆喷涂机输送轴,专利号:201320211458.2,授权日期:2013年10月16日。 d.一种新型喷涂机,专利号:201620301299.9,授权日期:2016年9月28日。 e.一种用于喷涂机的搅拌结构,专利号:201620458977.2,授权日期:2016年11月30日。

主起草企业及产品信息	③完成科学技术成果登记1项。 适合机械喷涂的机制砂干混抹灰砂浆,登记号:140061032,转化时间:2015年1月15日。 ④发表论文4篇。 a.李果、王荣东、方伟烽在《浙江建筑》2015年1月第1期发表1篇题为《预拌砂浆机械化抹灰施工可行性分析》的文章。 b.李果、王荣东、祝张法、方伟烽在《浙江建筑》2015年2月第2期发表1篇题为《干混砂浆的机械化喷涂施工技术》的文章。 c.李果、方伟烽、余航斌、陈邦荣在《浙江建筑》2016年1月第1期发表1篇题为《干混地面砂浆采用机械喷涂的施工工艺》的文章。 d.方伟烽、祝张法、陈建国、王荣东在《房地产导刊》2016年第12期发表一篇题为《普通抹灰砂浆机械化喷涂施工技术研究与施工应用》的文章。 ⑤获得省级工法1项。 "预拌砂浆泵送喷涂墙面抹灰施工工法"被评为浙江省2013年度省级工法。 ⑥完成市级科技计划项目1项。 项目名称:"适合机械喷涂施工的机制砂干混抹灰砂浆技术研究及产业化应用"。 项目编号:2014A21015。 项目时间:2013年1月至2014年12月。 项目经费:共投入246.64万元,其中财政科技经费40万元。 项目实施期内,项目产品实现销售收入909.65万元,利润50.10万元,税金66.11万元。 该项目是在建筑业劳动力紧缺、人工成本不断增加的背景下,联合国内外加剂研发生产企业和砂浆机械喷涂装备制造企业合作开展产业化研究的课题,旨在弥补传统手工抹灰的缺陷,重点研究预拌砂浆机械化喷涂施工技术以及适于此种施工方式的机械喷涂砂浆。 ⑦我公司承办了第24期国家职业技能砂浆检测暨机械化施工职业资格培训和全省预拌砂浆机械喷涂操作技术培训班等培训,为全国预拌砂浆的机械化喷涂提供技术支持。 (13)其他反映产品先进的内容(例如产品进口替代情况等)。 ①企业负责起草的《浙江省预拌砂浆生产企业砂浆机械喷涂操作规程》,于2014年5月由浙江省商务厅正式发布(浙商务商发〔2014〕78号文),是浙江省目前较为全面的预拌干混砂浆机械化抹灰施工的专业性标准,可以指导全省预拌干混砂浆机械化抹灰施工过程。 ②企业受邀参加国家行业标准《机械喷涂砂浆》(标准制定计划号:2013-1248T-JC)的编写。该标准编制对机械化喷涂产品改进和施工有着重要的指导意义。 ③与某外加剂企业合作研发了机械喷涂专用纤维素醚。该产品能够提高预拌砂浆产品质量,降低生产成本,有利于预拌砂浆的机械泵送和喷涂操作。

标准研制需求及目标	（1）申报产品现行的国内、国外标准的现状分析。 ①申报产品现行的国内标准的现状分析。 公司机喷抹灰砂浆产品执行标准为 GB/T 25181—2010《预拌砂浆》。因为该标准中没有对机械喷涂和手工施工明确分类，因此，很难界定机喷抹灰砂浆和普通抹灰砂浆之间的区别。为提升公司产品先进性能，同时也为了大面积推广使用机械化喷涂施工，本公司对所生产的机械喷涂抹灰砂浆进行了性能优化，使砂浆能够真正用于机械化喷涂施工。 目前与机械喷涂抹灰砂浆相关联的标准不多，主要有 JGJ/T 105—2011《喷涂抹灰施工规程》和浙江省地方标准 DB33/T 1095—2013《预拌砂浆应用技术规程》，JGJ/T 105—2011《喷涂抹灰施工规程》中对机喷砂浆的性能指标作了一些规定，主要是对原材料及产品施工时的指标控制，针对机喷砂浆产品质量指标只涉及保水率指标。DB33/T 1095—2013《预拌砂浆应用技术规程》中机械喷图抹灰砂浆相关指标和 JGJ/T 105—2011 中相同。由于机械喷涂抹灰砂浆涉及流动度、黏度、抗流挂性能、抗裂性能等一系列指标，而上述标准针对机械喷涂砂浆性能指标相对较单一，参照上述标准很难生产出符合要求的机械喷涂砂浆。 公司于2013年主编了工信部行业标准《机械喷涂砂浆》，该标准中增加了 1h 稠度损失率、分离度等指标。因为该标准目前还在送审阶段，而随着近年来机械喷涂设备的革新，以及施工工人对机械喷涂抹灰砂浆的最新要求，因此，有必要对机械喷涂抹灰砂浆标准进行重新编制。 ②申报产品现行的国外标准现状分析。 涉及申报产品的国外标准可参考 BS EN998-1:2010 *Specification for mortar for masonry – Part I : Rendering and plastering mortar*。该标准是根据欧洲委员会和欧洲自由贸易协会委托 CEN 编写，支持欧盟建筑产品指令（89/106/EEC）的基本要求。执行该标准规范的国家主要包括奥地利、比利时、保加利亚、克罗地亚、塞浦路斯、捷克共和国、丹麦、爱沙尼亚、芬兰、法国、德国、希腊、匈牙利、冰岛、爱尔兰、意大利、拉脱维亚、立陶宛、卢森堡、马耳他、荷兰、挪威、波兰、葡萄牙、罗马尼亚、斯洛伐克、斯洛文尼亚、西班牙、瑞典、瑞士和英国。该标准适用于工厂生产的基于无机黏合剂的渲染/抹灰砂浆，用于墙、天花板、柱子和隔墙的外部（渲染）和内部（抹灰）。它包含定义和最终的性能需求。 与我国 GB/T 25181《预拌砂浆》相比，该标准显著的区别在于规定了砂浆的防火性能、保温性能（我国只对专用保温砂浆有此要求）、新鲜砂浆的空气含量、硬化砂浆的毛细吸水性能、水蒸气渗透率系数等。 由于标准建设体系的差异（如标准强制要求和企业自主声明指标的相互融合方式、砂浆分类方式等）以及检测体系（包括检测方法、仪器等）的不同，目前，基于申报产品的国外标准部分技术指标，可以适度借鉴，但不能完全照搬。

标准研制需求及目标	（2）标准行业应用前景分析（省内是否有企业具备实施本标准的条件，省内企业是否有意愿对标达标用标，若有应提供相应证实性材料）。 浙江益森科技股份有限公司和杭州益森砂浆有限公司是浙江省预拌砂浆的龙头企业，积极推广预拌砂浆机械喷涂技术，具备实施本标准的条件，愿意对标达标用标，承诺将在本"浙江制造"标准发布后一年内，主动执行本标准，并在企业标准信息公共服务平台（http://tbxt.cpbz.gov.cn/）上公开声明。同时，将在行业中积极推广"浙江制造"标准，发挥"浙江制造"标准"高标准引领产品高品质"的行业引领作用。 目前机械喷涂抹灰砂浆基本都是执行GB/T 25181《预拌砂浆》标准，而《预拌砂浆》标准中对机械喷涂抹灰砂浆没有特定的质量指标，最终导致目前砂浆企业生产的机械喷涂抹灰砂浆质量参差不齐，基本都是砂浆出厂到工地应用时才知道砂浆是否可以实行机械喷涂。本公司依据多年机械喷涂积累的经验，同时参考了相关的技术标准，对机械喷涂抹灰砂浆的特定质量指标作了规定，从而明确了普通抹灰砂浆和机械喷涂抹灰砂浆两者之间的区别，使机械喷涂抹灰砂浆通过出厂质量指标检验就可以确定该砂浆是否可以用于机械喷涂施工。 （3）以提升产品性能、用户体验为目的，提出拟增加或提高的核心技术指标或要求，并以表格的形式，将提出的核心技术指标或要求与现行国内外先进标准（或高端产品实物质量）进行对比。 （可另附页描述）	

核心技术指标		浙江制造标准	国家标准GB/T 25181—2019	国外用户要求	备注
保水率/%		≥92	≥92	≥90	高于国外用户要求
压力泌水率/%		≤35	/	≤40	高于参照标准
凝结时间/h		3—7	/	/	新增指标
2h稠度损失率/%		≤30	≤30		持平
14d拉伸黏结强度/MPa		M5:≥0.20 > M5:≥0.25	M5:≥0.15 > M5:≥0.20	≥0.15	高于参照标准
28d收缩率/%		≤0.20	≤0.20	/	持平
抗冻性	强度损失率/%	≤25	≤25	/	持平
	质量损失率/%	≤5	≤5	/	持平
放射性	IRa	≤1.0	/	/	新增指标
	Ir	≤1.3	/	/	新增指标

标准 研制计划	① 研制计划。 本公司计划在6个月左右完成标准的制修订工作,具体如下: 　a. 2019年1月20日前确定标准工作组名单和评审专家建议名单;并完成实地调研和相关标准的收集整理。 　b. 2019年1月1日—2月15日为起草阶段:编写标准(草案),标准编制说明,标准先进性说明。 　c. 2019年2月20日—28日:召开标准启动暨研讨会。 　d. 2019年3月1日—4月15日为征求意见阶段:形成征求意见稿,并向利益相关方等发送电子版标准征求意见稿,征求意见,并根据征求意见,汇总成征求意见表。 　e. 2019年4月15日—5月15日为送审阶段:标准研制工作组探讨专家意见,并修改、完善征求意见稿、标准编制说明、先进性说明等材料,编制标准送审稿及其他送审材料并推荐评审专家,提交送审材料并等待评审会召开。 　f. 2019年5月30日前为评审阶段:召开标准评审会。专家对标准送审稿及其他送审材料进行评审,给出评定建议。 　g. 2019年5月30日—6月20日为报批阶段:根据评审会专家评定建议,对标准(送审稿)进行审查,并根据专家意见对送审稿进行修改完善,形成标准(报批稿),同步完善其他报批材料,并提交等待标准发布。 ② 保障措施。 　抽调公司内部技术骨干组成标准研制小组,包括研发人员6名、技术人员2名、检测人员2名、生产人员2名、施工人员2名。 　(原则上立项后6个月内必须完成。)
标准 可行性	为主制定并已发布的"浙江制造"标准号及标准名称: 　　无 　安排标准牵头组织制定单位: 　□由省品联会安排 　□自主推荐 浙江省建材质量协会(单位名称)(请提供该单位符合《浙江省浙江制造品牌建设促进会"浙江制造"标准管理办法》第七条要求的证实性材料) 　□由地方财政支持安排:(单位名称)(请提供该单位符合《浙江省浙江制造品牌建设促进会"浙江制造"标准管理办法》第七条要求的证实性材料) 　检测机构名称及相应检验能力证明材料(相关产品检测能力及本标准检测能力建设意愿):浙江方圆检测集团股份有限公司

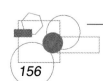

申报单位 自我声明	本单位郑重声明,保证所提交的立项建议书及所附材料内容真实、有效,并对申请材料实质内容的真实性负责。如有虚假,愿意承担法律责任。 单位名称(盖章):××× ××××年××月××日
牵头组织 制订单位 推荐意见	 单位名称(盖章):浙江省建材质量协会 2018 年 8 月 29 日

1.立项阶段的工作形式及内容有何要求?

2.立项建议书应包含哪些内容? 举例说明。

第四节　立项论证答辩会PPT

立项论证答辩会PPT编制是"浙江制造"申请标准制修订的重要环节，是答辩专家是否同意通过答辩的证据来源和判定依据。因此"浙江制造"标准制定立项答辩PPT应紧紧围绕"质量特性有需求、指标体系合理性、指标量化有依据、项目实施有保障"等内容进行编制，具体内容要求如下。

一、立项论证答辩会PPT简介

（一）答辩总体要求

答辩分为介绍和提问交流两个环节。介绍环节由申报单位答辩人员进行，可结合PPT，不超过6分钟；提问交流环节由专家组各成员轮流主持，不超过4分钟。答辩资料以申报单位在线提交的立项建议材料为准。答辩应紧紧围绕"质量特性有需求、指标体系合理性、指标量化有依据、项目实施有保障"等评审重点。

（二）答辩结果

申报单位离场后，答辩会审专家组进行商议票决。推荐票数低于2/3的，评估结论为"不推荐"的，由秘书处退回至立项建议申报单位，并反馈不推荐理由。评估结论为"推荐"的，由秘书处适时纳入"浙江制造"标准制定计划。

（三）PPT总体要求

（1）逻辑正确、重点突出、条理清晰、通俗易懂。

（2）围绕"质量特性有需求、指标体系合理性、指标量化有依据、项目实施有保障"等评审重点和要求。

（3）介绍时间控制在6分钟，一般不超过25张PPT。

（4）针对可能存在的问题和短板，做好应对专家质疑准备。

（四）PPT应包括的内容

（1）企业简介（行业地位、标准化工作基础、所获荣誉等）。

（2）产品功能和适用场合简介。

（3）国内外标准现状。

（4）产品核心质量特性（围绕目标和导向，突出产品卖点和亮点）。

（5）标准关键技术指标（围绕核心质量特性，突出指标体系合理性）。

（6）国内外标准比对（突出标准先进性和确定依据）。

（7）指标可检测性分析（突出标准可操作性）。

（8）研制计划和保障措施。

（9）国内外同类生产企业的产品质量比对分析（2—3家）。

二、立项论证答辩会PPT示例

"浙江制造" 标准项目立项答辩

散装水泥螺旋卸船机

杭州奥拓机电股份有限公司
2021.01.22

目 录

一、产品介绍

二、质量特性有需求

三、指标体系合理性

四、指标量化有依据

五、项目实施有保障

一、产品介绍

散装水泥螺旋卸船机是一种用于粉状和小颗粒状干散物料卸船的大型港口装备。

2006年，经省级鉴定，产品"**填补了粉粒状物料卸船能力150t/h以上卸船机产品国内空白，达到国内领先水平**"

特点1：节能（经济性）

每卸1吨水泥，气力抽吸机耗电为2.85kW/h—4.55kW/h（行业标准JC/T 2447—2018指标是≤4.2kW/h），而螺旋卸船机只要0.5kW/h—0.79kW/h，经济效益非常显著。

一、产品介绍

特点2：高效灵活适用（适用性）

连续式卸船，200 t/h—3000 t/h；3节臂运动+整机回转，操作灵活，使运动轨迹能覆盖货舱各部位。

特点3：安全环保

从取料到输送至后续设备全程密闭输送，无扬尘，无废水，噪声低，绝缘电阻高。

特点4：高速平稳

设备核心部件——垂直螺旋输送机高转速平稳运行。（常规产品≤60，该产品≥400，产品经动平衡试验出厂）

二、质量特性有需求

根据市场需求和产品特点，主要质量特性包括：安全环保、适用性、经济性；主要技术指标为粉尘排放浓度、绝缘电阻、运转噪声，垂直螺旋输送机内外摆幅度、水平螺旋输送机仰俯幅度、承台水平回转幅度、整机电耗等。

质量特性	技术指标
安全环保	粉尘排放浓度、绝缘电阻、运转噪声
适用性	垂直螺旋输送机内外摆幅度、水平螺旋输送机仰俯幅度、承台水平回转幅度
经济性	整机电耗

三、指标体系合理性

散装水泥螺旋卸船机，国际上没有相关标准，也没有国家标准，但有一项相关的交通部行业标准JT/T 1044—2016《港口螺旋式连续卸船机》，由于量化指标很少，可操作性差；施行4年来，仍然很难执行。

本标准项目围绕质量特性形成了全部指标可量化的科学指标体系，如螺旋卸船机应有的产能、各机构变幅、绝缘电阻、运转噪声、电耗、剩余料层厚度等技术指标，都实现了量化和可验证。无缺失指标和指标设置过高的现象。对散装水泥螺旋卸船机产品标准技术水平的提升具有重大意义。

四、指标量化有依据

序号	产品特性	项目	国内标准 JT/T 1044—2016	国外先进企业 螺旋卸船机技术参数	拟制定浙江制造标准技术指标	提升技术指标的意义
1	安全环保	粉尘排放浓度	无	德国 IBAU(伊堡)产品说明书: ≤30 mg/m³	≤10 mg/m³	提高环保性能
2		绝缘电阻	≥1MΩ	无	≥20MΩ	提高安全性
3		运转噪声	≤85dB(A)	德国 IBAU(伊堡)产品说明书: ≤80dB(A)	≤80dB(A)	降低噪音污染
4	适用性(灵活度)	垂直螺旋输送机内摆、外摆幅度	无	瑞典 Siwertell(西沃特尔)产品说明书:外摆 30°,内摆 30°	外摆≥40°,内摆≥30°	提升效率
5		水平螺旋输送机仰、俯摆幅度	无	瑞典 Siwertell(西沃特尔)产品说明书:俯 20°,仰 33°	俯≥20°,仰≥33°	提升效率
6		承台水平回转幅度	无	瑞典Siwertell(西沃特尔)产品说明书:-110°—+110°	≥ -135°—135°	提升效率
7	经济性	整机电耗	无	无	≤0.7kWh/t	降低能耗

五、量化指标可验证

六、项目实施有保障

奥拓股份是一家专注于港口装卸高端装备制造的国高企业（"新三板证券代码：837814"），注册资本 6000 万元。现有符合杭州市和余杭区人才认定标准的B，C，D，E，F类人才共计 17 人。产品出口澳大利亚、新加坡等国家。2019年起连续两年出口创汇超1000万美元。2019年浙江省"隐形冠军"培育企业。本标准项目产品在国内市场的占有率达53.6%，在全球市场位列前五。

发明专利	实用新型专利	外观设计专利	软件著作权	商标	合计
4	31	3	28	20	96

- ISO9001：2015《质量管理》、ISO14001：2015《环境管理》、OHSAS18001：2007《职业健康安全管理》、GB/T 29490—2013《知识产权管理》等四体系正常运行。
- 全国建材机械行业标准化、浙江省智能制造标准先进企业等多项荣誉

- 参与了SB/T 10516—2008《散装水泥农村配送站技术规范》行业标准的研制，排名第三。
- 参与了SB/T 10723—2012《预拌砂浆生产及其装备制造企业等级评价规范》行业标准的研制，排名第九。
- 参与了DB33/T 1095—2013《预拌砂浆应用技术规程》浙江省工程建设标准的研制，排名第十一。
- 正在主导《散装水泥中转站成套装备技术要求》《水泥工业用空气输送斜槽》行业标准的研制。

三、立项论证答辩会审用表（示例）

"浙江制造"标准立项论证答辩会审用表，如表3-4-1所示。

表3-4-1　"浙江制造"标准立项论证答辩会审用表

项目名称	
申报单位	
会 审 意 见	

一、技术指标对标国际国内一流水平。　　　　　　　　□是　□否
二、体现浙江制造业创新水平。　　　　　　　　　　　□是　□否
三、符合引领产业高质量发展需求。　　　　　　　　　□是　□否
四、具有高实施效益的内涵定位。　　　　　　　　　　□是　□否
五、有推动标准实施应用的举措。　　　　　　　　　　□是　□否

评估结论	结论：□ 推荐　　□ 不推荐（需描述理由） 理由： 专家签字：

"浙江制造"标准立项答辩对PPT内容有何要求？应注意哪些环节？举例说明。

第四章　建材『浙江制造』标准研制

本章主要依据《团体标准管理规定》《浙江省品牌建设联合会"浙江制造"标准管理办法》等规定阐述建材"浙江制造"标准的研制过程和细节，标准牵头组织制订单位或主要起草单位应结合工作实际，根据《"浙江制造"标准研制细则（试行）》（浙品联〔2019〕11号），按标准研制要求，及时启动标准研制工作。标准研制工作主要包括启动、研讨和征求意见三个阶段。本章就这三个阶段的工作流程、关注重点及注意事项予以阐述，并就研制各阶段在浙江标准在线管理平台申报系统上的具体操作方法予以介绍。

第一节 启动阶段

一、启动阶段的目的和意义

根据"浙江制造"标准制定计划,启动标准研制工作。在这一阶段遵循"浙江制造"标准总体要求,即坚持"国内一流、国际先进"的定位,坚持问题导向、需求导向、发展导向,坚持底线思维、用户思维和营销思维,以提高产品质量、提升用户体验、引领产业高质量发展为目的,根据"五性并举"原则,从标准研制全流程、产品全生命周期,以及影响产品质量的全要素出发,增加或提高产品的基本要求、技术要求和质量承诺要求,体现"精心设计、精良选材、精工制造、精诚服务"的先进性要求。组建标准研制工作组,参与标准研制工作的各方应了解认识该标准的研制背景、目的、先进性意义,明确各成员责任、标准制定工作要点和完成时间节点,为按标准研制任务书顺利完成做好坚实的组织保障。

二、启动阶段的工作形式、内容及要求

启动阶段工作包括启动前期准备和召开启动会。

(一)启动前期准备工作内容

1.宣贯标准制定理念和要求

标准牵头组织单位应向标准主起草单位宣贯"浙江制造"标准制标理念和要求,即以"品质卓越、自主创新、产业协同、社会责任"为基本理念,定位高端化和高品质,以"区域品牌、先进标准、市场认证、国际认

同"为核心，以"标准+认证"为手段，集质量、技术、服务、信誉为一体，经市场与社会公认，代表浙江制造业先进性的区域品牌形象标志，是浙江制造业的"标杆"和"领导者"，是高品质高水平的"代名词"。

研制过程中应综合考虑标准内容的"合规性、必要性、先进性、经济性以及可操作性"并协调一致，广泛收集国内外先进标准或技术文件，准确掌握相关核心技术指标和要求；结合产品特点，充分考虑设计、选材、制造、检测、使用、服务、回收等全生命周期的要求；对设定的量化指标，应当进行试验验证，确保指标科学、合理；标准研制工作组应充分协商形成标准讨论稿。

2.拟定标准研制工作组名单

标准研制工作组由标准牵头组织制定单位和标准主要起草单位共同负责组建。对于二次申报项目的，由标准主要起草单位负责组建。

标准研制工作组应当遵循开放、透明、公平的原则，广泛吸纳龙头企业、上下游先进企业、行业协会、教育科研机构、检验检测机构、认证机构、政府部门、电商平台和消费者等利益相关方参与，充分反映各方的需求并协调一致。标准研制工作组应至少包括重要下游用户以及能够检测产品核心技术指标的检验检测机构。鼓励相关国家标准化技术委员会委员及企业营销冠军、行业高端客户代表参与标准研制。

标准主要起草单位应组织管理、研发、采购、生产、品控、检测和营销人员参与标准研制，其中至少包括一名高层管理人员。

参与起草单位应符合：（1）认同"浙江制造"品牌建设定位要求的行业龙头企业、单打冠军企业或省级以上协会/学会、科研院所、检测中心、认证机构等具有同等实力的机构或组织；（2）参与省级以上标准化技术组织或具有参与国际、国家、行业标准制修订经历，具有开展标准研制的技术实力；（3）具有为标准研制提供资源和技术支持的意愿。

标准研制工作组成员应明确职责、分工合作。标准牵头组织制定单位（或主要起草单位）负责标准研制总体协调管控。标准主要起草单位负责起草标准、拟定相关材料及内外联络等。检验检测机构、认证机构负责论证标准的可操作性和合规性。重要下游用户、先进同行、电商平台和消费者协助确定标准的关键技术指标并论证其必要性。行业协会和教育科研机构协助论证标准的先进性和经济性。政府部门负责项目的监督、培育和宣传。

3.拟定标准研制工作计划

立项的标准应当在公开发布的 "浙江制造" 标准制定计划规定的时间内完成制订，如有特殊情况，标准牵头制订单位（或主要起草单位）可向相关部门提出延期的书面申请，延期时间不得超过半年。标准牵头制订单位指导拟定标准研制工作计划。

4.二次申请情况说明

对于二次申报项目，标准主要起草单位应积极参加原浙江省品牌建设联合会组织的标准培训会，或自行了解标准制标理念和要求，并拟定标准研制工作组名单和标准研制工作计划。

（二）召开启动会

标准研制工作组名单、标准研制工作计划经标准牵头组织制订单位（或主要起草单位）确认，符合要求的，即可由标准牵头组织制订单位（或主要起草单位）发通知，组织召开启动会。

（三）启动阶段的形成文件及上传材料

启动阶段的形成文件，如表4-1-1所示。

表4-1-1　启动阶段的形成文件

文件名称	文件内容或要求	性质
标准研制工作组名单	明确各参与单位或人员职责分工	必备文件
标准讨论稿	根据调研结果完善标准草案，形成标准讨论稿	必备文件

启动阶段的上传材料，如表4-1-2所示。

表4-1-2　启动阶段的上传材料

文件名称	文件内容或要求	性质
平台申报系统上传材料	会议通知	必须
	会议现场照片(2—3张)	必须
	会议签到表	必须
	标准研制工作组名单(填写姓名、工作单位、职称和联系电话)	必须
	会议纪要	必须

（四）启动阶段的活动及参与角色

启动阶段的活动及参与角色，如表4-1-3所示。

表4-1-3　启动阶段的活动及参与角色

活动	参与角色	说明
工作启动	原浙江省品牌建设联合会	"品字标"团体标准("浙江制造"标准类)制定计划的通知
	标准牵头组织制订单位(或主要起草单位)	熟悉并准确传达"品字标"品牌标准研制总体要求,确定工作方案
开展调研	主要起草单位	征集标准研制工作组成员,拟定标准研制工作组成员名单;进行资料收集整理。修改草案形成标准讨论稿
	标准牵头组织制订单位	
安排试验验证	主要起草单位	制定试验验证方案并实施
	标准研制工作组成员	
	试验单位	开展试验验证,并提供试验结果

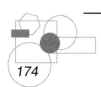

续表

活动	参与角色	说明
召开启动会	标准牵头组织制订单位	拟定并下发通知,组织召开会议,拟定标准研制工作组名单及标准研制工作计划;形成会议纪要及平台申报系统上传材料。
	主要起草单位	
	参与起草单位	按工作责任分工,配合参与。

(五)启动阶段平台申报系统操作

标准启动会结束后,经标准牵头组织制定单位(或主要起草单位)确认上传资料后,标准主要起草单位登录浙江标准在线管理平台申报系统(https://bz.zjamr.zj.gov.cn/),按以下步骤填报上传材料。

第一步:登录账号。

第二步:"立项阶段—已立项"状态的项目,点击"去研制",找到对应项目,点击"提交启动、研讨材料"。根据页面要求,填写并上传相应材料后提交。

思　考　题

启动阶段工作的形式及内容有何要求？举例说明。

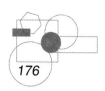

第二节 研讨阶段

一、研讨阶段的目的和意义

标准研制工作组根据分工及计划起草标准讨论稿,并根据浙江制造标准研制要求召开研讨会。充分讨论后,考虑以下研制要求的基础上形成标准征求意见稿和标准编制说明、标准先进性说明材料:

(1)符合相关法律法规要求,全面覆盖现行相关国家、行业、地方强制性标准要求。

(2)广泛收集国内外先进标准、技术文件,准确掌握产品相关核心技术指标的先进要求及其适用情况。

(3)充分考虑设计、原材料、工艺、制造、安全、性能、检验检测、维保、服务等产品全生命周期的相关要求。

(4)充分考虑国际互认需要,优先采用国际先进要求和方法。

(5)对设定的量化指标,应进行试验验证,确保指标科学、合理。

二、研讨阶段的工作形式、内容及要求

研讨阶段一般采用会议形式,也可采用在线研讨方式。研讨会可与启动会合并召开。根据需要,可多次召开研讨会。

(一)研讨阶段应形成标准征求意见稿及标准编制说明,并重点研讨以下内容

(1)确定标准的名称、适用范围、参照的主要标准。

(2)确定产品的核心质量特性和关键技术指标,开展国内外标准先进

性比对，明确拟提高或增加的关键技术指标。

（3）确定基本要求和质量承诺要求，涵盖设计、选材、制造、检测、使用、服务、回收等产品全生命周期的各个环节。

（4）对新增或提高的技术指标，系统论证其"合规性、必要性、先进性、经济性以及可操作性"。

（二）围绕产品核心质量特性，依次从以下几方面开展标准比对并及时跟踪最新动态

（1）与现行或已形成报批稿的国家标准、行业标准以及国际标准比对；对已有标准草案和送审稿的国家标准、行业标准以及国际标准，应予以参考。

（2）与现行或已形成报批稿的国内外先进团体标准、先进国家或区域标准比对；对已有标准草案和送审稿的国内外先进团体标准、先进国家或区域标准，应予以参考。

（3）与国内外先进企业或高端客户的标准比对。

（4）关键技术指标和要求无法开展以上比对或有需要时，可选择其他比对对象，包括但不限于用户体验评价、国内外行业数据、先进企业样本、先进企业产品实物检测报告等。

（三） 形成标准征求意见稿

所形成的标准征求意见稿应包含技术要求、基本要求和质量承诺要求，具体内容如下：

（1）技术要求即型式试验时需要检测的指标要求。首先应系统、全面地涵盖相应的国家标准、行业标准和地方标准要求，同时以提升用户体验和满意度为原则，围绕产品核心质量特性，可增加或提高部分指标要求。技术要求中的安全类指标原则上满足强制性标准要求即可，节能环保类指标则应达到现有相关标准规定的节能、节水、节材要求或排放先进水平要求。如果相关推荐性标准要求存在不适用于本标准、不同推荐性标准要求互相矛盾或指标无法检测等问题的，经标准研制工作组论证后，可以不采

用推荐性标准相关要求，但应在标准编制说明中说明原因。

（2）基本要求是指产品入库前的企业内控要求，用于保障技术要求的稳定实现，置于技术要求前一章。应精准、有效、可验证、可核实，以抓住行业痛点、体现企业先进性、引领行业发展为目的，是"一流企业"的准入门槛。基本要求至少应包括设计研发、材料和零部件、工艺装备和检验检测等要求。

设计研发要求指开展产品设计研发活动的要求，包括设计研发活动应采用的工具和方法、满足的标准、考虑的因素以及开展的分析、验证、校核和评估等。

材料和零部件要求指重要原材料和重要零部件关键指标的限值、级别等要求，应高于行业通用水平。其符合性证明材料可以由企业提供，也可以由上游厂家提供。

工艺装备要求指关键生产工艺和生产装备的先进性要求，以及过程控制和生产能力等方面的要求。

检验检测要求指开展进厂检测、出厂检测、在线监测以及试验验证活动的要求，包括应配置的检验仪器及应开展的检验项目等。

（3）质量承诺要求是产品售后要求，包括追溯、保修包换、安装维护、服务响应、明示等，置于标准的最后一章。

三、研讨阶段的形成文件及申报材料

研讨阶段的形成文件，如表4-2-1所示。

表4-2-1　研讨阶段的形成文件

文件名称	文件内容或要求	性质
标准征求意见稿	根据研讨会讨论内容,修改标准讨论稿,形成标准征求意见稿	必备文件
标准征求意见稿编制说明	修改编制说明	必备文件
征求意见范围和征求对象	面向社会广泛征求各利益方意见	必备文件

研讨阶段的上传材料，如表4-2-2所示。

表4-2-2　研讨阶段的上传材料

文件名称	文件内容或要求	性质
平台申报系统上传材料	会议通知	必须
	会议现场照片(2—3张)	必须
	会议签到表	必须
	会议纪要	必须

四、研讨阶段的活动及参与角色

研讨阶段的活动及参与角色如表4-2-3所示。

表4-2-3　研讨阶段的活动及参与角色列表

活动	参与角色	说明
研讨会 （线上/线下）	标准牵头组织制订单位	拟定研讨会会议通知,组织协调会议,对过程管理、标准及编制说明的制定质量与进度控制,组织确定征求意见范围及对象,对平台申报系统内主起草单位提交的研讨材料进行审核确认后提交
	主要起草单位	讨论稿及编制说明内容解释,根据研讨结果完成标准讨论稿和编制说明的修改,形成征求意见材料

五、研讨阶段的平台申报系统操作

标准主要起草单位登录浙江省标准在线管理平台申报系统（https://bz.zjamr.zj.gov.cn/），按要求上传以下材料，标准牵头组织单位进行材料审核后提交以下材料：

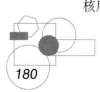

（1）会议通知。

（2）会议现场照片。

（3）会议签到表。

（4）会议纪要。

研讨阶段的工作形式及内容有何要求？举例说明。

第三节 征求意见阶段

一、征求意见阶段的目的和意义

标准研制工作组广泛征询标准化技术委员会、标准化机构、检测机构、认证机构、行业协会以及其他利益相关方的意见,根据各征求对象的反馈意见对合理的意见和建议应积极采纳,修改完善标准征求意见稿及编制,形成标准送审材料。

二、征求意见阶段的工作形式、内容及要求

征求意见由标准牵头组织制定单位(或主要起草单位)组织开展。按征求意见范围和对象,发送征求意见稿和征求意见表。征求对象包括相关专业标准化技术委员会、高校、科研院所、检验检测机构、认证机构、行业协会、上下游企业和消费者等利益相关方。其中,必须征求检验检测机构、认证机构、重要下游用户意见。涉及消费者权益的,应当在浙江标准在线官方网站上公开向社会征求意见(时长不少于30天)。对征求意见处理协调,是否采纳予以说明理由,反馈征求意见对象。

征求意见材料应包括标准征求意见稿和征求意见稿编制说明。

编制说明内容包括:

(1)项目背景,包括行业背景、标准的研制目的、标准的推广前景等。

(2)项目来源,说明项目为省品联会发布的哪一年第几批第几号项目。

(3)标准制定工作概况,包括标准制定相关单位及人员、标准研制的

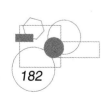

启动、研讨过程、标准主要起草人及其所做的工作、针对基本要求（型式检验规定技术指标外的产品设计、原材料、关键技术、工艺、设备等方面）、质量保证的先进性方面研讨情况等。

（4）标准编制原则、主要内容及确定依据，应以"五性并举"为原则，阐述标准制定的思路和框架，并说明标准主要内容（如技术指标、参数、公式、性能要求、试验方法、检验规则等）的确定依据（包括试验、统计数据等）。

（5）标准先进性体现，包括型式试验规定的所有指标的对标情况、基本要求和质量承诺等体现"精心设计、精良选材、精工制造、精诚服务"特征的相关先进性指标对比说明情况。

（6）与现行相关法律、法规、规章及相关标准的协调性，包括说明目前国内主要执行的标准、标准引用文件，并说明标准中与相关法律、法规、规章、强制性标准相冲突的情况。如标准中部分技术要求低于相关国家标准、行业标准和地方标准等推荐性标准，需说明原因并提供相关依据。

（7）社会效益，包括标准在提高产品质量、提升用户体验、推动产业高质量发展以及提升智能制造、绿色制造水平等方面的引领作用。

（8）重大分歧意见的处理经过和依据，包括分歧相关方、分歧主要内容、协调过程、协调依据及协调结果。

（9）废止现行相关标准的建议。

（10）本标准为浙江制造团体标准。

三、征求意见阶段的形成文件及上报材料

征求意见阶段最终形成送审材料、上报材料包括两部分，即征求意见材料和送审材料，具体如表4-3-1、表4-3-2所示。

表4-3-1　征求意见阶段的形成文件

文件名称	文件内容或要求	性质
标准征求意见汇总表(反馈意见汇总表)	汇总征求意见列表	必备文件
标准送审稿	根据反馈意见,修改标准征求意见稿,形成标准审批稿	必备文件
标准送审稿编制说明	根据反馈意见,修改编制说明,内容应符合原浙江省品牌建设联合会《"浙江制造"标准研制细则(试行)》第二十六条要求	必备文件

表4-3-2　征求意见阶段的上传材料列表

文件名称	文件内容或要求	性质
平台申报系统上传材料	标准征求意见稿	必须
	标准征求意见稿编制说明	必须

四、征求意见阶段的活动及参与角色

征求意见阶段的活动及参与角色,如表4-3-3所示。

表4-3-3　征求意见阶段的活动及参与角色

活动	参与角色	说明
征求意见材料审查	标准主要起草单位的技术负责人	审查标准征求意见稿、标准征求意见稿编制说明
浙江标准在线官方网站上公开征求意见(不少于30天)	浙江省市场监督管理局	征求意见公告
	标准牵头单位或主要起草单位	平台申报系统上传征求意见稿、征求意见稿编制说明
	各利益相关方	反馈意见

续表

活动	参与角色	说明
其他渠道征求意见	标准牵头单位或主要起草单位	根据研讨阶段确定的征求意见范围及对象征求意见
	被征求意见的单位(或个人)	规定期限内反馈意见,逾期不复函的,按无异议处理。对比较重大的意见,应说明论据或给出技术论证依据
整理汇总反馈意见	标准牵头组织单位	归纳整理反馈意见
	主要起草单位	
反馈意见处理	标准研制工作组	分析研究和处理,对是否采纳进行说明
形成标准送审材料	标准研制工作组	标准研制工作组内协商一致。修改标准征求意见材料形成标准送审稿及标准送审稿编制说明

五、征求意见阶段的平台申报系统操作

标准主要起草单位登录浙江标准在线管理平台申报系统（https：//bz.zjamr.zj.gov.cn），按要求上传征求意见材料。

思 考 题

1. 征求意见阶段的工作形式及内容有何要求？举例说明。

2. 征求意见阶段的形成文件及上报材料有哪些？举例说明。

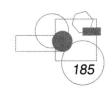

第四节　研制过程中的形成材料表单及示例

一、研制过程中的形成材料汇总表

研制过程中的形成材料，如表4-4-1所示。

表4-4-1　研制过程中的形成材料汇总表

阶段	序号	表单名称	备注
启动阶段	1	启动会会议通知	/
	2	会议照片	（2—3张）
	3	会议签到表	格式文件1
	4	标准研制工作组名单	格式文件2
	5	会议纪要	格式文件3
研讨阶段	1	标准讨论稿	格式文件4
	1	编制说明	格式文件5
	2	研讨会会议通知	/
	3	会议现场照片	（2—3张）
	4	会议签到表	格式文件1
	5	会议纪要	格式文件3
征求意见阶段	1	标准征求意见稿	格式文件6
	2	编制说明	格式文件5
	3	征求意见表	格式文件7
	4	征求意见汇总表	格式文件8

二、格式文件

《××》（标准名称）"浙江制造"标准编制说明（样章）

1.项目来源

由申报单位向浙江省市场监督管理局提出申请，经立项论证通过并印发（文件号、文件名），项目名称：《××》（标准名称）。

2.标准制定工作概况

2.1 标准制定相关单位及人员。

2.1.1 本标准牵头组织制订单位：××。

2.1.2 本标准主要起草单位：××。

2.1.3 本标准参与起草单位：××。

2.1.4 本标准起草人为：××。

2.2 主要工作过程

2.2.1 前期准备工作。

企业现场调研情况；按照"浙江制造"标准研制工作组构成要求，组建标准研制工作组，明确标准研制重点和提纲，明确各参与单位或人员职责分工、研制计划、时间进度安排等情况。

2.2.2 标准草案研制。

针对型式试验内规定的全技术指标先进性研讨情况。

针对基本要求（型式试验规定技术指标外的产品设计、原材料、关键技术、工艺、设备等方面）、质量保证的先进性方面研讨情况。

按照"浙江制造"标准制订框架要求，及"浙江制造"标准编制理念和定位要求研制标准草案情况。

2.2.3 征求意见（根据标准版次调整）。

明确征求意见范围、对象情况；具体意见征求情况；对各方意见的处理情况等。

2.2.4 专家评审（根据标准版次调整）。

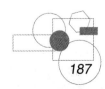

按照 "浙江制造" 标准评审要求，提出专家建议名单；会上专家形成的具体意见。

2.2.5 标准报批（根据标准版次调整）

按照专家评审意见修改情况。

3. 标准编制原则、主要内容及确定依据

3.1 编制原则。

3.2 主要内容。

3.3 主要内容确认论据。

4. 标准先进性体现。

4.1 型式试验内规定的所有指标对比分析情况。

与同类产品的国际、国家、行业标准、企业标准对比，关键指标国内外对比分析或与测试的国外样品、样机的相关数据对比情况。

4.2 基本要求（型式试验规定技术指标外的产品设计、原材料、关键技术、工艺、设备等方面）、质量承诺等体现 "浙江制造" 标准 "四精" 特征的相关先进性的对比情况。

4.3 标准中能体现 "智能制造" "绿色制造" 先进性的内容说明（若无相关先进性也应说明）。

5. 与现行相关法律、法规、规章及相关标准的协调性

5.1 标准与有关强制性标准相冲突情况。

5.2 目前国内主要执行的标准有：

GB × × × ……

是否存在低于相关国标、行标和地标等推荐性标准的情况。

5.3 本标准引用了以下文件：

GB × × × ……

引用文件是否现行有效。

6. 社会效益

7. 重大分歧意见的处理经过和依据

8. 废止现行相关标准的建议

9. 提出标准强制实施或推荐实施的建议和理由

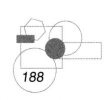

本标准为"浙江制造"团体标准。

10. 贯彻标准的要求和措施建议

已批准发布的"浙江制造"标准，文本由浙江省市场监督管理局在官方网站（https://bz.zjamr.zj.gov.cn）上全文公布，供社会免费查阅。

11. 其他应予说明的事项

标准是否涉及专利的说明。

标准研制工作组

20××年××月××日

三、示例

示例1：启动会议通知。

关于召开×××"浙江制造"标准
启动会的通知

各有关单位、有关专家：

为认真做好×××"浙江制造"标准研制工作，我公司决定于20××年××月××日在兰溪召开标准启动会，现将有关事项通知如下。

一、会议内容

（一）介绍出席会议人员。

（二）主起草单位介绍产品基本情况。

（三）牵头单位介绍"浙江制造"标准制订流程、要求，以及组建标准研制工作组的要求。

（四）讨论确定制订"浙江制造"标准的工作计划。

二、会议时间

20××年××月××日上午×：00时正式开始，会期半天。

三、会议地点

×××路1号

×××有限公司×楼会议室。

四、参会单位及人员

×××公司总经理、×××部经理、×××部经理、×××部经理；金华市标准化研究院技术专家、兰溪市质量技术监督局相关领导。

五、其他事项。

会务联系人：×××

电话：×××

×××有限公司

20××年××月××日

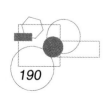

示例2：启动会议纪要。

会议纪要

会议名称	×××"浙江制造"标准启动会
会议时间	20××年××月××日
会议地点	×××有限公司×楼会议室
参会人员	×××，×××，×××，×××，×××，×××，×××，
会议主要内容 及结论	（1）介绍本次出席会议的人员。 （2）×××有限公司总工程师×××介绍了企业基本情况、×××产品特性、应用领域、标准现状和行业现状，并汇报了该产品"浙江制造"标准的编制情况和研究方向。 （3）标准牵头组织制订单位×××介绍"浙江制造"标准制订要求及流程，提出"产品全生命周期"概念，强调主要着眼于自主创新、真材实料、过程控制、装备保证、检测水平、技术提升，要突出质量、技术、服务等各方面的先进性；参会成员就"国内一流、国际先进"的浙江制造标准定位、要求及制标理念达成共识。 （4）根据浙江省品促会对"浙江制造"标准研制工作组的要求，拟组建的×××"浙江制造"标准研制工作组，成员为：×××单位的×××、××单位的×××、××单位的×××、××单位的×××、××单位的×××，待沟通后最终确定。×××有限公司作为主要起草单位，负责对标准草案进行编制完善。 （5）会议确定标准制定计划进度。

示例3：标准研制工作组成立通知内容。

关于成立×××"浙江制造"标准研制
工作组的通知（样章）

各有关单位、有关专家：

为做好×××"浙江制造"标准研制工作，根据《浙江省品牌建设联合会"浙江制造"标准研制细则（试行）》的要求，在浙江×××有限公司拟定工作组建议名单基础上，经研究决定正式成立该标准研制工作组（名单见附件）。

附件：标准研制工作组名单

标注牵头组织制订单位

20××年××月××日

抄送 浙江省浙江制造品牌建设促进会、×××市场监督管理局示例4：研讨会会议通知示例。

关于召开×××"浙江制造"标准研讨会的通知
（样章）

各有关单位、有关专家：

为认真做好×××"浙江制造"标准研制工作，决定于××××年××月××日在×××召开标准研讨会，现将有关事项通知如下。

一、会议内容

（一）介绍出席会议人员。

（二）牵头单位介绍"浙江制造"标准研制要求。

（三）主起草单位介绍企业概况及产品先进性。

（四）标准研制工作组讨论并提出对标准草案和编制说明的意见和建议。

（五）确定标准（征求意见稿）征求意见范围和对象。

二、会议时间

××××年××月××日上午××：00，会期一天。

三、会议地点

×××。

四、参会单位及人员

金华市市场监督管理局相关负责人、×××市场监督管理局相关负责人、主起草单位相关人员、标准牵头组织单位代表、标准研制组成员等。

五、其他事项

会务联系人及联系电话：××× ××

主起草单位联系人信息：××× ××。

标准牵头组织制订单位

××××年××月××日

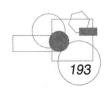

示例5：研讨会会议纪要。

会议纪要（样章）

会议名称	"浙江制造"团体标准×××研讨会
会议时间	20××年×月××日上午×时
会议地点	×××有限公司×楼会议室
参会人员	×××,×××,×××,×××,×××,×××,×××
会议主要内容及结论	1.牵头组织制订单位介绍参会人员。 2.主起草单位×××总经理致欢迎词。 3.牵头组织制订单位介绍浙江制造定位及研制要求。 4.播放浙江制造宣传片。 5.×××有限公司×××工程师对于产品进行先进性汇报。介绍了以下内容:(1)产品简介;(2)主要工作过程;(3)产品先进性说明。 标准研制工作组及邀请专家形成以下意见: (1)封面:标准名称改为"×××××"。 (2)范围:补充"术语和定义"。删除"适用于××××工程建设"相关内容。 (3)规范性引用文件:核实英文是否正确。 (4)基本要求:4.1.1建议从设计角度体现。4.2.3列出RoHS的具体名称,并将PAHS和RoHS区分开来。补充耐压等技术指标项目的检测能力。 (5)技术要求:5.2.2明确老化具体要求。 (6)试验方法:删除"尺寸""老化"和"跌落"试验方法。功能性试验方法建议通过耐久实验。 (7)检验规则:7.3.3建议进一步加严。

示例6：×××标准征求意见汇总表。

×××标准征求意见汇总表（样章）

章条编号	原稿	改为	提出单位	是否采纳	不采纳理由
前言	"本标准""GB/T1.1—2009"	"本文件""GB/T1.1—2020"	×××单位或×××专家	采纳	
前言		按GB/T 1.1—2020的要求进行调整	×××单位或×××专家	采纳	
		GB/T 13476中提到管桩抗剪性能，是否适用于浙江制造标准	×××单位或×××专家	采纳	
2	"下列文件对于本文件的应用是必不可少的。凡是注日期的引用文件，仅注日期的版本适用于本文件。凡是不注日期的引用文件，其最新版本(包括所有的修改单)适用于本文件"已经不适合。	建议按GB/T 1.1—2020的格式性用语	×××单位或×××专家	采纳	
4		按"设计研发""材料和零部件""工艺装备"和"检验检测"进行调整	×××单位或×××专家	采纳	
4.1		建议增加：应使用计算机辅助软件开展管桩产品设计；材料选择方面，优先选择具有节能、环保、耐腐蚀的材料	×××单位或×××专家	采纳	
4.3	工艺	工艺装备	×××单位或×××专家	采纳	

续表

章条编号	原稿	改为	提出单位	是否采纳	不采纳理由
4.4.2	离心	建议修改为"离心速度及离心时间"	×××单位或×××专家	采纳	
4.4.3	检验能力	检测能力	×××单位或×××专家	部分采纳	改为检验检测
编制说明	型式试验	型式检验	×××单位或×××专家	采纳	
编制说明	对皮革产品	对管桩产品	×××单位或×××专家	采纳	
		无意见	×××单位或×××专家		
		无意见	×××单位或×××专家		
		无意见	×××单位或×××专家		
		无意见	×××单位或×××专家		

研制过程形成的表单有哪些？举一个表单为例说明。

第五章 建材『浙江制造』标准评审和发布

本章主要依据《浙江省品牌建设联合会"浙江制造"标准评审和批准发布细则》（浙品联〔2019〕12号）和《关于加快"浙江制造"标准制定和实施工作的指导意见》（浙质标发〔2015〕144号）的要求，对标准牵头组织单位或主要起草单位提交的"浙江制造"标准送审稿进行评审和批准发布过程，包括评审、批准发布和实施等各阶段重点环节的工作形式、内容要求、重点关注点及注意事项予以阐述，并对标准评审、批准发布电子申报系统的管理平台操作的要点予以介绍。

第一节 标准评审阶段

一、评审阶段的目的和意义

标准评审阶段是指标准征求意见阶段之后，由标准起草工作组完成送审稿及相关送审材料，提交浙江省市场监督管理局进行标准审查的标准化活动。

标准评审阶段是标准制修订程序中的重要一环，是对标准的技术内容、技术经济指标的依据，及其指标和要求是否符合"国内一流、国际先进"的技术水平和市场需求等方面进行全面的探讨和审查，以确保标准符合"五性并举"原则。

标准评审阶段参与评审的专家组成员具有广泛的代表性，体现了标准制定过程的公开透明，其意义十分重要。

二、评审阶段的工作形式、内容及要求

（一）评审阶段工作形式及流程

标准送审稿形成后，"浙江制造"标准研制工作组（以下简称"工作组"）应根据《"浙江制造"标准研制细则》第四条中规定的"五性并举"原则，对送审稿进行自查，通过申报系统提交送审材料，向浙江省市场监督管理局（以下简称"省局"）提出标准评审申请。省局组织标准的评审。

评审阶段的流程，详见图5-1-1。

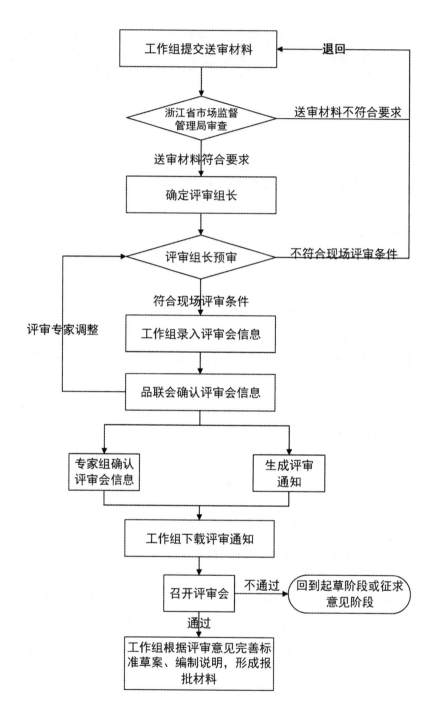

图 5-1-1 评审阶段的流程图

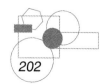

（二）评审阶段的工作内容及要求

1.标准送审稿审查

省局对提报的标准评审申请材料进行审查，评审申请材料不完整或不符合要求，审查不通过，予以退回。审查通过的，由省局推荐一位评审专家组长、一位评审专家后，报秘书长审查。

评审专家组长根据《"浙江制造"标准研制细则》第四条中规定的"五性并举"原则，对送审稿进行审查，审查不通过的，退回工作组。审查通过的，由省局组织召开评审。

2.标准评审

评审专家组名单由省局在原浙江省品牌建设联合会专家库中选取，然后出具标准评审通知。

收到送审材料且符合召开评审会条件的，应在15个工作日内出具标准评审通知。评审宜以会议形式进行。会前，秘书处在网站公示标准评审会通知。相关方获悉后，可以申请参加旁听，并应当经省局批准。

在送审阶段，工作组需完成主要的材料，包括：征求意见汇总表、标准送审稿及编制说明等，并且将这些资料在评审会前发送给确认的参会人员。同时工作组应准备重点汇报的内容，包括：标准征求意见汇总处理情况（特别是未采纳意见的理由）；关键技术指标的先进性以及对比依据；征求意见过程中争议较大的问题等，建议将这些内容以PPT的形式展示。

评审会会议议程应包含：

（1）专家组长宣读、专家组签署《"浙江制造"标准评审人员公正性声明及保密承诺》（见本书第209页）。

（2）介绍"浙江制造"品牌建设整体情况，按照评审要求播放"浙江制造"品牌建设宣传片。

（3）标准工作组代表介绍标准编制情况及先进性说明。

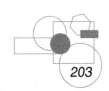

（4）专家组对相关标准进行质询、评审。

（5）专家组形成评审意见。评审专家组对审评结论不能达成一致意见时，应当以表决方式，以不少于专家组成员四分之三同意为通过。

（6）评审专家组全体成员应当在评审意见上签字。

通过评审的标准，工作组应当在评审会后的一个月内，根据评审专家提出的意见建议，对标准送审稿进行修改完善，形成标准报批稿。未通过审评的标准，工作组应当重新起草标准，形成标准送审修订稿，再向秘书处提出标准评审申请。

三、评审专家的组建

评审专家组一般为五人，由行业技术专家、用户代表、检验检测专家、标准化专家和认证专家等五类专家组成。

评审专家组由一位评审专家组长和四位评审专家组员组成。

评审专家组长由秘书处从原浙江省品牌建设联合会核心专家中推荐一位，报秘书长审查，秘书长对评审专家组长人选进行调整和审批。审批通过后，由评审专家组长组建评审专家组。

在组建评审专家组成员时，为主起草单位推荐三位专家，分别为行业技术专家、用户和检验专家。若项目有牵头单位，牵头单位推荐三位专家，分别为行业技术专家、标准化专家、认证专家；若项目无牵头单位，为主起草单位代替牵头单位推荐。秘书处推荐一位专家（终端消费品的用户代表为权威消费者代表，由秘书处推荐）。评审组长从七位专家中选出四位专家作为评审专家组成员。在组建评审专家组成员时，为主起草单位推荐的专家，最多可选择一位，若评审组长认为现有的推荐专家不能满足组建评审专家组时，可推荐合适的专家进入评审专家组。

四、评审阶段的形成文件

评审会结束后，工作组应及时向秘书处提交评审会材料，包括：标准

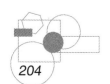

报批稿及编制说明,"浙江制造"标准评审专家组廉洁与保密承诺;评审会议纪要、签到表和评审意见;现场照片。

(一)标准报批稿及编制说明

由工作组负责按照标准评审意见修改送审稿及编制说明,并与牵头单位(如有)一起完成规范性编写复核,最终形成上报的标准报批稿及编制说明。报批稿应内容完整、信息齐全、格式规范,文本格式体例应符合GB/T 1.1—2020的要求。

1.标准报批稿应包含的内容

(1)范围。

(2)规范性引用文件。

(3)术语与定义。

(4)基本要求,包含设计研发、原材料、工艺装备、检验检测。

(5)技术要求。

(6)试验方法。

(7)检验规则。

(8)包装、贮存和运输。

(9)质量承诺。

2.标准编制说明应包含的内容

(1)项目背景。

(2)项目来源。

(3)标准制定工作概况,包含标准制定相关单位及人员、主要工作过程(前期准备工作、标准草案研制、征求意见、专家评审、标准报批)。

(4)标准编制原则、主要内容及确定依据,包含编制原则、主要内容及确定依据。

(5)标准先进性体现,包含型式试验内规定的所有指标对比分析情况，基本要求（型式试验规定技术指标外的产品设计、原材料、关键技术、工艺、设备等方面）、质量承诺等体现"浙江制造"标准"四精"特征的相关先进性的对比情况，标准中能体现"智能制造""绿色制造"先进性的内容说明（若无相关先进性也应说明）。

（6）与现行相关法律、法规、规章及相关标准的协调性，包含目前国内主要执行的标准、本标准与相关法律、法规、规章、强制性标准相冲突情况、标准引用文件。

（7）社会效益。

（8）重大分歧意见的处理经过和依据。

（9）废止现行相关标准的建议。

（10）提出标准强制实施或推荐实施的建议和理由。

（11）贯彻标准的要求和措施建议。

（12）其他应予说明的事项。

（二）评审意见

评审意见应包含：标准是否符合《关于加快"浙江制造"标准制定和实施工作的指导意见》（浙质标发〔2015〕144号）对"浙江制造"标准的基本要求；对标准先进性的评价意见；引用标准是否有效；标准是否存在指标和要求低于相关国家、行业推荐性标准的情况，若有应说明理由；标准中设置的指标和要求是否可验证、可检测；若标准涉及非现行标准规定的检测方法，该方法是否适用；标准是否可转化为认证细则；标准是否通过评审；对标准进一步修改和完善的意见建议。

评审意见模板如下（仅供参考）。

"浙江制造"团体标准×××
评审意见及先进性评价意见

根据浙品联标函〔2020〕××号"关于召开×××'浙江制造'标准评审会的通知",由×××单位牵头组织制订,浙江×××有限公司为主起草的×××"浙江制造"标准评审会于20××年××月××日在××举行。专家组听取了标准工作组关于标准编制说明(含先进性说明)、征求意见情况说明、标准(送审稿)的汇报,经讨论形成如下意见。

一、该标准主要以行业标准GB/T ×××—2×××《×××》为依据,参考浙江制造团体标准T/ZZB ×××—××××《×××》等相关标准,同时结合国内外标杆企业(×××企业)产品的技术要求编制而成,标准编写结构合理、内容叙述正确、层次清晰,引用标准现行有效,符合GB/T 1.1—2020中的规定。

二、该标准按照"浙江制造"标准的定位和要求制订,符合《关于加快"浙江制造"标准制定和实施工作的指导意见》(浙质标发〔2015〕144号)对"浙江制造"标准的基本要求。在编制过程中广泛征求、采纳了各相关方的意见建议,结合了×××产业现状和发展方向,标准设置的技术指标和要求均可验证、可检测,除×××项目测试外,其他试验方法均有相关标准作支撑,本标准规定的×××项目测试方法经检验机构确认适用,可转化为认证细则,可操作性强。

三、该标准提出了×××产品的术语和定义、基本要求、技术要求、试验方法、检验规则、标志、包装、运输、贮存和质量承诺要求,不存在指标和要求低于相关国家、行业推荐性标准的情况,且主要技术指标达到"国内一流、国际先进"水平。

与GB/T ×××—×××中的优等品相比,其先进性主要体现为:

（1）提高了×××指标。

（2）增加了×××的指标要求。

四、该标准的制订、发布与实施将规范×××产品的生产，提升×××产品的市场竞争力和客户满意度，引领行业高质量发展，树立"浙江制造"品牌形象。

五、专家组一致同意通过标准的评审及先进性评价，并提出下列主要修改意见：

（1）同意将标准名称修改为《×××》。

（2）×××。

（3）×××。

（4）进一步完善标准的编制说明。

评审组签字：

20××年××月××日

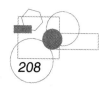

（三）"浙江制造"标准评审人员公正性声明与保密承诺（样章）

"浙江制造"标准评审人员公正性声明及保密承诺

（由评审组长在评审会议上公开宣读）

一、评审概况

1.标准名称：汽车发动机塑料进气歧管总成。

2.本标准为×××年第××批立项计划项目。

3.本标准第一起草单位为：×××股份有限公司。

4.本标准牵头制定单位为：浙江省×××研究院。

5.评审日期：×××年××月××日。

6.评审组长：×××

7.评审地点：×××股份有限公司××市×××路×××号。

二、声明事项

1.评审组各成员均自愿参加本次评审工作，并已知晓评审程序、内容及要求。

2.评审组成员及其所在单位与该标准第一起草单位或牵头单位无隶属及其他利益关系。

3.评审组成员及其所在单位未向该标准第一起草单位或牵头单位提供有关的有偿咨询服务。

4.评审组承诺。

（1）以客观、公正、科学、严谨的态度开展评审，不擅离职守或擅自缩减评审内容，如实上报评审结果及相关情况，不瞒报、漏报。

（2）未经许可，不泄露在评审过程中获得的有关商业信息和技术秘密，不向省品联会以外任何方面提供与标准研制相关的技术资料。

（3）不向评审方收取任何费用，不接受标准起草单位赠送的礼品、有价证券和安排的宴请、旅游、娱乐活动。

（4）不利用评审工作便利为个人和他人谋取不正当利益。

三、评审组全体成员签字

表5-1-1　评审组全体成员签字表

序号	职务	姓名	签名	日期
1	组长	×××		
2	组员	×××		
3		×××		
4		×××		
5		×××		

注：本公正性声明为"浙江制造"标准报批必备材料。

四、评审阶段的活动及参与角色

评审阶段的活动与参与角色对应关系见表5-1-2。

表5-1-2　评审阶段的活动及参与角色对应表

活动	参与角色	说明
送审材料的审查	省品联会	送审材料的完整性以及是否符合要求
	专家组长	送审材料是否具备召开评审会的条件
评审专家组组建	省品联会	专家组长的确定，由专家组长在推荐专家选择组员组建评审专家组，也可自行推荐专家作为组员
	牵头单位（如有）	推荐3位专家
	为主起草单位	推荐3位专家
召开评审会	牵头单位（如有）	组织评审会的召开
	专家	审核标准送审及编制说明
	为主起草单位	汇报标准编制情况，记录核实意见并改进标准文本及编制说明
形成报批材料	牵头单位（如有）	协助形成报批材料并做初步审核
	为主起草单位	报批稿、编制说明、其他相关材料

五、评审阶段的申报系统管理平台操作

第一步：登录系统，处于"研制阶段—征求意见"状态的项目，点击"研制"，找到对应项目，点击"提交送审材料"。

第二步：按照页面要求，填写并上传相应材料后提交。

第三步：推荐专家时可点击"选择"，从原浙江省品牌建设联合会专家库中选择；若不在专家库中，可直接在文本框内输入。

专家类型	行业技术专家		姓名		选择
职称			手机号		
专业领域			工作单位		
专家类型	用户		姓名		选择
职称			手机号		
专业领域			工作单位		
专家类型	检验专家		姓名		选择
职称			手机号		
专业领域			工作单位		
专家类型	行业技术专家		姓名		选择
职称			手机号		
专业领域			工作单位		

第四步：申报单位应按照"五性并举"原则对送审材料进行自查，确认符合要求后，点击提交。

标准送审材料

征求意见时间 *

征求意见证实性材料（必填，只能上传一张图片）

选择文件 未选择任何文件

1. 标准征求意见汇总表（含征求意见反馈意见）（必填） 上传
2. 征求意见表（必填） 上传
3. 标准送审稿（必填） 上传
4. 标准编制说明（必填） 上传
5. 其他需要说明的材料 上传

☐已对送审材料进行自查，符合《"浙江制造"标准研制规则》中规定的"五性并举"原则。

第五步：确认评审会信息。送审材料提交后，先由标准研制单位所在县（市、区）局对生产验证材料进行审核；审核通过后，再由省局组织技术审查。审核通过状态显示为"评审阶段—确定评审会信息"。

联系专家确定正式评审时间，确定好评审时间、地点及邀请单位后，点击"录入评审信息"选项，进入页面录入评审会信息，确认无误后点击"提交"按钮提交。

省局确认评审会信息后，状态显示为"评审阶段—出具评审通知"，系统将自动生成评审通知，并以短信的形式通知专家组成员确认评审会信息。

确定并录入评审会信息

评审时间 *			评审地点 *	
会务单位 *				
联系人 *			联系方式 *	
邀请参会单位 *				

第六步：提交评审会材料。评审会召开后，标准研制单位应即时提交评审会材料，点击"研制"后，点击"提交评审会材料"，根据页面要求，填写和上传相应材料后提交。

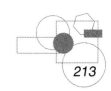

1. "浙江制造"标准评审阶段的工作形式及内容有何要求?举例说明。

2. "浙江制造"标准报批稿应包含哪些内容?举例说明。

第二节　标准的批准、发布、复审与废止阶段

一、报批申请材料的要求

标准报批稿形成后，工作组可向秘书处提出标准报批申请。申请材料包括：

（1）标准报批稿。

（2）标准报批稿编制说明。

（3）其他需要说明的材料，包括但不限于标准中设置的全部指标或要求所对应的检验检测报告。

二、报批申请材料的审查

秘书处组织人员对报批申请材料进行完整性和符合性审查。提交材料不完整或不符合要求的，不予通过。报批申请审查一般应当在收到申请后的5个工作日内完成。

通过报批申请审查后，由评审专家组长对标准报批稿及标准报批稿编制说明进行确认，确认标准送审稿及编制说明已按评审意见修改到位。

三、标准的发布与实施

秘书处按照《"浙江制造"标准管理办法》第十一条的规定对标准进行编号并对标准文本进行校验。校验完成后，在浙江标准在线网站（https：//bz.zjamr.zj.gov.cn）予以全文发布，并免费供社会查阅。

鼓励企业采用"浙江制造"标准，并在企业标准信息公共服务平台

（http：//www.cpbz.gov.cn/）上自我声明公开。

四、标准的复审与废止要求

标准发布实施后，主起草单位应当密切跟踪相关法律法规、产业政策和强制性标准变化等情况，及时向浙江省市场监督管理局提交标准修订建议，确保标准持续符合《关于加快"浙江制造"标准制定和实施工作的指导意见》（浙质标发〔2015〕144号）中有关"浙江制造"标准的基本要求。

"浙江制造"发布后，浙江省市场监督管理局应当定期组织进行复审。复审周期一般不超过3年。复审条件包括：

（1）相关法律、法规、规章和强制性标准作了修订的。

（2）国家和我省有关产业发展政策作了调整的。

（3）标准的技术内容或指标已不符合浙江制造定位要求的。

（4）引用的相关标准已经废止或修订，并对本标准的内容和要求产生影响的。

（5）其他应当进行复审情形的。

思　考　题

1. "浙江制造"标准复审与废止有何要求？举例说明。

2. "浙江制造"标准报批申请材料有哪些？举例说明。

第三节　标准报批稿及编制说明示例

一、"浙江制造"团体标准报批稿示例

ICS 91.100.10 Q 13

团 体 标 准

T/ZZB 1602—2020

机械喷涂抹灰砂浆

Machine sprayed plastering mortar

2020-06-19发布　　　　　　　　　　2020-07-01实施

浙江省品牌建设联合会　发布

目　次

前　言

本标准按GB/T 1.1—2009给出的规则起草。

本标准的某些内容可能涉及专利，本标准的发布机构不承担识别这些专利的责任。

本标准由浙江省品牌建设联合会提出并归口管理。

本标准由浙江省建材质量协会牵头组织制定。

本标准主要起草单位：浙江益森科技股份有限公司。

本标准参与起草单位（排名不分先后）：浙江大学建筑材料研究所、浙江省建材标准化技术委员会、浙江环宇建设集团有限公司。

本标准主要起草人：方伟烽、祝张法、王荣东、钱晓倩、方明晖、胡根荣、季剑锋、童仙敏、武双磊。

本标准评审专家组长：蒋建平。

本标准由浙江省建材质量协会负责解释。

机械喷涂抹灰砂浆

1 范围

本标准规定了机械喷涂抹灰砂浆的术语和定义、分类和标记、基本要求、技术要求、试验方法、检验规则、包装、贮存和运输、订货和交货、质量承诺。

本标准适用于机械喷涂工艺施工用水泥基干混抹灰砂浆。

2 规范性引用文件

下列文件对于本文件的应用是必不可少的。凡是注日期的引用文件，仅注日期的版本适用于本文件。凡是不注日期的引用文件，其最新版本（包括所有的修改单）适用于本文件。

GB 175 通用硅酸盐水泥

GB 6566 建筑材料放射性核素限量

GB/T 14684 建设用砂

GB/T 25181—2019 预拌砂浆

BB/T 0065 干混砂浆包装袋

JC/T 2182 建材工业用干混砂浆混合机

JGJ/T 70 建筑砂浆基本性能试验方法标准

3 术语和定义

GB/T 25181—2019界定的术语和定义适用于本文件。

4 分类和标记

4.1 分类

按照强度等级分类：M5；M7.5；M10；M15；M20。

4.2 标记

产品按下列顺序标记：产品名称代号（DPS）、强度等级、标准编号的顺序标记。示例：机械喷涂抹灰砂浆，强度等级为M7.5，

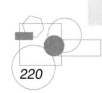

其标记为：DPS-M7.5-T/ZZB×××—2020。

5 基本要求

5.1 设计研发

5.1.1 应根据外加剂用量与压力泌水率对应曲线值进行配合比设计。

5.1.2 应对新产品进行机械喷涂样板施工验证。

5.2 原材料

5.2.1 水泥应采用42.5级及以上强度等级。不同品种、不同厂家或不同等级的水泥，不得混合使用。

5.2.2 砂应符合GB/T 14684的规定。应采用中砂，砂的最大粒径不应大于2.36 mm，通过1.18 mm筛孔的颗粒不应少于60%；天然砂的含泥量应小于3.0%，泥块含量应小于1.0%；含水率应小于0.5%。

5.2.3 矿物掺合料应按生产厂家、品种、质量等级分别标志和贮存，不应与水泥等其他粉状材料混杂。

5.2.4 纤维、外加剂、添加剂和填料等应按生产厂家、品种分别标志和贮存。

5.3 工艺装备

5.3.1 生产线应有砂分级装置，分级后的砂应分别贮存。

5.3.2 生产设备应配备DCS自动化控制系统，并具有以下功能：

a）主要原材料自动计量、储存和输出系统。

b）主机设备电流电压的在线监测与自动控制。

c）气动阀门气压故障自动报警与联锁切断。

5.3.3 外加剂应采用微量给料装置自动给料。

5.3.4 原材料的计量应采用单独计量，允许偏差应符合表1的规定。

表1 机械喷涂抹灰砂浆生产原材料的计量允许偏差

	单次计量值 W/kg	W≤500	W＞500	W＜1	1≤W≤10	＞10
允许偏差	单一胶凝材料、填料	±5 kg	±1%	—	—	—
	单级骨料	±10 kg	±2%	—	—	—
	外加剂和添加剂	—	—	±30 g	±50 g	±200 g

5.3.5 机械喷涂抹灰砂浆混合机应符合 JC/T 2182 的规定,混合时间应通过试验确定。

5.3.6 机械喷涂抹灰砂浆强度等级更换时,混合及输送设备等应清理干净。

5.4 检验检测

5.4.1 应采用压力泌水仪进行压力泌水率检测,应采用实体拉拔仪对施工后成品进行实体拉伸黏结强度检测。

5.4.2 应采用喷涂施工验证装备对产品进行施工性能检测。

6 技术要求

6.1 抗压强度

应符合表2的规定。

表2 机械喷涂抹灰砂浆的抗压强度

强度等级	M5	M7.5	M10	M15	M20
28 d 抗压强度/MPa	≥5.0	≥7.5	≥10.0	≥15.0	≥20.0

6.2 性能要求

应符合表3的规定。

表3 机械喷涂抹灰砂浆的性能指标

项　目		性能指标
保水率/%		≥92
压力泌水率/%		≤35
凝结时间/h		3—7
2 h 稠度损失率/%		≤30
14 d 拉伸黏结强度/MPa		M5:≥0.20 ≥M7.5:≥0.25
28 d 收缩率/%		≤0.20
抗冻性 a	质量损失率/%	≤5
	强度损失率/%	≤25
放射性	I_{Ra}	≤1.0
	I_r	≤1.3

注: a 有抗冻性要求时,应进行抗冻性试验。

7 试验方法

7.1 稠度

应按 JGJ/T 70 的有关规定进行。各项试验的稠度为（95±5）mm。

7.2 抗压强度

应按 JGJ/T 70 的有关规定进行。

7.3 保水率

应按 JGJ/T 70 的有关规定进行，其中滤纸应符合 GB/T 1914 规定的中速定性滤纸的要求，质量应为（85±3）g/m²，直径不应小于 110mm。

7.4 凝结时间

应按 JGJ/T 70 的有关规定进行，其中试验结果精确到 0.1h。

7.5 稠度损失率

应按 GB/T 25181—2019 的规定进行。

7.6 压力泌水率

应按 GB/T 25181—2019 的规定进行。

7.7 拉伸黏结强度

应按 JGJ/T 70 的有关规定进行。

7.8 收缩率

应按 JGJ/T 70 的有关规定进行。

7.9 抗冻性

应按 JGJ/T 70 的有关规定进行。冻融循环次数按夏热冬冷地区 25 次确定。

7.10 放射性

应按 GB 6566 的有关规定进行。

8 检验规则

8.1 检验分类

8.1.1 机械喷涂抹灰砂浆产品检验分为出厂检验、交货检验和型式检验。

8.1.2 机械喷涂抹灰砂浆出厂前应进行出厂检验。出厂检验的取样试验工作应由供方承担。

8.1.3 交货检验可抽取实物试样，以其检验结果为依据，亦可以同批号机械喷涂抹灰砂浆的型式检验报告为依据。

8.1.4 在下列情况下应进行型式检验：

a）新产品投产或产品定型鉴定时。

b）正常生产时，每一年至少进行一次。

c）主要原材料、配合比或生产工艺有较大改变时。

d）出厂检验结果与上次型式检验结果有较大差异时。

e）停产六个月以上恢复生产时。

f）国家质量监督检验机构提出型式检验要求时。

8.1.5 出厂检验项目包括保水率、2h稠度损失率、压力泌水率、凝结时间、拉伸黏结强度、抗压强度。

8.1.6 交货检验项目由需方确定，并经双方确认。

8.1.7 型式检验项目为本标准第6章规定的全部项目。

8.2 取样与组批

8.2.1 根据生产厂产量和生产设备条件，机械喷涂抹灰砂浆按同规格型号的分批应符合下列要求：

a）不超过200 t或1 d产量为一批。

b）每批为一取样单位，取样应随机进行。

8.2.2 出厂检验试样应在出料口随机取样，试样应混合均匀。试样总量不宜少于试验用量的4倍。

8.2.3 交货检验以抽取实物试样的检验结果为验收依据时，供需双方应在交货地点共同取样和签封。每批取样应随机进行，试样总量不宜少于试验用量的8倍。将试样分为两等份，一份由供方封存50 d，另一份由需方按本标准规定进行检验。在50d内，需方经检验认为产品质量有问题而供方又有异议时，双方应将供方保存的试样送检。

8.2.4 交货检验以生产厂同批机械喷涂抹灰砂浆的型式检验报告

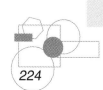

为验收依据时，交货时需方应在同批机械喷涂抹灰砂浆中随机抽取试样，试样总量不宜少于试验用量的4倍。双方共同签封后，由需方保存4个月。在4个月内，需方对机械喷涂抹灰砂浆质量有疑义时，供需双方应将签封的试样送检。

8.3 判定规则

检验项目符合本标准相关要求时，判定该批产品合格；当有一项指标不符合要求时，则判定该批产品不合格。

9 包装、贮存和运输

9.1 包装

9.1.1 机械喷涂抹灰砂浆可采用散装或袋装。

9.1.2 袋装机械喷涂抹灰砂浆每袋净含量不应少于其标志质量的99%。随机抽取20袋，总质量不应少于标志质量的总和。包装袋应符合BB/T 0065的规定。

9.1.3 袋装机械喷涂抹灰砂浆包装袋上应有标志标明产品名称、标记、商标、加水量范围、净含量、使用说明、生产日期或批号、贮存条件及保质期、生产单位、地址和电话等。

9.1.4 散装机械喷涂抹灰砂浆应随车提供散装标志卡，标志内容和包装袋标志内容相同。

9.2 贮存

9.2.1 机械喷涂抹灰砂浆在贮存过程中不应受潮和混入杂物。不同品种和规格型号的机械喷涂干混砂浆应分别贮存，不应混杂。

9.2.2 袋装机械喷涂抹灰砂浆应贮存在干燥环境中，应有防雨、防潮、防扬尘措施。贮存过程中，包装袋不应破损。

9.2.3 机械喷涂抹灰砂浆的保质期自生产日起为3个月。

9.3 运输

9.3.1 机械喷涂抹灰砂浆运输时，应有防扬尘措施，不应污染环境。

9.3.2 散装机械喷涂抹灰砂浆宜采用散装干混砂浆运输车运送，

并提交与袋装标志相同内容的卡片,并附有产品使用说明书。散装干混砂浆运输车应密封、防水、防潮,并应有收尘装置。砂浆等级更换时,运输车应清空并清理干净。

9.3.3 袋装机械喷涂抹灰砂浆可采用交通工具运输。运输过程中,不得混入杂物,并应有防雨、防潮和防扬尘措施。袋装砂浆搬运时,不应摔包,不应自行倾卸。

10 订货和交货

10.1 订货

10.1.1 购买机械喷涂抹灰砂浆时,供需双方应签订订货合同。

10.1.2 订货合同签订后,供方应按订货单组织生产和供应。订货单应包括以下内容:

a) 订货单位及联系人。

b) 施工单位及联系人。

c) 工程名称。

d) 交货地点。

e) 砂浆标记。

f) 技术要求。

g) 供货时间。

h) 供货量。

i) 其他。

10.2 交货

10.2.1 供需双方应在合同规定的地点交货。

10.2.2 交货时,供方应随每一运输车向需方提供所运送机械喷涂抹灰砂浆的发货单。发货单应包括以下内容:

a) 合同编号。

b) 发货单编号。

c) 需方。

d) 供方。

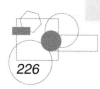

e）工程名称。

f）砂浆标记。

g）砂浆出厂性能指标。

h）供货日期。

i）供货量。

j）供需双方确认手续。

k）其他。

10.2.3 供方提供发货单时应附上产品质量证明文件。

10.2.4 需方应指定专人及时对所供机械喷涂抹灰砂浆的质量、数量进行确认。

11 质量承诺

11.1 制造商应无偿提供产品应用技术培训和指导。

11.2 在规定的贮存、运输、使用条件下，产品自出厂4个月内产生质量问题，生产厂商应免费更换相应数量的产品。

11.3 产品出现质量问题时，制造商应在 12 小时内进行响应，24 小时内为客户提供解决方案。

二、"浙江制造"团体标准编制说明示例

1.项目背景

采用传统护岸材料进行的河道治理中,河岸"硬化、白化、渠化"等现象屡见不鲜。一方面,割裂了土壤与水体的联系,给动植物的生存繁衍造成很大困难,严重破坏了生态环境;另一方面,传统护岸结构形式单一,不仅影响挡墙稳定性,更缺乏临水建筑物的美感和层次感。

为贯彻习近平总书记"绿水青山就是金山银山"的绿色发展理念,浙江省委、省政府发布了美丽河湖建设实施方案,提出到2022年,全省建成安全流畅、生态健康、水清景美、人文彰显、管护高效、人水和谐的美丽河湖体系。在项目实施过程中,如何保证河湖既安全又生态健康,是完成目标的关键。为此,浙江省以嘉兴五丰生态环境科技有限公司为首的一批企业,研究开发了挡墙护坡用生态砌块,该产品在起到挡土护坡功能的同时,又能为水生动植物生存、栖息提供良好的生态环境;既能保证传统的护岸护坡挡土固坡、防御冲刷等基本功能,又能丰富河岸的生态、景观功能,扩大应用范围,提高施工效率,降低工程造价,并产生良好的生态效益、环境效益和社会效益。

与同类产品相比,该产品首创了生态腔技术、灌浆孔技术、错位接砌筑工法等先进技术工艺,形成了产品核心竞争力,经水利部综合事业局组织中国工程院院士王浩为主任的专家组评审鉴定,产品技术水平总体达到国际领先水平。因此,本产品符合"浙江制造"高品质、高端化的要求,十分有必要编制"浙江制造"品牌标准,以引领我省同类产品向高标准、高品质方向发展,打造"浙江制造"优质品牌。

2. 项目来源

由浙江省建材质量协会向浙江省品牌建设联合会提出立项申请，经省品牌联论证通过并印发了浙促会〔2018〕5号《关于发布2018年第二批"浙江制造"标准制定计划的通知》，项目名称：挡墙护坡用生态砌块。

3. 标准制定工作概况

3.1 标准制订相关单位及人员。

3.1.1 本标准牵头组织制订单位：浙江省建材质量协会。

3.1.2 本标准主要起草单位：嘉兴五丰生态环境科技有限公司。

3.1.3 本标准参与起草单位：浙江省水利河口研究院、浙江省水利水电勘测设计院、河海大学、同济大学。

3.1.4 本标准起草人为梁菊明、梁玲琳、章晓桦、马以超、吴跃东、景镇子。

3.2 主要工作过程。

3.2.1 前期准备工作。

为使本标准达到"浙江制造"高标准要求，在行业协会牵头下，专门成立了以生产企业、科研检测机构、大专院校等本行业的专家、教授、专业技术人员为成员的标准起草小组，深入企业进行调研，开展大量专项试验，在充分调研试验的基础上，着手开展"浙江制造"标准的编制工作。

2018年7月12日，牵头单位浙江省建材质量协会在杭州召开了"浙江制造"《挡墙护坡用生态砌块》团体标准制订启动会，明确了嘉兴五丰生态环境科技有限公司为标准主编单位，浙江省水利河口研究院、同济大学、河海大学、浙江省水利水电勘测设计院等为参编单位，会上对标准的内容、指标体系、参数确定进行了讨论和明确，对参与单位或人员职责进行了分工，明确了研制计划、时间进度安排等内容。

3.2.2 标准草案研制。

（1）针对型式试验内规定的全技术指标先进性研讨情况。

"浙江制造"产品标准的定位为"国内一流、国际先进"，因此本次标准制定本着高精度、高强度、填补国内国际空白等原则，对挡墙护坡用生态砌块的原材料选用、生产工艺、技术要求、试验方法、检验规则和标志、包装、运输、贮存、质量与服务承诺等关键点提出了基本要求。

与生态砌块完全配套的国内国际标准目前还没有，类似的国内标准有《普通混凝土小型砌块》GB/T8239—2014，行业标准《干垒挡土墙用混凝土砌块》JC/T2094—2011等，本次"浙江制造"产品标准对生态砌块的全技术指标，除国内这些标准已有的外观质量、强度、抗冻、吸水率等指标之外，创新增加了多项表征砌块生态性能的生态指标，以及表征砌块整体稳定的指标，填补了国内国际的空白。

①增加了生态空间率指标。

生态空间率是衡量砌块生态功能多少的指标，表征砌块中能与水汽交流互通，为动植物生存繁衍提供的生态空间占砌块外观体积的比例。

②增加了可持土体积率指标。

可持土体积率是衡量挡墙上植物种植的主要指标，表征砌块在常水位以上时，为植物生长所能提供的土壤空间比例。

③增加了纵、横向生态孔指标。

纵、横向生态孔是指砌块中预留的可使植物从墙背回填土中汲取水分或养分的纵向孔和可供陆地或水生动物沿墙体（横向）自由洄游的横向孔。这两种孔的存在，有效提高了砌块的生态功能。

④增加了可浸出重金属含量指标。

以往的砌块无此指标，本次增加可浸出重金属含量指标体现了

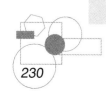

产品的绿色性能。该指标可在对水源有控制要求，或对产品本身原材料有控制要求时选用，避免生态挡墙影响水质或环境。

⑤在提高生态砌块挡墙稳定性方面，增加了锚固孔指标。该指标是指在砌块中预留的上下连通，可插入钢筋注浆的孔洞，可有效增加挡墙整体稳定性。

（2）针对基本要求（型式试验规定技术指标外的产品设计、原材料、关键技术、工艺、设备等方面）、质量保证方面的先进性方面研讨情况。

本次"浙江制造"产品标准的制订立足于高质量的产品，因此对产品设计、原材料、关键技术、工艺、设备等方面提出了较高的要求。

①产品设计方面。

产品设计要求应使用计算机辅助软件开展产品设计及制图，并应从稳定性、生态性、美观性等方面进行砌块产品的设计。生态砌块砌筑成的挡墙，其稳定性、生态性和美观性是设计的关键因素，也是建成安全、健康生态"美丽河湖"体系的重要保障。

②原材料方面。

要求原材料必须满足国家标准的基础上，提出了更严格的要求，如水泥限定只能使用普通硅酸盐水泥和复合硅酸盐水泥；砂料应使用细度模数不大于3的砂，石料的粒径范围控制在5—31.5 mm，以确保产品的质量。

③制造工艺方面。

要求采用"配料—搅拌—压制（成型）—蒸气养护—打包"工艺，采用高频压制成型的关键技术，保证外观整齐，质量一致。

④生产设备方面。

要求配备自动化生产流水线，能实现实时监控，自动计量控制系统的称量粉料精度应达到±1%，骨料精度应达到±2%。

⑤质量与服务承诺。

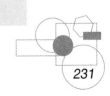

要求免费更换产品。若因企业原因导致产品质量进场检验未达到本标准要求，企业负责免费更换产品。

要求实现产品可追溯。对每批到现场生态砌块，应有明显的产品标记有追溯码，可根据追溯码查明引起产品质量原因。

提供有效的技术支持。用户在安装生态砌块时，企业承诺提供技术指导。施工过程中，可以提供专业的产品卸货和安装配套器具的制作工艺技术。

明确快速服务时限。要求客户现场应用中产品出现问题时，企业接到反馈后24小时内作出响应，在3天内或约定时间派技术人员到现场协助解决。

（3）按照"浙江制造"标准制订框架要求，以及"浙江制造"标准编制理念和定位要求研制标准草案情况。

按照"浙江制造"产品标准的"国内一流、国际先进"的要求，根据专家组讨论确定的原则，编写组起草了标准初稿，2018年7月14日标准启动会上专家对初稿提出了不少宝贵意见，这些意见都非常具体，会后编写组根据专家的意见——进行了修改，形成征求意见稿。

3.2.3 征求意见。

征求意见范围、对象；意见的回收、汇总、处理情况等。

2018年9月2日，公司在杭州召开了《挡墙护坡用生态砌块》标准研讨会，以研讨会形式邀请了相关检测、科研机构、认证机构、客户单位等等，对标准征求意见稿进行意见征集。具体研讨会征求意见的单位名单详见表5-3-1。本次会议共征集到修改意见35条。标准研制工作组对收集的反馈意见进行了汇总，逐条讨论和分析，最终采纳33条，未采纳2条。专家意见反馈名单见表5-3-2。根据专家在研讨会上的意见，公司又组织了两次内部会议，标准工作组对采纳的意见、标准草案和编制说明进行修正完善，并对标准中的设定标准进行反复讨论，反馈论证，于10月9日形成送审稿。

3.2.4 专家评审。

按照"浙江制造标准"评审要求,标准工作小组于10月18日向浙江省浙江制造品牌建设联合会提出了标准的评审要求,同时提出专家建议名单,于10月28日在杭州莲花宾馆进行标准的评审工作,会议上专家对标准进行了严谨、细致的讨论,最终形成10条修改意见,并形成专家评审意见,会上专家组一致同意通过评审。

3.2.5 标准报批。

标准工作小组对专家提出的意见进行了汇总,并进行逐条讨论和分析,对标准送审稿进行了修正完善,于10月30日形成报批稿,并且对编制说明进行了重新修改和完善。

4 标准编制原则、主要内容及确定依据

4.1 编制原则。

根据行业生产实际和用户需要,结合"浙江制造"团体标准的定位要求,标准制定主要突出以下几方面内容。

(1)在参考国家标准GB/T8239—2014《普通混凝土小型砌块》、行业标准C/T2094—2011《干垒挡土墙用混凝土砌块》、JT/T1148—2017《公路工程水泥混凝土制品—边坡砌块》以及美国标准ASTM 1372—2017《节段式挡土墙砌块》的基础上,重点增加了生态、环境方面的指标,体现生态砌块产品的"国内一流、国际先进"要求。

(2)项目的设置除涵盖上述先进国内外标准的技术要求外,提升或增加了多项产品生态项目,即生态空间率、可持土体积率、纵横向生态孔、可浸出重金属含量、锚固孔等,对产品的外观(裂纹、蜂窝麻面、缺棱掉角等)提出了更高的要求。

(3)生产工艺和设备方面采用了先进的工艺和设备,确保产品质量。

(4)试验方法除参考引用国标成熟方法外,对填补空白的项目首创了切合实际的试验方法，对实际产品进行了大量实际验证，表明采用的方法是可行的。

4.2 主要内容及确定依据。

本标准分为10个章节，分为范围、规范性引用文件、术语和定义、分类与标记、基本要求、技术要求、试验方法、检验规则、标志堆放运输、质量与服务承诺等。

（1）范围。

规定了挡墙护坡用生态砌块的适用范围。

（2）规范性引用文件。

明确本标准引用的规范。只列出本标准直接引用的规范，对间接引用的不列出。

（3）术语和定义。

本标准只列出本标准首创或同类标准未见的术语，对常规的和众所周知的术语不列出。

（4）分类与标记。

根据生态砌块的特点和强度进行了分类和分级。对尺寸规格列出主要的产品规格，同时也明确可以根据需要，规格可由供需双方协商确定。

（5）基本要求。

对原材料、生产工艺和生产设备根据"浙江制造"的要求提出了基本要求，这些要求是确保产品达到"一流产品"的基本保证。

（6）技术要求。

技术要求是在对生产厂家进行充分调研的基础上，经过大量试验所提出的产品质量技术参数，这些参数是产品能达到"一流产品"的要求，又是生产厂家在严格的生产管理下所能达到的指标。本标准提出的生态性能指标属国内国际首创，填补了生态砌块产品在生态指标方面的空白。

（7）试验方法。

本标准对技术指标的试验方法，可分为三类：第一类是直接引用现有的国家或行业标准。如，采用标准试样进行抗压、抗冻试验时，直接采用GB/T 50081所规定的方法；可浸出重金属含量按GB 5085.3规定的试验方法进行试验。第二类是参考现有的国家或行业标准，根据生态砌块的特点，在取样方法、试样尺寸、试验方法略有调整，如外观质量、芯样的抗压抗冻试验，这些试验方法上为方便起见，在本标准详细列出。第三类是本标准首创的指标，则由本标准根据指标特点，制订了详细的试验方法。

（8）检验规则。

明确了产品出厂检验、型式检验的内容；规定了检验时的组批与抽样原则；明确了产品出厂合格与否的判定规则。

（9）标志、堆放、运输。

明确了产品出厂的标志、堆放、运输要求。

（10）质量与服务承诺。

明确了生产厂家应提供的质量问题维保服务和所应承担的服务承诺。

5.标准先进性体现

5.1 型式试验内规定的所有指标对比分析情况。

与生态砌块完全配套的国内国际标准目前还没有，与同类产品的国际、国家、行业标准、企业标准对比，本标准所提出的指标，无论是在项目数量上还是在指标性能上，都处于领先或持平同类标准。具体对比见表5-3-3。

5.2 基本要求（型式试验规定技术指标外的产品设计、原材料、关键技术、工艺、设备等方面）、质量承诺等体现"浙江制造"标准"四精"特征的相关先进性的对比情况。

（1）设计方面。

本产品与同类产品相比较，在生态性、稳定性、美观性等方面都有许多独特的设计。采用生态腔和生态孔设计，为砌块提供了生态功能；采用锚固孔和阻滑梗设计，使生态砌块组成的挡墙连接成了整体，具备了更强的稳定性，设计的阻滑梗使挡墙有效提高了抗剪切破坏能力；采用圆弧的迎水面设计，使生态挡墙增加了动感，增强了视觉美学效果。

（2）原材料选择方面。

生态砌块产品除精选常规的水泥、砂石外，还引入高炉矿渣、粉煤灰等矿物外掺料，不仅提高了产品质量，还消耗了炼铁、发电产生的废渣，改善了社会环境。

（3）工艺和设备方面。

生态砌块产品采用"配料—搅拌—压制（成型）—蒸气养护—打包"的生产工艺，配备先进的自动化生产流水线，自动计量控制系统进行生产，在同类产品中处于最先进的水平。

按照"精心设计、精良选材、精工制造、精诚服务"四精原则，本标准涵盖了生产工艺控制、性能指标、检测方法和质量承诺等内容，在外观质量、物理性能指标、生态性能指标等关键技术指标上较国家标准更精确、要求更高，提升了"浙江制造"品牌形象，有利于推动行业转型升级。

（4）质量承诺

负责免费更换产品。若因企业原因导致产品质量进场检验未达到本标准要求，企业负责免费更换产品。

实现每批产品可追溯。对每批到现场生态砌块，应有明显的产品标志追溯码，可根据追溯码查明引起产品质量原因。

提供有效的技术支持。用户在安装生态砌块时，企业承诺提供技术指导。施工过程中，可以提供专业的产品卸货和安装配套器具的制作工艺技术。

明确快速服务时限。要求客户现场应用中产品出现问题时，企业接到反馈后24小时内作出响应，在3天内或约定时间派技术人员到现场协助解决。

5.3 标准中能体现"智能制造""绿色制造"先进性的内容说明（若无相关先进性也应说明）。

智能制造：生态砌块产品采用"配料—搅拌—压制（成型）—蒸气养护—打包"的生产工艺，配备先进的自动化生产流水线，自动计量控制系统进行生产，在同类产品中处于最先进的水平。

智能制造：生态砌块产品在生产时采用喷码技术，实现产品可追溯，追溯码标记率不小于10%。每个追溯码可查询到产品的生产日期、生产批次和生产班组，提高产品质量保障。

绿色制造：标准要求生态砌块经水溶液中浸泡后，测试在水溶液中汞、铅、砷、镉、铬等重金属溶出的含量。该指标在传统挡墙砌块中从未涉及，增加该指标可避免生态砌块在加入部分废料后对环境的影响，减少对环境的影响。

绿色制造：标准涉及的产品本身可替代传统块石砌筑挡墙，减少山石资源开采；产品设计考虑到动植物生存、繁衍的场所，砌筑好的挡墙可实现水下生物多样性和水上植物多样性，产品设计考虑了环境影响和效益。

6.与现行相关法律、法规、规章及相关标准的协调性

6.1 目前国内主要执行的标准有：

GB/T8239—2014《普通混凝土小型砌块》。

JC/T2094—2011《干垒挡土墙用混凝土砌块》。

JT/T1148—2017《公路工程水泥混凝土制品—边坡砌块》。

6.2 本标准与相关法律、法规、规章、强制性标准相冲突情况：

无，不存在标准低于相关国标、行标和地标等推荐性标准的情况。

6.3 本标准引用了以下文件：

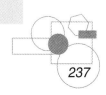

GB 175《通用硅酸盐水泥》。

GB/T 14684《建筑用砂》。

GB/T 14685《建筑用卵石和碎石》。

GB/T 18968《墙体材料术语》。

GB/T 4111《混凝土砌块和砖试验方法》。

GB/T 50081《普通混凝土力学性能试验方法标准》。

GB/T 50082《普通混凝土长期性能和耐久性能试验方法标准》。

GB 5085.3《危险废物鉴别标准 浸出毒性鉴别》。

JC/T 539《混凝土和砂浆用颜料及其试验方法》。

引用文件均现行有效。

7.社会效益

本标准产品在起到传统的护坡挡土功能的同时，又能为水生动植物提供良好的生态环境，水下部分为水生动物提供了觅食、栖息、繁衍和避难的场所，水上部分提供了种植花草的植物空腔，可种植各种花草植木，形成良好的生态环境。不仅体现了人水和谐的生态治水理念，也为沿岸居民创造了良好的休闲娱乐环境。

其次，该产品可减少山石资源消耗，节约废料堆放占用的土地面积，减少因此产生的废气排放，降低自然骨料的应用量。

本标准的实施，将对浙江省乃至我国河湖、交通、市政等边坡护岸的生态建设发挥巨大作用，将使边坡护岸变成安全流畅、生态健康、水清景美的风景线，产生巨大的社会效益。

8.重大分歧意见的处理经过和依据

无。

9.废止现行相关标准的建议

无。

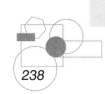

10.提出标准强制实施或推荐实施的建议和理由

本标准为浙江省品牌建设联合会团体标准。

11.贯彻标准的要求和措施建议

已批准发布的"浙江制造"标准，文本由浙江省品牌建设联合会在官方网站（http://www.zhejiangmade.org.cn/）上全文公布，供社会免费查阅。

标准主要起草单位将在全国团体标准信息平台（http://www.tt-bz.org.cn/）上自我声明采用本标准，其他采用本标准的单位也应在信息平台上进行自我声明。

12.其他应予说明的事项

《挡墙护坡用生态砌块》标准研制工作组

2018 年 10 月 31 日

表5-3-1 标准征求意见稿发送单位汇总表

序号	工作单位	反馈人
1	浙江省标准化协会	×××
2	通标标准技术服务有限公司	×××
3	浙江大学	×××
4	嘉兴市杭嘉湖南排工程管理局	×××
5	浙江省建材质量协会	×××
6	浙江方圆检测集团股份有限公司	×××

表5-3-2 标准征求意见稿收集到反馈意见汇总表

序号	工作单位	建议条数
1	浙江省标准化协会	8
2	通标标准技术服务有限公司	3
3	浙江大学	6
4	嘉兴市杭嘉湖南排工程管理局	9
5	浙江省建材质量协会	2
6	浙江方圆检测集团股份有限公司	7
	合计	35

技术指标先进性具体说明如下：

"浙江制造"产品标准的定位为"国内一流、国际先进"，因此本次标准制定本着高精度、高强度、填补国内国际空白等原则，对挡墙护坡用生态砌块的原材料选用、生产工艺、技术要求、试验方法、检验规则和标志、包装、运输、贮存、质量与服务承诺等关键点提出了基本要求。

公司产品"五丰生态砌块"是本公司自行研制开发的、具有自主专利技术的新型生态砌块产品，产品在"五水共治"，改善河道水环境、水生态方面发挥了一定作用。2017年5月6日，经国内外技术革新，以王浩院士为组长的专家组一致认为本公司的挡墙护坡用生态砌块"总体技术水平达到了国际领先"，通过水利部新产品鉴定。

与本公司产品完全配套的国内国际标准目前还没有。类似的国内标准有《普通混凝土小型砌块》（GB/T8239—2014），行业标准《干垒挡土墙用混凝土砌块》（JC/T2094—2011）、JT/T1148—2017《公路工程水泥混凝土制品—边坡砌块》，同时还参考了美国ASTM

1372—2017《节段式挡土墙砌块》标准。通过对以上国外先进标准和国家及行业标准的分析和吸收，标准编制项目小组从行业发展趋势、国家生态环境发展需求等方面考虑确定，如表5-3-3所示。

（1）生态性应是生态砌块的关键指标，在国内外类似指标中未出现、本标准增加了生态空间率、可持土体积率及纵横向生态孔最大处尺寸生态性指标。生态空间率是衡量砌块生态功能多少的指标，可持土体积率是衡量挡墙上植物种植的主要指标，纵横向生态孔尺寸是衡量挡墙内动植物活动贯通的空间大小指标。以上指标填补了国内外砌块生态性指标的空白。

（2）产品砌筑后的挡墙安全性也是生态砌块的重要指标，本标准还增加了锚固孔等效孔径。锚固孔内可以插筋灌浆，锚固孔等效孔径是衡量生态砌块砌筑成挡墙之后的安全性指标。浙江省水利水电工程质量监督检验站试验结果表明，挡墙高度1.4米，锚固孔中灌浆与不灌浆，挡墙抗倾覆能力为2.5倍之差。（可提供报告）

（3）本次标准中还增加了"可浸出重金属含量"指标。该指标虽然在其他建筑领域有所应用，但在水利行业此前无该指标。此次增加该指标的目的是为工程涉及饮用水，或产品添加回收资源后可选的一个安全性指标，确保挡墙砌筑后，无重金属溶出，水质不受影响。

表5-3-3　不同标准技术指标先进性一览表

序号	技术要求	"浙江制造"标准	GB/T8239—2014普通混凝土小型砌块	JC/T2094—2011干垒挡土墙用混凝土砌块	JT/T1148—2017公路工程水泥混凝土制品—边坡砌块	ASTM1372—2017节段式挡土墙砌块(美国)	先进性说明
1	外观质量	干硬性混凝土蜂窝不允许麻面率≤5%	无要求	无要求	无要求	无要求	干硬性混凝土无蜂窝麻面指标,此次增加以上指标,可提供产品外观质量
2	吸水率	≤5%	≤10%	吸水限量:(kg/m³)密度等级轻质级:＜288密度等级次轻级:＜240密度等级普通级:＜208假设混凝土常规重量2300kg/m³换算,则吸水率最低为9%	≤6%	吸水限量:(kg/m³)密度等级轻质级:＜288密度等级次轻级:＜240密度等级普通级:＜208假设混凝土常规重量2300kg/m³换算,则吸水率最低为9%	吸水率是衡量混凝土耐久性的一项重要指标,吸水率低可减少冻融后的强度损失和结构破坏。本次标准产品吸水率最低
3	锚固孔等效孔径	≥40mm	无要求	无要求	无要求	无要求	锚固孔是挡墙纵向插筋灌浆的空间,锚固孔等效孔径是衡量产品砌筑成挡墙后的稳定性指标。有了该指标后能增加挡墙的整体抗倾覆能力,避免挡墙位移

续表

序号	技术要求	"浙江制造"标准	GB/T8239—2014普通混凝土小型砌块	JC/T2094—2011干垒挡土墙用混凝土砌块	JT/T1148—2017公路工程水泥混凝土制品—边坡砌块	ASTM1372—2017节段式挡土墙砌块(美国)	先进性说明
4	生态空间率	25%—60%	无要求	无要求	无要求	无要求	生态空间率是衡量砌块生态功能多少的指标,填补国内外砌块生态性指标空白
5	可持土体积率	5%—25%	无要求	无要求	无要求	无要求	可持土体积率是衡量挡墙上植物种植的主要指标,填补国内外砌块生态性指标空白
6	横向生态孔最大处开口尺寸	≥40mm	无要求	无要求	无要求	无要求	填补国内外砌块生态性指标空白
7	纵向生态孔最大处开口尺寸	≥80mm(仅对B类产品)	无要求	无要求	无要求	无要求	填补国内外砌块生态性指标空白

续表

序号	技术要求	"浙江制造"标准	GB/T8239—2014普通混凝土小型砌块	JC/T2094—2011干垒挡土墙用混凝土砌块	JT/T1148—2017公路工程水泥混凝土制品—边坡砌块	ASTM1372—2017节段式挡土墙砌块(美国)	先进性说明
8	可浸出重金属含量	汞Hg(以总汞计)≤0.02mg/L,铅Pb(以总铅计)≤2.0mg/L,砷As(以总砷计)≤0.6mg/L,镉Cd(以总镉计)≤0.1mg/L,铬Cr(以总铬计)≤1.5mg/L	无要求	无要求	无要求	无要求	水利行业挡墙护坡用生态砌块之前无此指标,此次增加该指标可使对水源有控制要求,或对产品本身原材料控制,避免砌筑后的挡墙影响水质

思 考 题

"浙江制造"标准编制对核心技术指标先进性比对分析有何要求?举例说明。

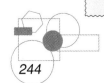

第六章 『浙江制造』团体标准的结构与编写

　　为指导"浙江制造"团体标准的编制，本章主要阐述了"浙江制造"团体标准的结构（例如相对应章、条编号的顺序等）、文本（例如类似或相同条款的措辞等）、术语、主体内容及附录的要求，标准文本的文字表述应准确、简明、通俗易懂、逻辑严谨。标准中的术语应统一，符合基础标准规定，不得与有关标准相矛盾。标准制定要坚持"五性并举"的原则，即"合规性、必要性、先进性、经济性以及可操作性"。从标准研制全流程、产品全生命周期以及影响产品质量的全要素出发，增加或提高产品的基本要求、技术要求和质量承诺要求，体现"精心设计、精良选材、精工制造、精诚服务"的先进性要求。

第一节 "浙江制造"团体标准的总要求

一、概述

"浙江制造"是代表浙江制造业先进性的区域品牌形象标志。"浙江制造"标准为浙江省市场监督管理局组织制订的针对具体产品的团体标准，符合有关法律、法规和规章的规定，符合国家和浙江省相关产业发展政策，符合有关强制性标准和GB/T 1.1—2020《标准化工作导则　第1部分：标准化文件的结构和起草规则》、GB/T 1.2《标准化工作导则　第2部分：以ISO/IEC标准化文件为基础的标准化文件起草规则》，以及GB/T 20001（所有部分）《标准编写规则》的系列国家标准的要求，其定位和内涵符合DB33/T 944.1《"品字标"品牌管理与评价规范　第1部分：管理要求的规定》，主要技术指标达到"国内一流、国际先进"，即国际上没有同类产品的，应达到国内一流水平；国际上有同类产品的，应达到国际先进水平。它是企业对标达标并申报"浙江制造"认证的依据、认证相关机构开展认证工作的依据、政府部门开展培育及监督检查的依据、消费者等利益相关方消费及维权的依据和国际互认或相关便利化措施的依据。标准的实施将有助于提升浙江省企业质量管理水平，提高产品质量，尽快形成集质量、技术、服务、信誉为一体，市场与社会公认的"浙江制造"区域综合品牌，加快浙江制造业转型升级，推动"浙江制造"走向世界。在浙江省市场监督管理局的指导和监督下，坚持要求公开、征集公开、流程公开、文本公开、结果公开"五公开"原则，统一负责"浙江制造"标准的立项、组织制订、审评、批准发布和复审等工作。

二、"浙江制造"团体标准编制的要求

"浙江制造"团体标准坚持问题导向、需求导向、发展导向，坚持底线思维、用户思维和营销思维，以提高产品质量、提升用户体验、引领产业高质量发展为目的，根据"五性并举"原则，从标准研制全流程、产品全生命周期以及影响产品质量的全要素出发，增加或提高产品的基本要求、技术要求和质量承诺要求，体现"精心设计、精良选材、精工制造、精诚服务"的先进性要求。

（一）通用性要求

在编制"浙江制造"团体标准时，严格按照 DB33/T944.1 《"品字标"品牌管理与评价规范　第1部分：管理要求》、GB/T 1.1—2020 《标准化工作导则　第1部分：标准化文件的结构和起草规则》、GB/T 20001（系列）《标准编写规则》和 GB/T 20004.1—2016《团体标准化　第1部分：良好行为指南》的规定及相关要求起草标准。

（1）"浙江制造"团体标准编写时应符合法律法规和强制性标准要求，不得损害人身健康和生命财产安全、国家安全、生态环境安全，应该考虑与政府部门主导制定的国家标准、行业标准、地方标准的协调性。还应遵循开放、公平、透明和协商一致的原则，吸纳利益各相关方广泛参与标准的制修订。遵守WTO/TBT协定中关于制定、采用和实施标准的良好行为规范，以满足与相关国家标准的沟通与交流。

（2）"浙江制造"团体标准编制前宜充分搜集相应标准化对象的国内外标准、技术法规、技术发展趋势文献、科技文献等资料，明确标准的编制目的、范围和内容框架。标准的结构和起草规则应严格按照GB/T 1.1制定统一的标准编写规则，包括标准的结构、起草表述方法、格式等内容执行，以提高"浙江制造"团体标准的适用性和合规性。

（3）"浙江制造"团体标准（特别是系列标准或一项标准的不同部

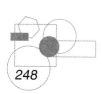

分）的结构（例如相对应章、条编号的顺序等）、文体（例如类似或相同条款的措辞等）和术语宜保持一致。标准文本的文字表述应准确、简明、通俗易懂、逻辑严谨。在同一类标准中的术语应统一，符合基础标准规定，不得与有关标准相矛盾。如"浙江制造"团体标准编写中设计如下内容时，应遵守相关基础通用的国家标准规定：标准化原理和方法；标准化术语；术语的原则和方法；量、单位及其符号；符号、代号和缩略语；参考文献的标引；技术制图；技术文件编制；图形符号；极限、配合和表面特征；优先数；统计方法；环境条件和有关试验；安全；符合性和质量；环境管理等。

（4）"浙江制造"团体标准编写应在对重复的相关事物和描述对象进行充分调查分析、实验和验证等基础上，如核心技术指标要求提供第三方检测报告，完成标准技术内容的起草。对不重复的相关事物和对象最好不要编制成标准，否则失去了标准的规制性。

（5）"浙江制造"团体标准的内容应紧紧围绕标准的编制目的而设定，并且力求全面，不宜包含与编制目的无关的其他内容。着重强调团体标准编制的目的性明确、主题突出，不要遗漏相关的事项或要求，在标准中不要编写一些无关紧要的要求，使标准的内容具体、翔实、一目了然及可操作性强。

（6）本标准中未涉及，而在标准编写过程中又需要参考的编写要求，按GB/T1.1和相关标准的规定执行。由于团体标准的编制内容涉及与标准对象的方方面面，有关的规则和要求非常多，为防止在标准中没有涉及又需要，这时就要满足GB/T 1.1和相关标准的要求，其目的是保证"浙江制造"团体标准的内容有章可循。

（二）"五性并举"要求

"五性并举"指在标准的研制过程中应综合考虑标准内容的合规性、必要性、先进性、经济性以及可操作性并协调一致。

（1）合规性，是指标准应符合相关法律法规、产业政策以及强制性标准要求，不得与国家有关产业政策相抵触。对于术语、分类、量值、符号等基础通用方面的内容应遵守国家标准、行业标准、地方标准的有关规定。技术要求不得低于强制性标准的有关技术要求。标准研制过程应符合标准化相关法律法规和管理办法要求。

（2）必要性，是指在标准中提高或增加要求时，应从消费者角度切入，以改善消费体验、提升用户满意度为目的，聚焦产品核心质量特性，避免片面追求指标，避免脱离产业发展实际情况。

（3）先进性，是指产品技术要求应涵盖相关国家标准和行业标准、地方标准的相关要求，原则上不低于现行推荐性标准要求。标准的核心技术指标水平达到"国内一流、国际先进"。企业应能够按标准批量稳定组织生产。

（4）经济性，是指标准核心技术指标的设置不增加或者少量增加企业成本，新增内容尽可能不产生新的风险或潜在问题。

（5）可操作性，是指标准的技术要求均应有对应的检测方法，且可由第三方实验室检测，涉及非标检测方法的应做验证；基本要求可验证、可核实；质量承诺要求可追溯。

（三）"浙江制造"标准制定体现先进性的特殊要求

"精心设计、精良选材、精工制造、精诚服务"的"四精"指"浙江制造"标准的先进性要求。

（1）精心设计：评估、校验、分析、模拟。要求企业具备雄厚的设计、研发实力，在设计阶段全面考虑影响产品质量的各种因素和要素。

（2）精良选材：应采用、不应采用、明示。要求企业讲究真材实料，对关键原材料及零部件的采购质控指标提出严苛的要求。

（3）精工制造：绿色制造、智能制造。不仅要求企业具备先进的技术工艺，还要求企业具备一定的智能制造、在线监测的硬实力。

（4）精诚服务：优售后、重承诺、可追溯。对质量承诺提出了较行业惯例更高的要求，通过多年质保，免费更换、维修关键零部件等服务承诺，要求企业持续保证产品品质。

"浙江制造"标准超越了一般产品标准范畴，不仅包括产品性能指标，且从影响产品品质的全生命周期出发，囊括了以下六个方面。

（1）设计研发能力：分析能力、软件分析系统等。

（2）材料控制：明确关键材料选材要求，针对消费品，要求与产品包装上面及整个宣传上的明示相符。

（3）工艺控制：对制造工艺环节提出要求。

（4）装备保证：具有必要的检测验证、研发所需设备。

（5）产品标准要求：性能指标、节能环保指标、安全指标等；核心技术指标的确定对于国家或行业产品标准中已有的指标，"浙江制造"标准应做到全覆盖，同时考虑技术指标提高且可验证，鼓励采用国外先进标准的指标和测试方法。安全指标可设置为国家标准要求，节能环保指标应达到节能、节水、节材以及排放先进水平要求；可靠性指标（包括耐久性）有等效试验方法的可提高要求。

（6）质量保证或承诺：产品寿命、保修包换、安装维护要求。

三、"浙江制造"团体标准文本结构的基本要求

在编制"浙江制造"团体标准时，文本结构应符合 GB/T 1.1—2020 《标准化工作导则 第1部分：标准化文件的结构和起草规则》、GB/T 20001 （系列）《标准编写规则》和 GB/T 20004.1—2016《团体标准化 第1部分：良好行为指南》的规定及相关要求起草标准，它包括标准的结构、起草方法、格式、版式等内容，同时要满足"浙江制造"团体标准的特殊性要求，以确保"浙江制造"团体标准的适用性和协调性。其文本结构的基本要求和体例包括但不限于以下几部分：

（1）封面。

（2）目次（可选）。

（3）前言。

（4）引言（可选）。

（5）标准名称。

（6）范围。

（7）规范性引用文件（可选）。

（8）术语和定义。

（9）分类（可选）。

（10）主体内容。

①基本内容：

a.设计研发。

b.原材料。

c.工艺装备。

d.检验检测。

②技术要求。

③试验方法。

④检验规则。

⑤包装和贮存。

⑥质量承诺。

（11）规范性附录（可选）。

（12）资料性附录（可选）。

（13）索引（可选）。

（14）终结线。

何谓“浙江制造”标准的“四精”和“五性并举”？举例说明。

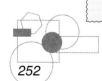

第二节 "浙江制造"团体标准的结构要求

一、总体要求

"浙江制造"团体标准框架需符合"1 + 2"的框架结构。"1"是指产品标准的结构要求,"2"是指在"1"的基础上增加"基本要求"和"质量承诺要求"。

产品标准的结构包含了技术要求、相应的检测方法和检验规则。技术要求即型式试验时需要检测的指标要求。技术要求首先应系统、全面地涵盖相应的国家标准、行业标准和地方标准要求,同时以提升用户体验和满意度为原则,围绕产品核心质量特性,可增加或提高部分指标要求。

技术要求中的安全类指标原则上满足强制性标准要求即可,节能环保类指标则应达到现有相关标准规定的节能、节水、节材要求或排放先进水平要求。

如果相关推荐性标准要求存在不适用于本标准、不同推荐性标准要求互相矛盾或指标无法检测等问题的,经标准研制工作组论证后,可以不采用推荐性标准相关要求,但应在标准编制说明中说明原因。

"基本要求"指产品入库前的企业内控要求,用于保障技术要求的稳定实现,置于技术要求前一章。基本要求应精准、有效、可验证、可核实,以抓住行业痛点、体现企业先进性、引领行业发展为目的,是"一流企业"的准入门槛。基本要求应至少包括设计研发、材料和零部件、工艺装备和检验检测等要求。

设计研发要求指开展产品设计研发活动的要求,包括设计研发活动应采用的工具和方法、满足的标准、考虑的因素,以及开展的分析、验证、校核和评估等。

材料和零部件要求指重要原材料和重要零部件关键指标的限值、级别等要求，应高于行业通用水平。其符合性证明材料可以由企业自己提供，也可以由上游厂家提供。

工艺装备要求指关键生产工艺和生产装备的先进性要求，以及过程控制和生产能力等方面的要求。

检验检测要求指开展进厂检测、出厂检测、在线监测以及试验验证活动的要求，包括应配置的检验仪器及应开展的检验项目等。

"质量承诺要求"是产品售后要求，包括追溯、保修包换、安装维护、服务响应、明示等，置于标准的最后一章。

综上所述，"浙江制造"团体标准结构示例如下。

目　次

前　言 ··

1 范围 ···

2 规范性引用文件 ···

3 术语和定义 ···

4 基本要求 ···

5 技术要求 ···

6 试验方法 ···

7 检验规则 ···

8 标志、包装、运输和贮存 ·····························

9 质量承诺 ···

二、层次结构

"浙江制造"团体标准的层次结构分为章、条、段、列项和附录，层次编号与要求应符合 GB/T 1.1—2020 的要求及"浙江制造"团体标准的特殊性的要求，如下所示。

示例：

层次	编号示例
部分	××××.1
章	5
条	5.1
条	5.1.1
段	[无编号]
列项	列项符号："——"和"·"；列项编号：a)，b) 和1)，2)。

（一）章

章是标准内容划分的基本单元，使用阿拉伯数字从1开始对章编号，编号应从"范围"一章开始，一直连续到附录之前，每一章均应有章标题，并置于编号之后。

示例：

1 范围

本文件规定了预应力钢筒混凝土管（以下简称"钢筒管"）的术语、定义和符号、分类、基本要求、技术要求、试验方法、检验规则、标志、运输、贮存、使用及质量承诺。

本文件适用于公称内径为400—4000mm，管线运行工作压力或静水头不超过2.0MPa，一般用于城市给水排水干管、工业输水管线和农田灌溉等工程的钢筒管。其他同类产品可参照本文件执行。

（二）条

条是章的细分，应使用阿拉伯数字对条编号。第一层次的条（例如5.1，5.2，5.3等）可分为第二层次的条（例如5.1.1，5.1.2等），需要时，一直可分到第五层次。

一个层次中有两个或两个以上的条时才可设条,避免对无标题条再分条。

第一个层次的条宜给出标题,并置于编号之后。某一章或条中,其下一个层次上的各条,有无标题应统一。可将无标题条首句中的关键术语或短语标为黑体,以表明所涉及的主题,这类条不宜列入目次。

示例:

> 5 基本要求
>
> 5.1 设计研发
>
> 5.1.1 具备钢筒管设计系统软件,有预应力钢筒混凝土管的结构设计和验证的能力。
>
> 5.1.2 具备钢筒管设计系统软件,有管芯厚度、钢筒厚度或混凝土设计强度等级进行分析设计的能力。
>
> 5.2 材料和零部件
>
> 5.2.1 水泥
>
> 钢筒管用水泥优选普通硅酸盐水泥,水泥强度等级不应低于42.5MPa。
>
> 5.2.2 细集料
>
> 管芯混凝土优先采用天然中砂,其含泥量不宜大于2%。保护层水泥砂浆优先采用天然细砂,其含泥量不应大于1%。
>
> 5.2.3 粗集料
>
> 管芯混凝土用粗集料优先采用人工碎石,石子的最大粒径不应大于31.5mm,且不得大于混凝土层厚度的2/5。

(三)段

段是章或条的细分,段不编号。为了在引用时不产生混淆,应尽量避免在章标题或条标题与下一层次条之间设段(称为"悬置段")。

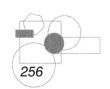

示例：

> 下面左侧所示，按照章条的隶属关系，第5章不仅包括所标出的"悬置段"，还包括5.1和5.2。这种情况下，引用这些悬置段时有可能发生混淆。避免混淆的方法之一是将悬置段改为条。见下面右侧所示：将左侧的悬置段编号并加标题"5.1 通用要求"（也可给出其他适当的标题），并且将左侧的5.1和5.2重新编号，依次改为5.2和5.3。避免混淆的其他方法还有，将悬置段移到别处或删除。

不正确	正确
5 要求 　×××××××××　} 　××××××××××× } 悬置段 　××××××× 　} 5.1 ×××××××× 　××××××××××× 　×××××××××××××××× 5.2 ×××××××× 　××××××××××× 　××××××××××××××× 　××××××××××××××××× 6 试验方法	5 要求 5.1 通用要求 　××××××××××× 　×××××××××××××××× 　××××××××× 5.2 ×××××××× 　××××××××××× 5.3 ×××××××× 　××××××××××××××××× 6 试验方法

（四）列项

列项应由一段后跟冒号的文字引出。在列项的各项之前使用列项符号（列项符号为"破折号"或"圆点"），在一项标准的同一层次的列项中，是使用破折号还是圆点应统一。

示例1：

> 下列仪器不需要开关：
>
> ——正常操作条件下，功耗不超过10W的仪器。
>
> ——任何故障条件下使用2min，测得功耗不超过50W的仪器。
>
> ——连续运转的仪器。

示例2：

> 仪器中振动可能产生于：
>
> ·转动部件的不平衡。
>
> ·机座的轻微变形。
>
> ·滚动轴承。
>
> ·气动负载。

（五）列项的识别与细分

如果在列项中的项需要识别，使用字母编号后带半圆括号的小写拉丁字母，如：a），b），c）……在各项之前进行标示。如果在字母编号的列项中需要进一步细分，则使用数字编号后带半圆括号的阿拉伯数字，如：1），2），3）……在各分项之前进行标示。

示例：

> 导向要素中图形符号与箭头的位置关系需要符合下列规则。
>
> a）当导向信息元素横向排列，并且箭头指：
>
> 1）左向（含左上、左下），图形符号应位于右侧。
>
> 2）右向（含右上、右下），图形符号应位于左侧。
>
> 3）上向或下向，图形符号宜位于右侧。
>
> b）当导向信息元素纵向排列，并且箭头指：

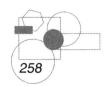

（六）附录

附录按其性质分为规范性附录和资料性附录。规范性附录中一般为标准正文的附加或补充条款，标准正文中以"符合附录A的要求""见附录A"等方式提及；资料性附录给出有助于理解或使用标准的附加信息，正文中以"参见附录B"等方式提及。

示例：

5.2.3.5 弹卡式连接件应符合下列规定：

a）制作张拉采用的上、下套筒应采用ML35冷镦钢，其质量应符合GB/T 3077的规定。

b）接桩所采用的弹卡和插杆材料宜采用40CR或60mm弹簧钢，其质量应符GB/T 3077的规定。

思　考　题

"浙江制造"团体标准的结构有何特殊要求？与国家行业标准的结构不同点有哪些？

第三节 "浙江制造"团体标准的编写要素

一、概述

"浙江制造"团体标准的编写要素主要包括封面、目次、前言、引言、标准名称、范围、规范性引用文件、术语和定义、分类、标准的主体内容、规范性附录、资料性附录、索引、终结线等14个要素。这14个要素中有7个要素是必备的,它构成了"浙江制造"团体标准的主体结构,是"浙江制造"团体标准的主要组成部分;另外还有7个要素是可选的,这些可选要素主要是根据"浙江制造"团体标准的表达要求和团体标准中有无涉及的有关内容进行选用,他们的组成帮助反映了"浙江制造"团体标准的相关信息,更加有利于"浙江制造"团体标准的正确理解与阅读。

二、"浙江制造"标准编写的要素

(一)封面(必备要素)

封面应包括:国际标准分类号(ICS号)和中国标准文献分类号、"团体标准"字样、标准的编号和被代替标准编号、标准的中文名称、标准的英文名称、标准的发布机构、标准的发布日期、标准的实施日期。此外,标准封面根据实际情况的需要,也可标出与相关国际标准的一致性的程度标志。

如果标准修订或代替了某项标准,应在封面上标出被修订或代替标准的编号。

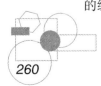

标准的编号应由团体标准代号、社会团体代号、标准顺序号和年号组成，格式为"T/ZZB 标准顺序号—年份号"，如图6-3-1。

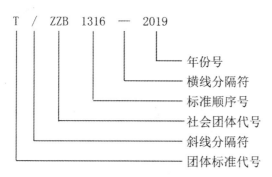

图6-3-1　标准的编号说明

标准名称可根据实际情况在高度概括、提炼、浓缩的基础上明确表示出标准的主题。标准名称宜由几个尽可能短的要素组成，其顺序由一般到特殊。通常，所使用的要素不多于以下三种情况：

（1）引导要素（可选）：表示标准所属的领域（可使用该标准的归口领域的名称）。

（2）主体要素（必备）：表示上述领域内标准所涉及的主要对象。

（3）补充要素（可选）：表示上述主要对象的特定方面，或给出区分该标准（或该部分）与其他标准（或其他部分）的细节。

示例：

ICS 00.00.00
中国标准文献分类号

团 体 标 准

T/ZZB ××××—××××

标准名称

标准名称英文

××××-××-××发布   ××××-××-××实施

浙江省品牌建设联合会　发布

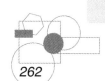

（二）目次（可选要素）

目次主要是为了显示标准的结构，方便查阅。目次所列的各项内容应根据标准的需要情况，按照以下顺序排列：

前言；

引言；

章；

带有标题的条；

附录；

附录中的章；

附录中的带有标题的条；

参考文献；

索引；

图；

表。

目次可根据需要列到章、条，但不应列出"术语和定义"一章中的术语。

示例1：

目　次

示例2：

目　次

示例3：

目　次

（三）前言（必备要素）

前言主要包括：标准编制所依据的起草规则（必备）、标准代替的全部或部分其他文件的说明（可选）、专利的说明（可选）、标准的提出信息（必备）、标准的牵头单位（必备）、标准的起草单位和主要起草人（可选）、标准评审专家组长（必备）等。前言中不应有要求和推荐的信息，也不应有公式、图和表等内容。

（1）标准编制所依据的起草规则。

本文件按照 GB/T 1.1—2020 给出的规则起草。

（2）标准代替的全部或部分内容的说明。

给出被代替的标准（含修改单）或其他文件的编号和名称，列出与前一版本相比的主要技术变化。

（3）专利的说明。

凡可能涉及专利的标准，如果尚未识别出涉及专利，则应说明相关内容。

（4）标准的提出信息。

标准的提出为浙江省品牌建设联合会（现为浙江省市场监督管理局）。

（5）标准的起草单位及主要起草人。

应由标准的发布机构确认。

示例：

前　言

本标准按GB/T 1.1—2009给出的规则起草。

本标准的某些内容可能涉及专利，本标准的发布机构不承担识别这些专利的责任。

本标准由浙江省品牌建设联合会提出并归口管理。

本标准由浙江省建材质量协会牵头组织制定。

本标准主要起草单位：浙江益森科技股份有限公司。

本标准参与起草单位（排名不分先后）：浙江大学建筑材料研究所、浙江省建材标准化技术委员会、浙江环宇建设集团有限公司。

本标准主要起草人：方伟烽、祝张法、王荣东、钱晓倩、方明晖、胡根荣、季剑锋、童仙敏、武双磊。

本标准评审专家组长：蒋建平。

本标准由浙江省建材质量协会负责解释。

（四）引言（可选要素）

如果需要，可给出标准的编制原因与目的，以及技术内容的特殊信息或说明，引言不应包含要求。

（五）标准名称（必备要素）

标准名称应简练并明确表示出标准的主题，以便与其他标准相区别。标准名称不应涉及不必要的细节。必要的补充说明应在范围中给出。标准名称应与封面中标准名称一致。

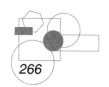

示例1：

民用PP-R塑料管材

Civilian polypropylene random copolymer (PP-R) plastic pipes

示例2：

螺锁式机械连接预应力混凝土方桩

Prestressed concrete square pile with bolt-shackle mechanical connection

（六）范围（必备要素）

范围为必备要素，一般置于标准正文的起始位置。范围应明确界定标准化对象和所涉及的各个方面，由此指明标准或其特定部分的适用界限。必要时，可指出标准不适用的界限。"本文件规定了……的要求/特性/尺寸/指示"；"本文件适用于……"；"本文件不适用于……"。

示例1：

1 范围

本标准规定了金属屋面用自粘防水卷材（以下简称卷材）的术语和定义、分类、基本要求、技术要求、试验方法、检验规则、标志、包装、运输及贮存和质量承诺。

本标准适用于以高聚物改性沥青为基料，卷材上表面材料为聚酯膜（PET）并覆以金属箔，下表面覆以隔离膜或隔离纸，用于金属屋面防水工程的无胎基自黏防水卷材。

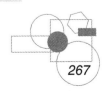

示例2：

> **1 范围**
>
> 本标准规定了城乡排水用共聚聚丙烯塑料检查井—井座（以下简称"井座"）的术语和定义、符号和缩略语、分类及标记、基本要求、技术要求、试验方法、检验规则、标志、包装、运输和贮存以及质量承诺。
>
> 本标准适用于城乡排水排污用，井底埋深不大于6 m……

（七）规范性引用文件（必备要素）

1.引导语

规范性引用文件清单应由以下引导语引出："下列文件中的内容通过文中的规范性引用而构成本文件必不可少的条款。其中，注日期的引用文件，仅该日期对应的版本适用于本文件；不注日期的引用文件，其最新版本（包括所有的修改单）适用于本文件。"

2.文件清单

文件清单中应列出该文件中规范性引用的每个文件，列出的文件之前不给出序号。根据文件中引用文件的具体情况，文件清单中应选择列出下列相应的内容：

（1）注日期的引用文件，给出"文件代号、顺序号及发布年份号和/或月份号"以及"文件名称"。

（2）不注日期的引用文件，给出"文件代号、顺序号"以及"文件名称"。

（3）不注日期引用文件的所有部分，给出"文件代号、顺序号"和"（所有部分）"以及"文件名称中的引导元素（如果有）和主体元素"。

（4）引用国际文件、国外其他出版物，给出"文件编号"或"文件代号、顺序号"以及"原文名称的中文译名"，并在其后的圆括号中给出原文名称。

列出标准化文件之外的其他引用文件和信息资源（印刷的、电子的或其他格式的），应遵守 GB/T 7714 确定的相关规则。

根据文件中引用文件的具体情况，文件清单中列出的引用文件的排列顺序为：

国家标准化文件。

行业标准化文件。

本行政区域的地方标准化文件。

团体标准化文件。

ISO、ISO/IEC 或 IEC 标准化文件。

其他机构或组织的标准化文件。

其他文献。

其中，国家标准、ISO 或 IEC 标准按文件顺序号排列；行业标准、地方标准、团体标准、其他国际标准化文件先按文件代号的拉丁字母和/或阿拉伯数字的顺序排列，再按文件顺序号排列。

示例：

> **2 规范性引用文件**
>
> 下列文件对于本文件的应用是必不可少的。凡是注日期的引用文件，仅注日期的版本适用于本文件。凡是不注日期的引用文件，其最新版本（包括所有的修改单）适用于本文件。
>
> GB 175 《通用硅酸盐水泥》。
>
> GB 6566 《建筑材料放射性核素限量》。
>
> GB/T 14684 《建设用砂》。
>
> GB/T 25181—2019 《预拌砂浆》。
>
> BB/T 0065 《干混砂浆包装袋》。
>
> JC/T 2182 《建材工业用干混砂浆混合机》。
>
> JGJ/T 70 《建筑砂浆基本性能试验方法标准》。

（八）术语和定义（必备/可选要素）

根据列出的术语和定义以及引用其他文件的具体情况，术语条目应分别由下列适当的引导语引出。

"下列术语和定义适用于本文件。"（如果仅该要素界定的术语和定义适用时）

"……界定的术语和定义适用于本文件。"（如果仅其他文件中界定的术语和定义适用时）

"……界定的以及下列术语和定义适用于本文件。"（如果其他文件以及该要素界定的术语和定义适用时）

如果没有需要界定的术语和定义，应在章标题下给出以下说明："本文件没有需要界定的术语和定义。"

示例1：

> **3 术语和定义**
> 下列术语和定义适用于本文件。
> 3.1　螺锁式机械连接件　bolt-shackle mechanical connector
> 通过一端的螺母以及另一端的卡锁将两根预应力筋对接的机械锁紧机构。

示例2：

> **3 术语和定义**
> GB/T 19685—2017 界定的以及下列术语和定义适用于本文件。

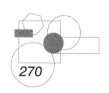

示例3：

> **3 术语和定义**
>
> 本文件没有需要界定的术语和定义。

（九）标准的主体内容（必备要素）

标准的主体内容是标准中规范性技术要素的主要组成部分，应该为产品和服务的生产、管理、供给过程等方面的编写对象提供必要的规则与要求，主体内容至少包含以下部分。

1.基本要求

基本要求分为4条：设计研发；原辅材料和零部件；工艺装备；检验检测。具体要求内容见本章第二节。

"设计研发"示例：

> **5.1 设计研发**
>
> 5.1.1 应根据外加剂用量与压力泌水率对应曲线值进行配合比设计。
>
> 5.1.2 应对新产品进行机械喷涂样板施工验证。

"原辅材料和零部件"示例：

5.2 材料和零部件

5.2.1 水泥

钢筒管用水泥优选普通硅酸盐水泥，水泥强度等级不应低于42.5 MPa。

5.2.2 细集料

管芯混凝土优先采用天然中砂，其含泥量不宜大于2%。保护层水泥砂浆优先采用天然细砂，其含泥量不应大于1%。

5.2.3 粗集料

管芯混凝土用粗集料优先采用人工碎石，石子的最大粒径不应大于31.5mm，且不得大于混凝土层厚度的2/5。

"工艺装备"示例：

5.3 工艺装备

5.3.1 生产线应有砂分级装置，分级后的砂应分别贮存。

5.3.2 生产设备应配备DCS自动化控制系统，并具有以下功能：

a）主要原材料自动计量、储存和输出系统。

b）主机设备电流电压的在线监测与自动控制。

c）气动阀门气压故障自动报警与联锁切断。

5.3.3 外加剂应采用微量给料装置自动给料。

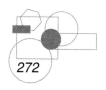

"检验检测"示例：

> **5.4 检验检测**
>
> 5.4.1 应采用压力泌水仪进行压力泌水率检测，应采用实体拉拔仪对施工后成品进行实体拉伸黏结强度检测。
>
> 5.4.2 应采用喷涂施工验证装备对产品进行施工性能检测。

2.技术要求

技术要求为"浙江制造"团体标准的核心技术要素，使用要求型条款。技术要求的编写应符合"五性并举"的要求，具体见本章第一节。

示例：

> **6 技术要求**
>
> **6.1 外观质量**
>
> 6.1.1 钢筒管外壁水泥砂浆保护层
>
> 成品管外壁水泥砂浆保护层不应出现任何空鼓、分层及剥落现象。
>
> 6.1.2 管芯混凝土
>
> 6.1.2.1 成品管承插口端部管芯混凝土不应有缺料、掉角、孔洞等瑕疵。
>
> 6.1.2.2 成品管内壁管芯混凝土表面应平整。内衬式管内表面不应出现浮渣、露石和浮浆；埋置式管内表面不应出现直径或深度大于 10 mm 孔洞或凹坑以及蜂窝麻面等不密实现象。
>
> 6.1.3 承插口工作面
>
> 成品管承插口工作面应光洁，不应粘有混凝土、水泥浆及其他脏物。
>
> 6.1.4 钢筒管外保护层
>
> 成品钢筒管外保护层不应出现任何空鼓、分层及剥落现象。

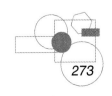

3.试验方法

试验方法应尽量引用国家标准与行业标准，若无现有的方法标准，编写的试验方法应由具备资质的检验检测机构进行核实和检测，并出具测试报告作为佐证性材料。

示例：

> **7 试验方法**
> **7.1 外观质量**
> 成品管外观质量及保护层制作质量按 GB/T 15345—2017 第 4.3 条的规定执行。
> **7.2 尺寸偏差**
> 成品管内径、钢筒管长度、承口工作面内径、插口工作面外径、在口深度、插口长度、水泥砂浆保护层厚度、承插口工作面椭圆度、端面倾斜度按 GB/T 15345—2017 第 5.3 条的规定执行。
> **7.3 管体裂缝**
> 成品管内壁、水泥砂浆保护层的裂缝宽度和裂缝长度按 GB/T 15345—2017 第 4.3.2 条的规定执行。
> **7.4 产品管内压抗裂性能**
> 按 GB/T 15345—2017 第 6.3 条的规定执行。

4.检验规则

检验规则内容一般包含检验分类、抽样原则与检验结果的判定。

示例:

> **8 检验规则**
> **8.1 检验分类**
> 检验分出厂检验和型式检验。
> **8.2 出厂检验**
> 8.2.1 检验项目
> 检验项目包括外观质量、管体裂缝、尺寸偏差、内压抗裂性能或外压抗裂性能、管芯混凝土抗压强度、保护层水泥砂浆抗压强度、保护层水泥砂浆吸水率。
> 8.2.2 抽样
> 抽样方法和数量见表×。
> 8.2.3 判定原则
> 所检项目全部符合本文件规定的钢筒管判为合格品。
> **8.3 型式检验**
> 8.3.1 检验条件
> 有下列情况之一时,应进行型式检验:
> a)新产品或老产品转厂生产的试制定型鉴定。
> b)正式生产后,如结构、材料、工艺有较大改变可能影响产品性能时。

5.标志、包装、运输与贮存

示例：

9 标志、运输、贮存和使用

9.1 标志

9.1.1 成品钢筒管出厂前，制造厂应对合格的钢筒管进行标志，具体内容包括：企业名称、产品商标、产品标记、保护层制作日期（双层缠丝时为外层保护层制作日期）和"严禁碰撞"等字样。

9.1.2 出厂证明书应包括以下内容：

a）钢筒管代号、公称内径、钢筒管长度、适用的工作压力和覆土深度、出厂批量、钢筒管编号及标准号。

b）产品外形及接头图示。

c）混凝土设计强度等级。

d）钢丝规格及钢丝极限抗拉强度标准值。

e）缠丝层数、缠丝螺距或配筋面积。

f）内压抗裂性能或外压抗裂性能检验结果。

g）橡胶圈检验合格证。

h）管芯生产日期、外层保护层制作日期和出厂日期。

i）生产厂厂名、生产许可证编号及商标。

j）生产厂质量检验员及检验部门签章。

6.质量承诺

示例：

10 质量承诺

10.1 自交付之日起，在正常使用情况下2年内出现钢筒管质量问题，由生产厂家负责免费维修和更换。

10.2 应对客户提出的问题2小时内做出响应，24小时内提出解决方案。

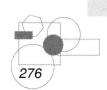

（十）资料性附录

示例：

附 录 A

（规范性）

预应力钢筒混凝土管基本尺寸

表 A.1 内衬式预应力钢筒混凝土管（PCCPL）基本尺寸

单位：mm

钢筒管品种	公称内径 D_o	最小管芯厚度 t_c	最小保护层净厚度	钢筒厚度 t_y	承口深度 C	插口长度 E	承口工作面内径 B_b	插口工作面外径 B_s	接头内间隙 J	接头外间隙 K	胶圈直径 d	有效长度 L_o	钢筒管长度 L	参考重量 t/m
单胶圈	400	40					493	493						0.23
	500	40					593	593						0.28
	600	40					693	693						0.31
	700	45					803	803						0.41
	800	50	25	1.5	93	93	913	913	15	15	20	5000	5078	0.50
	900	55					1023	1023				6000	6078	0.60
	1000	60					1133	1133						0.70
	1200	70					1353	1353						0.94
	1400	90					1593	1593						1.35
双胶圈	1000	60					1133	1133				5000	5135	0.70
	1200	70	25	1.5	160	160	1353	1353	25	25	20	6000	6135	0.94
	1400	90					1593	1593						1.35

（十一）索引（可选要素）

索引主要是为了满足方便查找文件中关键词（如章节、术语、图、表等）在文件中所在的编号位置。如果有索引，置于参考文献之后，宜另起一页。作为文件的最后一个要素，按关键词中汉字的汉语拼音顺序，引出对应的章、条、附录编号和/或图、表的编号。一个汉语拼音为一段的顺序排列。

在编写索引时，索引的顺序通常以关键词的汉语拼音字母顺序编排前后顺序，不应与条文中的章条次序或编号次序相一致。

（十二）终结线（必备要素）

在标准的最后一个要素之后，应有标准的终结线。终结线为居中的粗实线，长度为版心宽度的四分之一。终结线应排在标准的最后一个要素之后，不应另起一页编排。

示例：

"浙江制造"标准的必备要素有哪些？举例说明。

第四节 "浙江制造"标准要素表述规范性要求

一、概述

"浙江制造"团体标准要素由"条款和附件信息"组成，而要素有不同的表述形式，它主要包括：条文、图、表、数学公式、附录引用或提示等。本节将详细描述标准要素的规范性表述，在遵守三项原则基础上，详细介绍要素的内容以及要素的各种表述形式的编写。

二、文件表述的三原则

无论要素内容包含什么，也无论其表述形式如何，必须遵守文件表述的三原则：一致性、协调性和易用性。

（1）一致性原则：是标准化文件最基本的表述原则。它强调的是内部一致，在遵循一致性原则的基础上通常要考虑结构、文体、术语和形式等四方面内容。要求单个文件内或分为部分的文件各部分之间，其结构以及要素的表述宜保持一致，具体要求为：一是相同的条款宜使用相同的用语，类似的条款宜使用类似的用语；二是同一个概念宜使用同一个术语，避免使用同义词；三是相似内容的要素的标题和编号宜尽可能相同。

另外一致性对于帮助文件使用者理解文件（特别是分为部分的文件）的内容尤其重要。对于使用自动文本处理技术以及计算机辅助翻译也同样重要。

（2）协调性原则：它主要针对文件之间，强调的是与外部文件的协调，不得有冲突，做到起草的文件与现行有效的文件之间宜相互协调。如浙江制造团体标准编制时必须与国际、国家、行业标准之间的协调，以避免重复和不必要的差异。在起草标准化文件时，需要考虑四个方面的协调性：一是避免重复和不必要的差异，将针对一个标准化对象的规定宜尽可能集中在一个文件中，通用的内容宜规定在一个文件中，形成通用标准或通用部分；二是起草文件宜符合基础标准和领域内通用标准的有关条款；三是采用国际标准化文件，即如有适用的国际文件宜尽可能采用；四是采用引用的方式，需要使用文件自身其他位置的内容或其他文件中的内容时，宜采取引用或提示的表述形式。

（3）易用性原则：任何文件只有最终被引用才能发挥其有效的作用。易用性原则主要表现在两个方面：一是内容的表述要便于直接应用；二是便于被其他文件引用或剪裁使用以及被文件自身提示。

三、要素内容表述

（一）条款

构成要素的条款有要求、指示、推荐、允许和陈述等五种类型；也就是说，要素是由五种类型的条款构成的。条款可包含在规范性要素的条文，图表脚注、图与图题之间的段或表内的段中。

1.条款的表述

各种类型的条款要能够明确地区分。只有这样的文件，使用者才能识别这些条款，在声明其产品、过程或服务符合某个文件时，能够清晰地知道他需要满足的要求或执行的指示，并能够将这些要求或指示与其他可选择的条款（例如推荐、允许）区别开来。各种类型的条款通常使用不同的句子语气类型或能愿动词来表述，文件使用者也将通过这些句子语气类型或能愿动词识别出条款的类型。

（1）要求型条款：使用能愿动词"应"或"不应"来表达。

（2）指示型条款：通常用祈使句来表达。

（3）推荐型条款：使用能愿动词"宜"或"不宜"来表达，一方面表达原则性或方向性的指导，另一方面表示具体建议。

（4）允许型条款：使用能愿动词"可"或"不可"来表达。

（5）陈述型条款：可以使用能愿动词或陈述句来表达。

2.条款类型表述所用的能愿动词或句子语气类型

标准中不同类型条款的组合构成了标准中的各类要素，不同类型的条款应使用不同的能源动词或句子语气类型。标准中各类条款所使用的能源动词或句子语气类型可分为以下几种。

（1）要求。

主要是表达声明符合标准需要满足的准则，并且不准许存在偏差的条款。如：一般情况下使用"应"，特殊情况下也可使用"应该"或"只准许"；一般情况下使用"不应"，特殊情况下也可使用"不应该"或"不准许"。不使用"必须"作为"应"的替代词，以避免将文件的要求与外部约束相混淆。不使用"不可""不得""禁止"代替"不应"来表示禁止。不应使用诸如"应足够坚固""应较为便捷"等定性的要求（具体见GB/T1.1—2020第9.4.2条中关于"应"与一些常用词结合使用的规定）。

（2）提示。

在规程或试验方法中表示直接的指示。例如需要履行的行动、采取的步骤等，应使用祈使句。比如："开启记录仪。""在××××之前不启动该机械装置。"

（3）推荐。

表示推荐或指导应使用的能愿动词。其中：肯定形式用来表达建议的可能选择或认为特别适合的行动步骤，无须提及或排除其他可能性；否定形式用来表达某种可能选择或行动步骤不是首选的但也不是禁止的。如：一般情况下使用"宜"，特殊情况下也可使用"推荐"或"建议"；一般情况下使用"不宜"，特殊情况下也可使用"不推荐"或"不建议"。

（4）允许。

表示允许使用的能愿动词。如：一般情况下使用"可"，特殊情况下

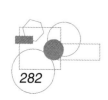

也可使用"可以"或"允许";一般情况下使用"不必",特殊情况下也可使用"无须"或"可以不"。在这种情况下,不使用"能""可能"代替"可"。

(5)陈述。

①表示需要去做完成指定事项的才能、适应性或特性等能力应使用的能愿动词。如:一般情况下使用"能",特殊情况下也可使用"能够";一般情况下使用"不能",特殊情况下也可使用"不能够"。在这种情况下,不使用"可""可能"代替"能"。

②表示预期的或可想到的物质、生理或因果关系导致的结果应使用的能愿动词。如:一般情况下使用"可能",特殊情况下也可使用"有可能";一般情况下使用"不可能",特殊情况下也可使用"没有可能"。在这种情况下,不使用"可""能"代替"可能"。

③一般性陈述的表述句子语气类型应使用陈述句,典型表述用词为"是、为、由、给出"等。例如:"章是文件层次划分的基本单元""再下方为附录标题""文件名称由尽可能短的几种元素组成""封面这一要素用来给出表明文件的信息"。

(二)附加信息

附加信息是附属于文件中的条款信息,仅对理解或使用文件起辅助作用,它通常由对事实的陈述组成,不应包含要求或指示型条款,也不应包含推荐或允许型条款。附加信息及其表述,如表6-4-1所示。

表6-4-1 "浙江制造"团体标准附加信息

附加信息	表述
示例/例如	应表述为事实的陈述,不应包含要求或指示推荐或允许型条款
注、条文脚注、图表脚注	典型句子语气类型:陈述句
事实/信息陈述	典型用词:见

1.示例或例如

（1）GB/T 1.1—2020第9.10条"示例"中，增加了"示例不宜单独设章或条"。示例较多或篇幅较大，尤其涉及多个图、表时，宜以"……示例"为标题形成资料性附录，且不宜每个示例、图或表均编为单独的附录；增加了示例新格式——内容置于线框内的示例，适用于给出的示例与编排格式有关或者易于与文中的条款相混淆的情形。

（2）示例属于附加信息，它通过具体例子帮助更好地理解或使用文件，不应包含要求。示例宜置于所涉及的章或条之下。

（3）每个章、条或术语条目中：只有一个示例时，应在示例的具体内容之前标明"示例"；有多个示例时，宜标明示例编号，在同一章（未分条）、条或术语条目中示例编号均从"示例1"开始即"示例1""示例2""示例3"等。

示例：

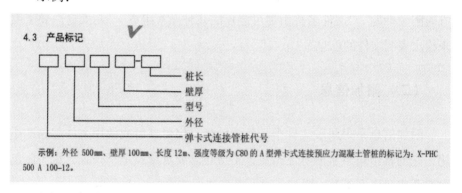

（4）示例格式：内容置于线框内的示例，它适用于给出的示例与编排格式有关或者易于与文中的条款相混淆的情形。

示例：

> **1.1　标题**
> 1.1.1　×××××××××××××××××××××××××××××
> ×××××××××××××××××××××××××××××。
> 　　示例：×××××××××××××××××××××××××××
> ×××××××××××××××××××××××××××××。
>
> **1.2　标题**
> 　　示例1：×××××××××××××××××××××××××××
> ×××××××××××××××××××××××××××××。
> 　　示例2：×××××××××××××××××××××××××××
> ×××××××××××××××××××××××××××××。
> 　　示例3：×××××××××××××××××××××××××××
> ×××××××××××××××××××××××××××××××。

2. 注

（1）注的要求。注属于附加信息，它只给出有助于理解或使用文件内容的说明，不应包含要求。按照注所处的位置，可分为条文中的注、术语条目中的注、图中的注和表中的注。条文中的"注"宜置于所涉及的章、条或段之下。术语条目中的"注"应置于示例（如有）之后（见GB/T 1.1—2020第8.7.3.1条）。图中的"注"应置于图题和图脚注（如有）之上。表中的"注"应置于表内下方，表脚注之上。

（2）每个章、条、术语条目、图或表中：只有一个注时，应在注的第一行内容之前标明"注"；有多个注时，应标明注编号，在同一章（不分条）或条、术语条目、图或表中，注的编号均从"注1"开始，即应标明"注1""注2""注3"等。（GB/T 1.1—2020第9.7.5条给出了图中注的示例，第9.8.5条中给出了表中的注的示例）

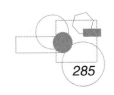

示例：

> **7 试验方法**
> 7.1 试验条件
> 7.1.1 试验设备
> 采用可将防盗安全门安装并固定住的一种试验设备，该设备在刚度和强度上应符合防盗安全门破坏性试验和操作功能试验的要求。该设备应可安装多种尺寸规格的防盗安全门，悬摆横梁应可上下、左右移动。
> 7.1.2 试验人员
> 7.1.2.1 试验人员应有开启门锁、门体的专门技能。试验人员应研究安全门的技术图纸所用材料特性，100%针对其薄弱环节确定试验先后顺序及试验具体部位。
> 7.1.2.2 由2名试验人员组成破坏性试验小组。试验小组根据产品具体情况确定试验条件。进行防盗安全门非正常开启试验时，两名试验人员轮流进行。其间歇时间总和不大于0.5倍的净工作时间。
> 注1：间歇时间包括休息时间、更换工具时间、观察分析样品时间。
> 注2：使用普通手工工具、便携式电动工具。
> 7.1.3 试验样品的安装
> 防盗安全门要按实际安装状态，安装在试验设备上或专用的试验固定支架上，然后进行功能检查和其他试验。

示例：

> 1.1 标题
>
>   注：×××××××××××××××××××××××××××××××××××××
> ×××××××××××××××××××××××××××××××××××××。
>
> 1.2 标题
>
>   ×××××××××××××××××××××××××××××××××××××
> ×××××××××××××××××××××××××××××××××××××。
>   注1：×××××××××××××××××××××××××××××××××××
> ×××××××××××××××××××××××××××××××××××××。
>   注2：×××××××××××××××××××××××××××××××××××
> ×××××××××××××××××××××××××××××××××××××。

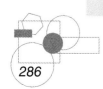

3.脚注

（1）条文脚注。

条文中的脚注属于附加信息，它只给出针对条文中的特定内容的附加说明，不应包含要求。条文脚注的使用宜尽可能少。条文的脚注应置于相关页面的左下方的细实线之下，即条文脚注和条文之间用一条细实线分开，细实线长度为版心宽度的四分之一，置于页面左侧。条文脚注编号应从"前言"开始，全文连续，编号形式通常应使用阿拉伯数字（后带半圆括号）从1开始对条文的脚注进行编号，即1），2），3）等。在条文中需注释的文字、符号之后应插入与脚注编号相同的上标数字[1]、[2]、[3]等标明脚注。特殊情况，例如为了避免与上标数字混淆，可用一个或多个星号，即*、**、***代替脚注的数字编号。

示例：

> 根据具体情况，该要素可并入技术要求（见第6.5条），或编制为文件的一个部分，也可编制为单独的文件[1]。
> [1]如果编制为文件的一个部分或单独的文件，那么形成的文件属于"分类标准"，不属于产品标准。

（2）图表脚注。

图表脚注与条文脚注的编写遵守不同的规则，图标脚注应置于图题之上，并紧跟图中的注。表脚注应置于表内的最下方，并紧跟表中的注。与条文脚注的编号不同，图表脚注编号应使用从"a"开始的上标形式的小写拉丁字母，即a，b，c等，在图或表中需注释的位置应插入与图表脚注编号相同的上标形式的小写拉丁字母表明脚注。每个图或表中的脚注应单独编号。（GB/T 1.1—2020第9.7.5条给出了图中的注的示例，第9.8.5条中给出了表中的注的示例）

图表脚注除给出附件信息之外，还应包括要求型条款。因此，编写脚注相关内容时，应使用适当的能愿动词或句子语气类型（见GB/T 1.1—2020附录C），以明确区分不同的条款类型。

4.清单、列表

清单或列表通常存在于资料性要素中，包括"规范性引用文件"和"参考性文件"中的文件清单和信息资源清单，"目次"中的目次列表和"索引"中的索引列表等。清单或列表通过提供相关的检索信息起到便于文件的使用或理解的作用。清单提供检索文件之外的其他文件信息，而列表提供检索或查找文件本身结构或关键内容的信息。

（1）清单：文件中"清单"的特点是除了给出文件的清单外不包含其他内容。如规范性引用文件中仅给出文件中引用的规范性引用文件清单，参考文献中仅给出文件中资料性引用或文件编制过程中参考的文件清单和信息资源清单。

（2）列表：文件中的"列表"并没有明显的表，表格形式是隐含的，但具有表格的功能。在索引中，通过提供主题词列表，帮助文件使用者在文件中快速检索需要的内容。在目次中，通过提供文件中章、条、图、表的标题列表，帮助文件使用者快速了解文件的结构，检索文件的内容。列表中的每一行都包含多项相互关联的内容：索引列表，关键词及对应的章、条、图、表编号；目次列表，章、条、图、表编号和标题对应的页码。

5.事实、信息的陈述

标准化文件的资料性要素"前言"，附件信息示例、注、脚注，只准许表述为事实的陈述，不应包括表述要求、推荐、允许型条款所使用的能愿动词及其等效表述，也不应使用祈使句。根据在文件中所起的作用，图、表、附录可以是资料性的，这种情况下相应的图、表、附录也应表述为事实、信息的陈述。

（三）通用内容

（1）何为通用内容？它是指表述文件内容时，常会遇到在某一章的许

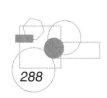

多条中，或在某一条的许多分条中都需要涉及某些相近、相似甚至一样的规定，我们称这些共同需要的内容为通用内容。

（2）通用内容不宜分散在文件的各处，而应相对集中表述。并且文件中某章/条的通用内容宜作为该章/条中最前面的一条。根据具体的内容可用"通用要求""通则""概述"作为条标题。通用要求用来规定某章/条中涉及的多条的要求，均应使用要求型条款。通则用来规定与某章/条的共性内容相关的或涉及多条的内容，使用的条款中应至少包含要求型条款，还可包含其他类型的条款，如推荐性条款。从概述的名称可看出，它是用来给出某章/条内容有关的陈述性或说明性的内容，应使用陈述型条款，不应包含要求、指示或推荐型条款。标准化文件，除非确有必要通常不设置"概述"。

四、条文

（一）汉字与标点符号

1.汉字

（1）文件中使用的汉字应为规范汉字，一般宜使用《通用规范汉字表》（教育部、国家语言文字工作委员会组织制定并由国务院于2013年6月5日公布），文件中的字体包括汉字、数字、字母，其字体应工整、清晰、美观、大方。

（2）文件中使用的字号和字体应符合GB/T1.1—2020附录F中表F.1的规定。

示例：

1 范围

本文件规定了自动链板式茶叶烘干机的术语和定义、型式与基本参数、基本要求、技术要求、试验方法、检验规则、标牌、使用说明书、包装、运输和贮存及质量承诺。

本文件适用于自动链板式茶叶烘干机（以下简称烘干机）。

2 规范性引用文件

下列文件中的内容通过文中的规范性引用而构成本文件必不可少的条款。其中，注日期的引用文件，仅该日期对应的版本适用于本文件；不注日期的引用文件，其最新版本（包括所有的修改单）适用于本文件。

GB/T 191 《包装储运图示标志》

GB/T 699—2015 《优质碳素结构钢》

GB/T 3785.1—2010 《电声学 声级计 第1部分：规范》

GB 4806.9 《食品安全国家标准 食品接触用金属材料及制品》

GB/T 5226.1—2019 《机械电气安全 机械电气设备 第1部分：通用技术条件》

GB/T 9286 《色漆和清漆 漆膜的划格试验》

GB/T 9480 《农林拖拉机和机械、草坪和园艺动力机械 使用说明书编写规则》

GB 10396 《农林拖拉机和机械、草坪和园艺动力机械 安全标志和危险图形 总则》

GB/T 13306 《标牌》

GB/T 20878—2007 《不锈钢和耐热钢 牌号及化学成分》

GB/T 23821 《机械安全 防止上下肢触及危险区的安全距离》

JB/T 5673—2015 《农林拖拉机及机涂漆 通用技术条件》

JB/T 6674—2016 《茶叶烘干机》

JB/T 7863 《茶叶机械 术语》

JB/T 8574 《农机具产品 型号编制规则》

LY/T 1094—2010 《林业机械 球果烘干机》

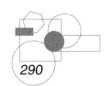

2.标点符号

文件中使用的标点符号应符合GB/T 15834的要求。英文中的标点符号应该符合相关的要求或规定。

示例：

> 1.1　双壁管 double wall pipe
> 由燃气内管、防护外管及内管支撑组成的用于船用燃气输送及安全防护的管道。
> 1.2　燃气内管 gas inner pipe
> 输送燃气并能承受工作压力的不锈钢管。
> 1.3　防护外管 protective outer pipe
> 形成通风及保护燃气内管的不锈钢管。

（二）常用词的使用

（1）"遵守""符合"用于不同的情形的表述："遵守"用于在实现符合性过程中涉及的人员或组织采取的行动的条款，"符合"用于规定产品/系统、过程或服务特性符合文件或其要求的条款，即需要"人"做到的用"遵守"，需要"物"达到的用"符合"。

示例：

> 洗涤物的含水量应符合表×中的规定。
> 文件的起草和表述应遵守……的规定。

（2）"尽可能""尽量""考虑"（"优先考虑""充分考虑"）以及"避免""慎重"等词语不应该与"应"一起使用表示要求，建议与"宜"一起使用表示推荐。

（3）"通常""一般""原则上"不应与"应""不应"一起使用表示要求，可与"宜""不宜"一起使用表示推荐。

（4）可使用"……情况下应……""只有/仅在……时，才应……""根据……情况，应……""除非……特殊情况，不应……"等表示有前提条件的要求，前提条件应清楚、明确。整体原则是包含"应"的要求型条款应有明确的内容与使用界限，不应与界限不确定的用词，如"通常"等一起使用。

示例：

> 只有文件中多次使用并需要说明某符号或缩略语时，才能列出该符号或缩略语。
>
> 根据所形成的文件的具体情况，应以此对下列内容建立目次列表。

（三）全称、简称和缩略语

（1）文件中应仅使用组织机构正在使用的全称和简称（或原文缩写）。

（2）如果在文件中某个词语或短语需要使用简称，那么在正文中第一次使用该词语或短语时，应在其后的圆括号中给出简称，以后则应使用该简称。

示例：

> ……公共信息图形符号（以下简称"图形符号"）。

（3）如果文件中未给出缩略语清单（见 GB/T 1.1—2020 第 8.8 条），但需要使用拉丁字母组成的缩略语，那么在正文中第一次使用时，应给出缩略语对应的中文词语或解释，并将缩略语置于其后的圆括号中，以后则应使用缩略语。

拉丁字母组成的缩略语的使用宜慎重，只有在不引起混淆的情况下才可使用。

缩略语宜由大写拉丁字母组成，每个字母后面没有下脚点（例如

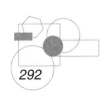

DNA)。由于历史或技术原因，个别情况下约定俗成的缩略语可使用不同的方式书写。

（四）数和数值的表示

（1）表示物理量的数值，应使用后跟法定计量单位符号（见 GB/T 1—1—2020 中第 9，4，7 条）的阿拉伯数字。

（2）数字的用法应遵守 GB/T 15835 的规定。

（3）运算符号乘号（×）应用于表示以小数形式写作的数和数值的乘积、向量积和笛卡尔积。

示例 1： $Z = 2.5 \times 103 \ m$

示例 2： $IG = I1 \times I2$

运算符号乘号（·）应该用于表示向量的无向积和类似的情况，还可用于表示标量的乘积以及组合单位。

示例 3： $U = R \cdot I$

示例 4： $rad \cdot m^2/kg$

在一些情况下，乘号可省略。

示例 5： $4c - 5d, 6ab, 7(a+b), 31n^2$

GB/T 3102.11 给出了数字乘法符号的概览。

诸如：$\dfrac{V}{km/h}$，$\dfrac{l}{m}$，$\dfrac{t}{s}$ 或 $v/(km/h)$，l/m 和 t/s 之类的数值表示法适用于图的坐标轴和表的表头栏中。

（五）尺寸与公差

（1）尺寸应以无歧义的方式表示，尺寸以毫米（mm）为单位时，可以不必写出长度单位，其他的尺寸均有写出其长度单位，如：米（m）、厘米（cm）、微米（μm）等。

示例：$80mm \times 35mm \times 50mm$［不能写作 $80 \times 35 \times 50mm$ 或 $(80 \times 35 \times 50) mm$］

（2）公差应以无歧义的方式表示，通常使用最大值、最小值，带有公差的值或量的范围值表示。

示例：

> $80\mu F \pm 2\mu F$ 或（80 ± 2）μF（不能写作 $80\pm2\mu F$）
>
> $10kPa$—$12kPa$（不能写作 10—$12kPa$）
>
> $0℃$—$15℃$（不能写作 0—$15℃$）

（3）为了避免误解，百分数的公差应以正确的数学形式表示，如：用"63%—67%"表示范围、用"（65±2）%"表示带有公差的中心值，不应使用"65±2%"或"65%±2%"的形式。

（4）平面角宜用单位度（°）表示，例如 17.25°。

示例：

表 6-4-2 双壁管尺寸公差

序号	双壁管级别	双壁管规格 Di/Do	钢管及管件匹配错边量/mm	同心度/mm	焊缝收缩量/mm	角偏差/mm	坡口角度/°	支撑接触面积百分比/%
1		DN20/DN80	≤1	±2	≤2	±1.5	30±2.5	95
2		DN25/DN80	≤1	±2	≤2	±1.5	30±2.5	95
3		DN32/DN80	≤1	±2	≤2	±1.5	30±2.5	95
4		DN40/DN100	≤1	±2	≤2	±1.5	30±2.5	95
5		DN50/DN100	≤1	±2	≤2	±1.5	30±2.5	95
6		DN65/DN125	≤1	±2	≤2	±1.5	30±2.5	95
7		DN80/DN125	≤1	±2	≤2	±1.5	30±2.5	95
8	L1 L2	DN100/DN150	≤1	±2	≤2	±1.5	30±2.5	95
9		DN125/DN200	≤1	±2	≤2	±1.5	30±2.5	95
10		DN150/DN250	≤1	±2	≤2	±1.5	30±2.5	95
11		DN200/DN300	≤1	±2	≤2	±1.5	30±2.5	95
12		DN250/DN350	≤1	±3	≤2	±1.5	30±2.5	95
13		DN300/DN400	≤1	±3	≤2	±2.0	30±2.5	95
14		DN350/DN450	≤1	±3	≤2	±2.0	30±2.5	95
15		DN400/DN500	≤1	±3	≤2	±2.0	30±2.5	95
16		DN450/DN550	≤1	±3	≤2	±2.0	30±2.5	95
17		DN20/DN100	≤1	±3	≤2	±2.0	30±2.5	95
18		DN25/DN100	≤1	±3	≤2	±2.0	30±2.5	95
19	H1 H2 H3	DN32/DN100	≤1	±3	≤2	±2.0	30±2.5	95
20		DN40/DN100	≤1	±3	≤2	±2.0	30±2.5	95
21		DN50/DN150	≤1	±3	≤2	±2.0	30±2.5	95
22		DN65/DN150	≤1	±3	≤2	±2.0	30±2.5	95

（六）数值的选择

1.极限值

对于某些用途，有必要规定极限值（最大值/最小值）。通常一个特性规定一个极限值，但有多个广泛使用的类别或等级时，则需要规定多个极限值。

2.选择值

对于某些目的，特别是品种控制和接口的目的，可选择多个数值或数系。适用时，应按照 GB/T 321 （进一步的指南见 GB/T 19763 和 GB/T 15764）给出的优先数系，或按照模数制或其他决定性因素选择数值或数系。对于电工领域，IEC 指南 103 给出了推荐使用的尺寸量纲制。

当试图对一个拟定的数系标准化时，应检查是否有现成的被广泛接受的数系。

选择优先数系时，宜注意非整数（例如，数 3.15）有时可能带来不便或规定了不必要的高精度。这种情况下，需要对非整数进行修约（见 GB/T 19764）。宜避免由于一个文件中同时包含了精确值和修约值，而导致不同的文件使用者选择不同的值。

（七）量、单位及其符号

文件中的量、单位及其符号宜使用"国际单位制（SI）单位"和"可与国际单位制单位并行使用的我国法定计量单位"中规定的法定计量单位。表示量值时，应写出其计量单位。度、分和秒（平面角）的单位符号应紧跟数值后，所有其他单位符号前空 1/4 个汉字的间隙。

文件中使用的量单位及其符号应从 GB/T 3101、GB/T 3102（所有部分）、ISO 8000（所有部分）和 IEC 8000（所有部分）以及 GB/T 14559，IEC60027（所有部分）中选择并符合规定。进一步的使用规则见 GB 3100。

（八）引用和提示

详见GB/T 1.1—2020标准第9.5条。

五、要素内容的其他表述形式

（一）图

GB/T 1.1—2020第9.7条款"图"中，修改了图的用法的表述，如将2009版中"只有在确需连续色调的图片时才可使用照片"改为"如果图不可能使用线图来表示，可使用图片和其他媒介"；文件中各类图形的绘制需要遵守相应的规则。其增加了如下内容：文件内容图形化之处应使用适当的能愿动词或句子语气类型指明该图所表示的条款类型，并同时提及该图的图编号；转页接排新格式"（第#页/共*页）"；"在流程图和组织系统图中，允许使用文字描述"。上述内容，丰富了标准化文件所引用图的类型和方式、表述形式，以及图的转页接排格式，更利于在标准化文件编制时根据实际，提高对图的合理使用程度。

1.图的用法

（1）图是文件内容的图形化表现形式。当用图呈现比使用文字更便于对相关内容的理解与应用时，宜使用图；如果图不可能使用线图来表示，可使用图片和其他媒介，每幅图在条文中均应明确提及。

（2）文件内容图形化之处应使用适当的能愿动词或句子语气类型指明该图所表示的条款类型（见GB/T 1.1—2020附录C），并同时提及该图的图编号。

示例：

……的结构应与图2相符合。
……的循环过程见图3。

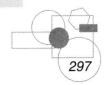

（3）图的形式：文件中各类图形的绘制需要遵守相应的规则。以下列出的国家标准是绘图必须遵循的规则：

——机械工程制图：GB/T 1182；GB/T 4458.1；GB/T 4458.6；GB/T 14691（所有部分）；GB/T 17450；ISO 128—30；ISO 128—40；ISO 129（所有部分）。

——电路图和接线图：GB/T 5094（所有部分）；GB/T 6998.1；GB/T 16679。

——流程图：GB/T 1526。

2.图的编号

每幅图均应有编号，图的编号由"图"和从1开始的阿拉伯数字组成，例如"图1""图2"等。只有一幅图时，仍应给出编号"图1"。图的编号从引言开始一直连续到附录之前，并与章、条和表的编号无关。

示例：

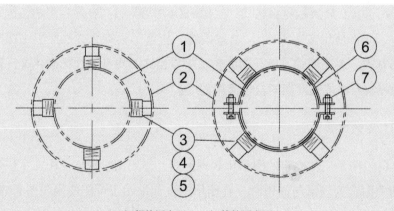

a）焊接固定型   b）管箍固定型

标引序列说明：

1—燃气内管 2—防护外管 3—支撑滑块 4—支撑弹性垫 5—支撑座 6—管箍 7—紧固件

注：双壁管内管支撑结构分为焊接固定型和管箍固定型。焊接固定型通常用于燃气内管设计压力1.6MPa以下的双壁管；高于此压力用管箍固定型，其中燃气内管在支撑位置所需的支撑规格和数量需根据燃气内管通径来选取，必须满足管路分析计算的要求。

图1   双壁管内管支撑图

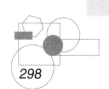

3.图题

图题为图的名称。每幅图一般情况下宜有图题，标准中的图有无图题应一致。

4.图中的字母符号、标引序号和标记

（1）字母符号。

图中用于表示角度或线性量的字母应符合GB/T 3102.1的规定，必要时使用下标以区分特定符号的不同用途。

图中表示各种长度时使用符号系列l_1、l_2、l_3等，而不能使用A，B，C或a，b，c等符号。

如果图中所有量的单位均相同，应在图的右上方用一句适当的关于单位的陈述（例如"单位为毫米"）表示。

（2）标引序号和标记。

在图中应使用标引序号或图脚注代替文字描述，文字描述的内容在标引序号说明或图脚注中给出。

在曲线图中，坐标轴上的标记不应以标引序号代替，以避免标引序号的数字与坐标轴上数值的数字相混淆。曲线图中的曲线、线条等的标记应以标引序号代替。

在流程图和组织系统图中，允许使用文字描述。

示例：

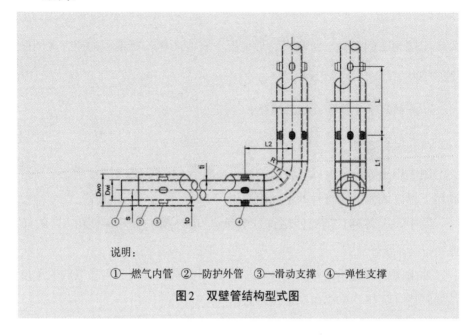

说明：

①—燃气内管 ②—防护外管 ③—滑动支撑 ④—弹性支撑

图2 双壁管结构型式图

5.图的转页接排

如果某幅图需要转页接排，在随后接排该图的各页上应重复图的编号，后接图题（可选）和"（续）"或"（第#页/共*页）"，其中#为该图当前的页面序数，*是该图所占页面的总数，均使用阿拉伯数字。续图均应重复"关于单位的陈述"（见GB/t1.1—2020第9.7.4.1条款）。

示例：

图×（续）

图×图题（续）

图×（第2页/共3页）

图×图题（第2页/共3页）

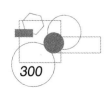

6.图注

图注应区别于条文的注，图注应置于图题和图的脚注（如有）之上/前。图中只有一个注时，应在注的第一行文字前标明"注:"；图中有多个注时，应标明"注1:""注2:""注3:"等。每幅图的图注宜单独编号。

图注不应包含要求或对文件应用的信息。关于图的内容的任何要求应在条文、图的脚注或图和图题之间的段中给出。

示例：

注1：×××××××××××××××××××××××××
××××××××××××××××××××××××××。
注2：××××××××××××××××××××××××
××××××××××××××××××××××××。
^{a}脚注的内容。
^{b}脚注的内容。

图× 图题

8.图的脚注

图的脚注区别于条文的脚注。图的脚注置于图题之上，并紧跟图注。使用上标形式的小写拉丁字母从""^{a}""开始对图的脚注进行编号，即^a，^{b}等。在图中需注释的位置应以相同上标形式的小写拉丁字母标明图的脚注。每幅图的脚注宜单独编号。特殊情况，例如为了避免与上标数字混淆，可用一个或多个星号，即*、**、***代替脚注的数字编号。

9.分图

（1）分图的用法。

分图会使文件的编排和管理变得复杂，只要可能，宜避免使用分图。只有当图的表示或内容的理解特别需要时即对文件的内容理解必不可少时（例如各个分图共用诸如"图题""标引号说明""段"等内容）才可使用。对于零、部件不同方向的视图、剖面图、断面图和局部放大图不宜作为分图。

（2）分图的编号和编排。

只准许对图作一个层次的细分。分图应使用后带半圆括号的小写拉丁字母编号，例如：图1可包含分图a)，图b)，图c)……，不应使用其他形式的编号，例如：1.1，1.2、……，1-1，1-2，……形式。

如果每个分图中都包含了使用各自的标引序号说明、图中的注、或图脚注，那么应调整为单独的图。

（二）表

GB/T 1.1—2020第9.8.3条"表的转页接排"中，增加了转页接排中续表表题的格式"（第#页/共*页）"；推荐使用表格的表头使用单位符号置于相应的表头中量的名称之下的格式。

1.表的用法

（1）表是文件内容的表格化表述形式。当用表呈现比使用文字更便于对相关内容的理解时，宜使用表。表的表述形式多种多样，但越简单越好，应根据具体的情况，按照满足有关要求的前提下合理正确地进行表达。每个表在条文中均应有明确提及，创建几个表比试图将太多内容整合一个表格更好。

（2）在将文件内容表格化之处应通过使用适当的能愿动词或句子语气

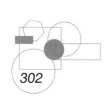

类型（见GB/T 1.1—2020附录C）指明该表所表示的条款类型，并同时提及该表的表编号。

示例：

> ……的技术特性应符合表×给出的特性值。
> ……的相关信息见表××。

（3）不准许将表细分为分表，例如将"表2"分为"表2a""表2b"等，也不准许表中套表或表中含有带表头的字表，也不宜将表再分为次级表。

2.表的编号

每个表均应有编号。表的编号由"表"和从1开始的阿拉伯数字组成，例如"表1""表2"……只有一个表时，仍应给出编号"表1"。表的编号从引言开始一直连续到附录之前，并与章、条和图的编号无关。

示例：

表1 钢筋的重量偏差、断后伸长率要求

钢筋牌号	重量偏差 Δ（%）		断后伸长率 A(%)
	公称直径6—12（mm）	公称直径14—20（mm）	
HPB300	±6.0	±5.0	≥25
HRB400，HRBF400	±6.0	±5.0	≥16
HRB400E，HRBF400E	±6.0	±5.0	—

注：断后伸长率 A 的量测标距为5倍钢筋直径。

表2 外观质量

序号	项目	质量要求
1	露筋	不应有
2	孔洞	不应有
3	蜂窝	不应有
4	麻面	不应有
5	裂缝	不应有
6	缺棱掉角	不应有
7	沾污	不应有
8	疏松	不应有
9	预埋件松动	不应有

注1：露筋指板内钢筋未被混凝土包裹而外露的缺陷。
注2：孔洞指混凝土中孔穴深度和直径均超过保护层厚度的缺陷。
注3：蜂窝指混凝土表面缺少水泥砂浆而形成的石子外露的缺陷。
注4：麻面指混凝土表面呈现小凹点群。
注5：裂缝指从板混凝土表面延伸至内部的缝隙。
注6：沾污指板表面有油污或其他黏杂物。

3.表题

表题即表的名称。每个表宜有表题，标准中的表有无表题应一致。

4.表头

每个表应有表头。表头通常位于表的上方，特殊情况下出于表述的需要，也可位于表的左侧边栏。表中各栏/行使用的单位完全相同时，宜将单位符号置于相应的表头中的名称之下。表的形式应根据所表达的内容进行合理的布局，达到正确使用的目的。

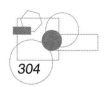

示例：

类型	线密度 kg/m	内圆直径 mm	外圆直径 mm

适用时，表头可用量和单位的符号表示。需要时，可在指明表的条文中或在表中注对相应的符号予以解释。

示例：

类型	ρ （/kg/m）	d/mm	D/mm

如果表中所有量的单位均相同，应在表的右上方用一句适当的关于单位的陈述（例如"单位为毫米"）代替各栏中的单位符号。

示例：

单位：mm

类型	长度	内圆直径	外圆直径

表头中不允许使用斜线。

示例（不正确的表头）：

尺寸 类型	长度	内圆直径	外圆直径

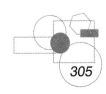

示例（正确的表头）：

尺寸	类型		
	A	B	C

5.表的转页接排

当某个表需要转页接排，则随后接排该表的各页上应重复表的编号、后接表题（可选）或"（续）""（第#页/共*页）"，其中#为该表当前的页面序数，*是该表所占页面的总数，均使用阿拉伯数字。续表均应重复表头和"关于单位的陈述"（见GB/T 1.1—2020第9.8.4条款）。

示例：

表4（第2页/共5页）

6.表注

表注区别于条文的注。表注应置于表中，并位于表的脚注之前。表中只有一个注时，应在注的第一行文字前标明"注:"；表中有多个注时，应标明"注1:""注2:""注3:"……每个表的表注应单独编号。表注不应包含要求或对标准的应用信息。关于表的内容的任何要求应在条文、表的脚注或表内的段中给出。表的内容的任何要求应在条文、表的脚注或表内的段中给出。

7.表的脚注

表的脚注区别于条文的脚注。表的脚注应置于表中，并紧跟表注。用小写拉丁字母从a开始对表的脚注进行编号，即a，b，c，……在表中需注释的位置应以相同的小写拉丁字母标明表的脚注。每个表的脚注应单独编号。表的脚注可包含要求。因此，起草表的脚注的内容时应使用适当的助动词，以明确区分不同类型的条款。

示例：

序号	长度	内圆直径	外圆直径
1	L^1	D^t	r
2	L^2	$D2^{b,c}$	r

注1：×××。

注2：××。

[a]脚注的内容。
[b]脚注的内容。
[c]脚注的内容。

（三）数学公式

1.用法

数学公式是文件内容的一种表述形式，当需要使用符号表示量之间关系时宜使用数学公式。在量关系式和数值关系式之间应首选量关系式。公式应以正确的数学形式表示，由字母符号表示的变量应随公式对其含义进行解释，但已在"符号、代号和缩略语"一章中列出的字母符号除外。

2.数学公式中的编号

如果需要引用或提示，需要对标准中的公式进行编号，则应使用带圆括号从1开始的阿拉伯数字对数学公式进行编号。

示例：

$$a^2 + b^2 = c^2 \qquad (1)$$

公式的编号应从引言开始一直连续到附录之前，并与章、条、图和表的编号无关。附录中的数学公式编号见 GB/T 1.1—2020 第 9.6.3.1 条款。不准许将数学公式进一步细分，例如将公式"（2）"分为"（2a）"和"（2b）"。

3.表示

（1）数学公式应以正确的数学形式表示。数学公式通常使用量关系式表示，变量应由字母符号来代表。除非已经在"符号和缩略语"中列出，否则应在数学公式后用"式中："引出对字母符号含义的解释。

示例：

$$v = l/t$$

式中：

v——匀速运动质点的速度；

l——运行距离；

t——时间间隔。

特殊情况下，数学公式如果使用了数值关系式，应明确表示数值的符号，并给出单位。

示例：

$$v = 3.6 * l/t$$

式中：

v——匀速运动质点的速度的数值,单位为千米每小时(km/h)；

l——运行距离的数值,单位为米(m)；

t——时间间隔的数值,单位为秒(s)。

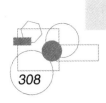

一个文件中同一个符号不应既表示一个物理量，又表示其对应的数值。例如，在一个文件中既使用示例1的数学公式，又使用示例2的数学公式，就意味着l=3.6，这显然不正确。

数学公式不应使用量的名称或描述量的术语表示。量的名称或多字母缩略术语，不论正体或斜体，亦不论是否含有下标，都不应该用来代替量的符号，数学公式中不应使用单位的符号。

示例：

正确： $\rho=m/V$ 　　不正确:密度=质量/体积

示例：

正确：　　　　　　　　　　不正确：

$\dim(E)=\dim(F)*\dim(l)$　　$\dim(能量)=\dim(力)*\dim(长度)$ 或

E——能量；　　　　　　　　$\dim(能量)=\dim(力)*\dim(长度)$

F——力；

l——长度。

（2）一个文件中同一个符号不宜代表不同的量，可用下标区分表示相关概念的符号。

（3）在文件的条文中应避免使用多于一行的表示形式（见示例1）。在公式中应尽可能避免使用多于一个层次的上标或下标符号（见示例2），还应避免使用多于两行的表示形式（见示例3）。

示例1:在条文中a/b优于$\dfrac{a}{b}$

示例2: $D_{1,max}$优于D_{1max}

示例3:在公式中,使用$\dfrac{\sin[(N+1)\varphi/2]\sin(N\varphi/2)}{\sin(\varphi/2)}=\cdots\cdots$ 而不使用$\dfrac{\sin\frac{(N+1)}{2}\varphi]\sin(\frac{N}{2}\varphi)}{\sin(\frac{\varphi}{2})}=\cdots\cdots$

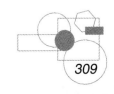

（五）符号、代号和缩略语

（1）界定和构成。符号和缩略语这一要素用来给出为理解文件所必须的、文件中使用的符号和缩略语的说明和定义，由引导语和带有说明的符号和/或缩略语清单构成。如果需要设置符号或缩略语，宜作为文件的第4章。如果为了反映技术准则，符号需以特定次序列出时，那么该要素可以细分为条，每条应给出条标题；根据编写的需要，该要素可并入"术语和定义"（具体见GB/T1.1—2020第8.7条），即为了方便使用，一般情况下缩略语内容较多时可以独立成为一章；在内容较少的情况下也可将缩略语与"术语和定义"放在一个标题之下，成为其中的一节内容。

（2）引导语。根据列出的符号、缩略语的具体情况，符号和/或缩略语应分别由下列适当的引导语引出：

——"下列符号适用于本文件"（如果该要素列出的符号适用时）。

——"下列缩略语适用于本文件"（如果该要素列出的缩略语适用时）。

——"下列符号和缩略语适用于本文件"（如果该要素列出的符号和缩略语适用时）。

（3）清单和说明。

无论该要素是否分条，清单中的符号和缩略语之前均不给出序号，且宜按下列规则以字母顺序列出。

①符号、代号和缩略语是条文的组成部分，也是为了帮助正确理解条文所用，符号、代号和缩略语的大小在标准中应与5号字体配套成比例。

②缩略语和代号宜按照以下次序以字母顺序列出。

——大写拉丁字母置于小写拉丁字母之前（A，a，B，b）。

——无角标的字母置于有角标的字母之前，有字母角标的字母置于数字角标之前（B，b，C，Cm，C2，c，d，dert，dint，di等）。

——希腊字母置于拉丁字母之后（Z，z，A，α，B，β…Γ，λ等）。

——其他特殊符号置于最后。

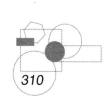

③符号和缩略语的说明或定义宜使用陈述型条款，不应包含要求和推荐型条款。新增内容良好地提高了起草者对条款的理解，可操作性得到加强。

示例：

3 术语和定义

GB/T 13663.1—2017、GB/T 19278 界定的术语和定义适用于本文件。

4 符号和缩略语

4.1 符号

下列符号适用于本文件。

C：	总体使用（设计）系数
DN：	公称尺寸
d_a：	任一点外径
d_{em}：	平均外径
$D_{em,max}$：	最大平均外径
$D_{em,min}$：	最小平均外径
d_{im}：	平均内径
d_n：	公称外径
e_m：	平均壁厚
e_n：	公称壁厚
e_y：	任一点壁厚
$E_{y,max}$：	最大壁厚
$E_{y,min}$：	最小壁厚
f_r：	工作温度下的压力折减系数
t_y：	壁厚公差
σ_{LPL}：	预测静液压强度置信下限
σ^s：	设计应力

（六）附录

1.用法

（1）附录用来承接和安置不便在文件正文、前言或引言中表述的内容，它是对正文、前言或引言的补充或附加，它的设置可以使文件的结构更加平衡。附录的内容源自正文、前言或引言中的内容。当正文规范性要素中的某些内容过长或属于附加条款，可以将一些细节或附加条款移出形成规范性附录。当文件中的示例、信息说明或数据等过多，可以将其移出形成资料性附录。

（2）规范性附录给出正文的补充或附加条款；资料性附录给出有助于理解或使用文件的附加信息。附录的规范性或资料性的作用应在目次（见GB/T 1.1—2020第8.2条）中和附录编号之下标明（见GB/T 1.1—2020第9.6.2条），并且在将正文、前言或引言的内容移到附录之处还应通过使用适当的表述形式予以指明，同时提及该附录的编号。

文件中下列表述形式提及的附录属于规范性附录：

①任何文件中，由要求型条款或指示型条款指明的附录。

②规范标准中，由"按"或"按照"指明试验方法的附录。

③指南标准中，由推荐型条款指明的附录。

示例1：……应符合附录A的规定。

其他表述形式指明的附录都属于资料性附录。

示例2：……相关示例见附录D。

2.附录的位置、编号和标题

附录应位于正文之后、参考文献之前。附录的顺序取决于其被移作附录之前所处位置的前后顺序。每个附录均应有附录编号。附录编号由"附录"和随后表明顺序的大写拉丁字母组成，字母从 A 开始，例如"附录A""附录 B"等。只有一个附录时，仍应给出附录编号"附录A"。附录编号之下应标明附录的作用——即"（规范性）"或"（资料性）"，再下方为附录标题。

3.附录的细分

（1）附录可以分为条，条还可以细分。每个附录中的条、图、表和数学公式的编号均应重新从1开始，应在阿拉伯数字编号之前加上表明附录顺序的大写拉丁字母，字母后跟下脚点。例如附录 A 中的条用"A.1""A.1.1""A.1.2"…"A.2"…表示；图用"图 A.1""图 A.2"…表示；表用"表 A.l""表 A.2"…表示；数学公式用"（A.1）""（A.2）"…表示。

（2）附录中不准许设置"范围""规范性引用文件""术语和定义"等内容。

六、其他规则

（一）商品名和商标的使用

在文件中应给出产品的正确名称或描述，而不应给出商品名或商标。特定产品的专用商品名或商标，即使是通常使用的，也宜尽可能避免。如果在特殊情况下不能避免使用商品名或商标，应指明其性质。例如对于注册商标用符号®指明，对于商标用符号TM指明。

示例，用"聚四氟乙烯（PTFE）"，而不用"特氟纶®"。

如果适用某文件的产品目前只有一种，那么在该文件中可以给出该产品的商品名或商标，但应附上如下脚注。

"X）…（产品的商品名或商标）…是由…（供应商）…提供的产品的（商品名或商标）。给出这一信息是为了方便本文件使用者，并不表示对该产品的认可。如果其他产品具有相同的效果，那么可使用这些等效产品。"

如果由于产品特性难以详细描述，而有必要给出适用某文件的市售产品的一个或多个实例，那么可在如下脚注中给出这些商品名或商标。

"X）……〔产品（或多个产品）的商品名（或多个商品名）或商标（或多个商标）〕……是适合的市售产品的实例（或多个实例）。给出这一信息是为了方便本文件使用者，并不表示对这个（这些）产品的认可。"

（二）专利

1.专利信息的征集

征求意见稿和送审稿的封面显著位置应有如下说明："在提交反馈意见时，请将您知道的相关专利连同支持性文件一并附上。"

2.尚未识别出涉及专利

如果标准编制过程中没有识别出标准的技术内容涉及专利，标准的前言中应有如下内容：

"请注意本文件的某些内容可能涉及专利。本文件的发布机构不承担识别这些专利的责任。"

3.已经识别出涉及专利

如果标准编制过程中已经识别出标准的某些技术内容涉及专利，标准的引言中应有如下内容：

本文件的发布机构提请注意，声明符合本文件时，可能涉及……（条）……与……（内容）……相关的专利的使用。

本文件的发布机构对于该专利的真实性、有效性和范围无任何立场。

该专利持有人已向本文件的发布机构保证，他愿意同任何申请人在合理且无歧视的条款和条件下，就专利授权许可进行谈判。该专利持有人的声明已在本文件的发布机构备案。相关信息可以通过以下联系方式获得：

专利持有人姓名：……

地址：……

请注意除上述专利外，本文件的某些内容仍可能涉及专利。本文件的发布机构不承担识别这些专利的责任。

（三）重要提示

特殊情况下，如果需要给文件使用者一个涉及整个文件内容的提示（通常涉及人身安全或健康），以便引起注意，那么可在正文首页文件名称与"范围"之间以"重要提示:"或者按照程度以"危险:""警告:"或"注意:"开头，随后给出相关内容。在涉及人身安全或健康的文件中需要考虑是否给出相关的重要提示。

思　考　题

1.阐述"浙江制造"标准要素编制规范性编写要求中"文件三原则"的具体内容。

2."浙江制造"标准条文中对"符号、代号和缩略语"的编写有何要求？

3."浙江制造"标准编制对专利的使用有何规定？

第七章　建材『浙江制造』标准案例浅析

　　本章主要针对建材行业的特点，选择已经制定和认证体系比较完整的建材行业 "浙江制造" 标准制修订及实施全过程的案例进行分析和总结，其目的是引导建材企业积极主动参与 "浙江制造" 标准制修订，满足浙江省市场监督管理局对 "浙江制造" 标准制定的质量要求。

第一节　T/ZZB 0775—2018《挡墙护坡用混凝土生态砌块》标准浅析

为贯彻习近平总书记"绿水青山就是金山银山"的绿色发展理念，浙江省委、省政府发布了美丽河湖建设实施方案，提出到2022年，全省建成安全流畅、生态健康、水清景美、人文彰显、管护高效、人水和谐的美丽河湖体系。嘉兴五丰生态环境科技有限公司向原浙江省品牌建设联合会提出《挡墙护坡用混凝土生态砌块》"浙江制造"团体标准的编制立项申请，对挡墙护坡用混凝土生态砌块研发、生产设备、原材料、检验检测、质量承诺等方面提出了要求，原浙江省品牌建设联合会于2018年11月23日颁布了 TZZB 0775—2018《挡墙护坡用混凝土生态砌块》。

一、项目背景

为保证传统的护岸护坡挡土固坡、防御冲刷等基本功能，又能丰富河岸的生态、景观功能，扩大应用范围，提高施工效率，降低工程造价，并产生良好的生态效益、环境效益和社会效益。浙江省以嘉兴五丰生态环境科技有限公司为首的一批企业，研究开发了"挡墙护坡用混凝土生态砌块"。该产品在起到挡土护坡功能的同时，又能为水生动植物生存、栖息提供良好的生态环境；在生产工艺方面自主研发了生态腔技术、灌浆孔技术、错位接砌筑工法的先进工艺技术。该产品经水利部综合事业局组织中国工程院院士王浩为主任的专家组评审鉴定，认为产品技术水平总体达到国际领先水平。因此，本产品完全具备"浙江制造"标准对产品"高品质、高端化"的要求，通过"浙江制造"标准的制定，能引领浙江省同类产品向高标准、高品质方向发展，打造"浙江制造"的优质品牌，提升企业市场的核心竞争力。《挡墙护坡用混凝土生态砌块》"浙江制造"标准的制定和实施，将对浙江省乃至全国河湖、交通、市政等边坡护岸的生态建设发挥巨大作用，使边坡护岸变成安全流畅、生态健康、水清景美的风景线，产生巨大的社会效益和经济效益。

二、标准研制的原则、主要内容及确定依据

标准研制工作组根据"浙江制造"标准要求，从标准研制全流程、产品全生命周期以及影响产品质量的全要素出发，仔细研究 GB/T 8239—2014《普通混凝土小型砌块》、行业标准 C/T 2094—2011《干垒挡土墙用混凝土砌块》、JT/T 1148—2017《公路工程水泥混凝土制品—边坡砌块》以及美国标准 ASTM 1372—2017《节段式挡土墙砌块》等国内外相关标准和规范资料为基础，对比现有国家标准和行业标准的差异点，分析各项目指标的合理性和可行性，确定标准内容涵盖"术语和定义、分类和标记、基本要求、技术要求、试验方法、检验规则、包装、储存与运输、订货和交货、质量承诺"等方面内容。并在基本要求中增加了"设计研发、工艺装备、原材料"等要求，体现浙江制造的"精心设计、精良选材、精工制造、精诚服务"先进性要求。核心技术指标中"吸水率、生态空间率"的要求均高于国家和行业标准的要求，体现本产品的国际先进性，也符合"浙江制造"标准"对标国际"的研制理念和"国内一流、国际先进"的定位要求。

（一）标准研制的原则

根据行业生产实际和用户需要，结合"浙江制造"团体标准的定位要求，标准研制主要遵循以下几个方面的原则。

1.符合性原则

本标准编写格式符合《标准化工作导则 第1部分：标准的结构和编写》（GB/T 1.1—2020）的规范和要求，标准内容符合"浙江制造"标准的"国内一流、国际先进"定位与"五性并举"要求。

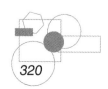

2.用户需求原则

为满足河湖、交通、水市政等边坡护岸的不同客户的特定需求，在参考国家标准 GB/T 8239—2014《普通混凝土小型砌块》、行业标准 C/T2094—2011《干垒挡土墙用混凝土砌块》、JT/T1148—2017《公路工程水泥混凝土制品—边坡砌块》，以及美国标准 ASTM 1372—2017《节段式挡土墙砌块》的基础上，重点增加了生态、环境方面的指标，为建设社会主义美好家园提供可靠的技术准则。

3.先进性原则

核心技术指标设置除涵盖国内外先进标准的技术要求外，提升或增加了"生态空间率、可持土体积率、纵横向生态孔、可浸出重金属含量、锚固孔"等生态技术指标，对产品的外观如裂纹、蜂窝麻面、缺棱掉角提出了更高的要求，体现"挡墙护坡用混凝土生态砌块"产品"国内一流、国际先进"的要求。

（二）主要内容及确定依据

"浙江制造"产品标准的定位为"国内一流、国际先进"，因此本次标准制定本着高精度、高强度、填补国内国际空白等原则，对挡墙护坡用生态砌块的原材料选用、生产工艺、技术要求、试验方法、检验规则和标志、包装、运输、贮存、质量与服务承诺等关键点提出了基本要求。

1.核心技术指标

由于目前与生态砌块完全配套的国内国际标准还没有，类似的国内国际参考标准有：GB/T 8239—2014《普通混凝土小型砌块》、JC/T 2094—2011《干垒挡土墙用混凝土砌块》、JT/T 1148—2017《公路工程水泥混凝土制品—边坡砌块》及美国 ASTM 1372—2017《节段式挡土墙砌块》等标准，在确定 T/ZZB 0775—2018《挡墙护坡用混凝土生态砌块》"浙江制造"标准的核心技术指标时,除国内这些标准已有的"强度、抗冻、吸水率"等指标之外,创新增加了多项表征砌块生态性能的生态指标如可浸出重金属含量、生态空间率等,以及表征砌块整体稳定的指标如锚固孔等效孔径,有效填补了国内国际的空白,详见表7-1-1。

表7-1-1　核心技术指标新增或提升一览表

序号	核心技术指标	核心技术指标新增或提升理由	技术指标值
1	生态空间率	生态空间率是衡量砌块生态功能多少的指标,表征砌块中能与水气交流互通,为动植物生存繁衍提供的生态空间占砌块外观体积的比例	25%—60%
2	可持土体积率	可持土体积率是衡量挡墙上植物种植的主要指标,表征砌块在常水位以上时,为植物生长所能提供的土壤空间比例	5%—25%
3	纵、横向生态孔指标	纵、横向生态孔是指砌块中预留的可使植物从墙背回填土中汲取水分或养分的纵向孔和可供陆地或水生动物沿墙体(横向)自由洄游的横向孔。这两种孔的存在,有效提高了砌块的生态功能	≥40mm
4	可浸出重金属含量	以往的砌块无此指标,本次增加可浸出重金属含量指标,体现了产品的绿色性能,该指标可使对水源有控制要求,或对产品本身原材料有控制要求时选用,避免生态挡墙影响水质或环境	汞 Hg(以总汞计)≤0.02mg/L,铅 Pb(以总铅计)≤2.0mg/L,砷 As(以总砷计)≤0.6mg/L,镉 Cd(以总镉计)≤0.1mg/L,铬 Cr(以总铬计)≤1.5mg/L
5	锚固孔等效孔径	在提高生态砌块挡墙稳定性方面增加了锚固孔指标,该指标是指在砌块中预留的上下连通,可插入钢筋注浆的孔洞,可有效增加挡墙整体稳定性	横向生态孔最大处开口尺寸≥40mm;纵向生态孔最大处开口尺寸≥80mm(仅对 B 类产品)

2.基本要求

"浙江制造"标准制订的立足点是高品质，满足高端市场客户的需求，响应"浙江制造"标准全生命周期和底线思维的制标理念，标准研制工作组从产品全生命周期的角度出发，围绕全产业链产品生产过程的设计研发、原材料、生产工艺控制与装备、检验检测等方面提出更高要求，标准中的基本要求涵盖《挡墙护坡用混凝土生态砌块》的整个生命周期。

（1）产品设计研发：产品设计要求应使用计算机辅助软件开展产品设计及制图，并应从稳定性、生态性和美观性等方面进行砌块产品的设计。生态砌块砌筑成的挡墙，其稳定性、生态性和美观性是设计的关键因素，也是建成安全、健康生态"美丽河湖"体系的重要保障。

（2）原材料：在要求原材料必须满足国家标准的基础上，提出了更严格的要求，如水泥限定只能使用普通硅酸盐水泥和复合硅酸盐水泥；砂料应使用细度模数不大于3的砂，石料的粒径范围控制在5—31.5mm，以确保产品的质量。

（3）生产工艺及装备：要求采用"配料—搅拌—压制（成型）—蒸气养护—打包"工艺，采用高频压制成型的关键技术，保证外观整齐，质量一致。

要求配备自动化生产流水线，能实现实时监控，自动计量控制系统的称量粉料精度应达到±1%，骨料精度应达到±2%。

3.质量承诺

（1）产品可追溯：每批到现场的生态砌块应有10%的产品标记有追溯码，可根据追溯码查明引起产品质量的原因。

（2）提供技术支持：用户在安装生态砌块时，企业承诺提供技术指导。施工过程中可以提供专业的产品卸货和安装配套器具的制作工艺技术。

（3）明确服务时限：现场应用中产品出现问题，企业接到反馈后24小时内作出响应，在3天内或约定时间内派技术人员到现场协助解决。

三、先进性技术指标比对分析

按照"浙江制造"产品标准的"国内一流、国际先进"的定位要求，从产品的全生命周期角度出发，标准研制工作组从行业发展趋势、国家生态环境发展需求等方面考虑，围绕设计研发、原材料、生产制造、检验检测等多维度因素，提炼涵盖了产品全生命周期的先进性技术指标，具体分析如下。

（一）型式试验内规定的所有指标对比分析情况

根据行业发展和客户需求，结合"浙江制造"团体标准"国内一流、国际先进"的定位，本次标准制定本着高精度、高强度、填补国内国际空白等原则，对挡墙护坡用生态砌块的原材料选用、生产工艺、技术要求、试验方法、检验规则和标志、包装、运输、贮存、质量与服务承诺等关键点提出了基本要求，详见表7-1-2。

与本产品完全配套的国内国际标准目前还没有，类似的国内国际参考标准有：GB/T 8239—2014《普通混凝土小型砌块》、JC/T 2094—2011《干垒挡土墙用混凝土砌块》、JT/T 1148—2017《公路工程水泥混凝土制品—边坡砌块》及美国 ASTM 1372—2017《节段式挡土墙砌块》等标准。通过对以上国外先进标准和国家及行业标准的分析和吸收，标准研制工作小组从行业发展趋势、国家生态环境发展需求等方面考虑确定，具体内容如下。

（1）生态性应是生态砌块的关键指标，在国内外类似指标中未出现，本标准增加了生态空间率、可持土体积率及纵横向生态孔最大处尺寸生态性指标。生态空间率是衡量砌块生态功能多少的指标；可持土体积率是衡量挡墙上植物种植的主要指标；纵横向生态孔尺寸是衡量挡墙内动植物活动贯通的空间大小指标。以上指标填补了国内外砌块生态性指标的空白。

（2）产品砌筑后的挡墙安全性也是生态砌块的重要指标。本标准还增加了锚固孔等效孔径。锚固孔内可以插筋灌浆，锚固孔等效孔径是衡量生态砌块砌筑成挡墙之后的安全性指标。浙江省水利水电工程质量监督检验站试验结果表明，挡墙高度1.4米，锚固孔中灌浆与不灌浆，挡墙抗倾覆能力为2.5倍之差。

（3）本标准中还增加了"可浸出重金属含量"指标。该指标虽然在其他建筑领域有所应用，但在水利行业此前无该指标。此次增加该指标的目的是工程涉及饮用水，或产品添加回收资源后可选的一个安全性指标，确保挡墙砌筑后无重金属溶出，水质不受影响。

表7-1-2 技术指标先进性比对分析表

序号	技术要求	"浙江制造"标准	GB/T8239—2014《普通混凝土小型砌块》	JC/T2094—2011《干垒挡土墙用混凝土砌块》	JT/T1148—2017《公路工程水泥混凝土制品—边坡砌块》	ASTM 1372—2017《节段式挡土墙砌块》（美国）	先进性说明
1	外观质量	干硬性混凝土蜂窝不允许麻面率≤5%	无要求	无要求	无要求	无要求	干硬性混凝土无蜂窝麻面指标，此次增加以上指标，可提供产品外观质量

序号	技术要求	"浙江制造"标准	GB/T8239—2014《普通混凝土小型砌块》	JC/T2094—2011《干垒挡土墙用混凝土砌块》	JT/T1148—2017《公路工程水泥混凝土制品—边坡砌块》	ASTM 1372—2017《节段式挡土墙砌块》（美国）	先进性说明
2	吸水率	≤5%	≤10%	吸水限量：（kg/m³）密度等级轻质级：<288 密度等级次轻级：<240 密度等级普通级：<208 假设混凝土常规重量 2300kg/m³换算，则吸水率最低为9%	≤6%	吸水限量：（kg/m³）密度等级轻质级：<288 密度等级次轻级：<240 密度等级普通级：<208 假设以混凝土常规重量2300kg/m³换算，则吸水率最低为9%	吸水率是衡量混凝土耐久性的一项重要指标。吸水率低可减少冻融后的强度损失和结构破坏。本次标准产品吸水率最低
3	锚固孔等效孔径	≥40mm	无要求	无要求	无要求	无要求	锚固孔是挡墙纵向插筋灌浆的空间，锚固孔等效孔径是衡量产品砌筑成挡墙后的稳定性指标。有了该指标后增加挡墙的整体抗倾覆能力，避免挡墙位移

续表

序号	技术要求	"浙江制造"标准	GB/T8239—2014《普通混凝土小型砌块》	JC/T2094—2011《干垒挡土墙用混凝土砌块》	JT/T1148—2017《公路工程水泥混凝土制品—边坡砌块》	ASTM 1372—2017《节段式挡土墙砌块》（美国）	先进性说明
4	生态空间率	25%—60%	无要求	无要求	无要求	无要求	生态空间率是衡量砌块生态功能多少的指标，填补国内外砌块生态性指标空白
5	可持土体积率	5%—25%	无要求	无要求	无要求	无要求	可持土体积率是衡量挡墙上植物种植的主要指标，填补国内外砌块生态性指标空白
6	横向生态孔最大处开口尺寸	≥40mm	无要求	无要求	无要求	无要求	填补国内外砌块生态性指标空白
7	纵向生态孔最大处开口尺寸	≥80mm（仅对B类产品）	无要求	无要求	无要求	无要求	填补国内外砌块生态性指标空白

续表

序号	技术要求	"浙江制造"标准	GB/T8239—2014《普通混凝土小型砌块》	JC/T2094—2011《干垒挡土墙用混凝土砌块》	JT/T1148—2017《公路工程水泥混凝土制品—边坡砌块》	ASTM 1372—2017《节段式挡土墙砌块》（美国）	先进性说明
8	可浸出重金属含量	汞 Hg（以总汞计）≤0.02mg/L，铅 Pb（以总铅计）≤2.0mg/L，砷 As（以总砷计）≤0.6mg/L，镉 Cd（以总镉计）≤0.1mg/L，铬 Cr（以总铬计）≤1.5mg/L	无要求	无要求	无要求	无要求	水利行业挡墙护坡用生态砌块之前无此指标，此次增加该指标可使对水源有控制要求，或对产品本身原材料控制，避免砌筑后的挡墙影响水质

（二）**基本要求**（型式试验规定技术指标外的产品设计、原材料、关键技术、工艺、设备等方面）、**质量承诺等体现"浙江制造"标准"四精"特征的相关先进性的对比情况**

按照"精心设计、精良选材、精工制造、精诚服务"四精原则，本标准涵盖了生产工艺控制、性能指标、检测方法和质量承诺等内容，在外观质量、物理性能指标、生态性能指标等关键技术指标上较国家标准更精确、要求更高，提升了"浙江制造"品牌形象，有利于推动行业的转型升级。

1.设计研发

本产品与同类产品相比较，在生态性、稳定性和美观性等方面都有许多独特的设计。采用生态腔和生态孔设计，为砌块提供了生态功能；采用锚固孔和阻滑梗设计，使生态砌块组成的挡墙连接成了整体，具备了更强的稳定性，设计的阻滑梗使挡墙有效提高了抗剪切破坏能力；采用圆弧的迎水面设计，使生态挡墙增加了动感，增强了视觉美学效果。

2.原材料

生态砌块产品除精选常规的水泥、砂石外，还引入高炉矿渣、粉煤灰等矿物外掺料，不仅提高了产品质量，还消耗了炼铁、发电产生的废渣，改善了社会环境。

3.生产工艺和装备

生态砌块产品采用"配料—搅拌—压制（成型）—蒸气养护—打包"的生产工艺，配备先进的自动化生产流水线，自动计量控制系统进行生产，在同类产品中处于最先进的水平。

4.质量与服务承诺

负责免费更换产品。因企业原因产品质量进场检验未达到本标准要求，企业负责免费更换产品。

实现每批产品可追溯：每批到现场的生态砌块应有10%的产品标记有追溯码，可根据追溯码查明产品质量原因。

提供有效的技术支持：用户在安装生态砌块时，企业承诺提供技术指导。施工过程中可以提供专业的产品卸货和安装配套器具的制作工艺技术。

明确快速服务时限：现场应用中产品出现问题，企业接到反馈后24小时内作出响应，在3天内或约定时间内派技术人员到现场协助解决。

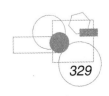

5. "智能制造"与"绿色制造"的先进性（若无相关先进性也应说明）

智能制造：生态砌块产品采用"配料—搅拌—压制（成型）—蒸气养护—打包"的生产工艺，配备先进的自动化生产流水线，自动计量控制系统进行生产，在同类产品中处于最先进的水平。

智能制造：生态砌块产品在生产时采用喷码技术，实现产品可追溯，追溯码标记率不小于10%。每个追溯码可查询到产品的生产日期、生产批次和生产班组，提高了产品质量保障。

绿色制造：标准要求生态砌块经水溶液中浸泡后，测试在水溶液中汞、铅、砷、镉、铬等重金属溶出的含量。该指标在传统挡墙砌块中从未涉及，增加该指标可避免生态砌块在加入部分废料后对环境的影响，减少对环境的影响。

绿色制造：标准涉及的产品本身可替代传统块石砌筑挡墙，减少山石资源开采；产品设计考虑到动植物生存、繁衍的场所，砌筑好的挡墙可实现水下生物多样性和水上植物多样性，产品设计考虑了环境影响和效益。

四、实施效果

（1）本标准实施后起到传统的护坡挡土功能的同时，能为水生动植物提供良好的生态环境，水下部分为水生动物提供了觅食、栖息、繁衍和避难的场所，水上部分提供了种植花草的植物空腔，可种植各种花草植木，形成良好的生态环境。不仅体现了人水和谐的生态治水理念，也为沿岸居民创造了良好的休闲娱乐环境。

（2）该产品可减少山石资源消耗，节约废料堆放占用的土地面积，减少因此产生的废气排放，降低自然骨料的应用量。

（3）本标准的实施，将对浙江省乃至我国河湖、交通、市政等边坡护岸的生态建设发挥巨大作用，将使边坡护岸变成安全流畅、生态健康、水清景美的风景线，产生巨大的社会效益。

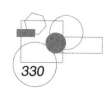

思　考　题

　　T/ZZB 0775—2018《挡墙护坡用混凝土生态砌块》标准中核心技术指标有哪些？如何体现质量特性指标的先进性？

第二节 TZZB 1602—2020《机械喷涂抹灰砂浆》标准浅析

　　浙江省从2010年开始就有单位研究机械化喷涂施工技术，但一直未能大面积推广，主要原因是抹灰砂浆无法满足机械化喷涂施工要求。普通抹灰砂浆对骨料粒径只要求4.75 mm以下就可以了，砂浆的保水率以及抗流挂性能要求不高。如采用普通抹灰砂浆进行机械化喷涂，会造成喷涂设备磨损严重、堵管、流挂等现象。

　　为有效推广机械喷涂施工技术，必须要有高品质的机械喷涂抹灰砂浆与之配套。但目前各生产企业和使用单位对机械喷涂抹灰砂浆参照的技术标准各不相同。为保证机械喷涂抹灰砂浆产品质量、性能，推动抹灰砂浆机械化施工新技术，浙江益森科技股份有限公司向原浙江省品牌建设联合会提出《机械喷涂抹灰砂浆》"浙江制造"团体标准的编制立项申请，对机械喷涂抹灰砂浆研发、生产设备、原材料、检验检测、质量承诺等方面提出了要求，原浙江省品牌建设联合会于2020年6月19日颁布了 T/ZZB 1602—2020《机械喷涂抹灰砂浆》标准。

一、立项背景

　　预拌砂浆是随着建筑业科技进步和文明施工要求而发展起来的新型建筑材料，随着持续的研究开发和推广应用，预拌砂浆的优越性已日益明显，正被人们所逐步接受。但不可否认的是，到目前为止，仍有不少工程在进行偷偷自拌。究其原因，预拌砂浆是在政策的推动下实施的，预拌砂浆的应用在很大程度上依赖于监管部门监督；同时自拌砂浆材料相对于预拌砂浆来说直接成本较低，在利益驱动下，自拌现象屡禁不止，严重阻碍了预拌砂浆的健康发展，同时也增加了监管部门的监管压力。

　　众所周知，商品混凝土在推广之初，由于商品混凝土相对自拌混凝土成本有所增加,因此自拌现象屡禁不止。直至混凝土泵送技术的推出,才改变商品混凝土推广依靠政策强制推动的局面。目前的预拌砂浆行业和初期的商品混凝土行业极其相似,预拌砂浆和自拌砂浆的价差永远存在。要想市场接受,必须依靠技术的突破,降低使用成本。

作为预拌砂浆重要品种之一的抹灰砂浆,在实际施工中仍然采用传统落后的手工抹灰方式,预拌砂浆新型材料的优越性能得不到充分的发挥,成为阻碍预拌砂浆发展的主要原因,严重制约了预拌砂浆新兴产业的可持续发展。

抹灰砂浆采用机械化喷涂施工技术是弥补传统手工抹灰缺陷的一种新型砂浆抹灰施工方式,是未来建筑业抹灰施工发展的新方向。机械化喷涂施工技术可在保证和提高建筑工程质量的前提下,成倍地提高工作效率,缩短施工周期,具有专业化、集中化等优点,能给建筑工程带来节省材料、改进施工组织、提高设备利用率、减轻劳动强度、节省施工用地、减少污染等优势。

二、标准研制的原则、主要内容及确定依据

标准研制工作组根据浙江制造标准要求,从标准研制全流程、产品全生命周期以及影响产品质量的全要素出发,仔细研究 GB/T 25181—2019《预拌砂浆》、JGJ/T 220—2010《抹灰砂浆技术规程》、SB/T 11214—2017《干混砂浆机械化施工技术规程》以及制订中的浙江省工程建设标准《机械喷涂抹灰砂浆应用技术规程》等国内外相关标准和规范资料为基础,对比现有国家标准和行业标准的差异点,分析各项目指标的合理性和可行性,确定标准内容涵盖"术语和定义、分类和标记、基本要求、技术要求、试验方法、检验规则、包装、储存与运输、订货和交货、质量承诺"等方面内容。基本要求中包含了"设计研发、工艺装备、原材料、检验检测"等要求,体现浙江制造的"精心设计、精良选材、精工制造、精诚服务"先进性要求。核心技术指标中"14d拉伸黏结强度、压力泌水率"的要求均高于国家和行业标准的要求,体现了本产品的国际先进性,也符合

"浙江制造"标准"对标国际"的研制理念和"国内一流、国际先进"的定位要求。

（一）标准研制的原则

根据行业生产实际和用户需要，结合"浙江制造"团体标准"国内一流、国际先进"的定位，标准研制主要遵循以下几个方面的原则。

1. 符合性原则

本标准编写格式符合《标准化工作导则　第1部分：标准的结构和编写》（GB/T 1.1—2009）的规范和要求，标准内容符合"浙江制造"标准的"国内一流、国际先进"定位与"五性并举"要求。

2. 用户需求原则

本标准的机械喷涂抹灰砂浆产品的使用对象为施工单位，为此本标准制定过程中力求在批量生产经济性的基础上提升产品质量管控，具备产品可追溯性和承诺期内的质保售后服务。

3. 先进性原则

本标准起草过程中将主要技术指标与国内客户要求进行对标，做到核心技术指标达到"国内一流、国际先进"的水平。

（二）主要内容及确定依据

1. 标准的核心技术指标

本标准充分考虑了"浙江制造"制订的框架要求、编制理念和定位要求，全面体现标准的先进性。标准的核心技术指标为：14d拉伸黏结强度、压力泌水率在GB/T 25181—2019的基础上均有提升，同时增加了凝结时间及放射性指标。本标准技术要求均不低于相关国家标准及国外客户要求，体现了"国内先进、国际一流"的定位，具体如表7-2-1所示。

表7-2-1 标准核心技术指标一览表

序号	核心技术指标	核心技术指标新增或提升理由	技术指标值
1	14d拉伸黏结强度/MPa	抹灰面空鼓主要原因是砂浆拉伸黏结强度不够引起的，经不同强度等级各10个机械喷涂抹灰砂浆样品试验验证，根据试验结果，提高拉伸黏结强度是可行的。同时随着抗压强度的提高，拉伸黏结强度也相应增加	M5:≥0.20 >M5:≥0.25
2	压力泌水率/%	根据试验验证，当砂浆的压力泌水率达到40%左右时，喷枪口滴水现象增加，同时也容易产生堵管现象。而当压力泌水率小于35%后，喷枪口滴水现象消失，也不容易产生堵管现象	≤35
3	放射性	由于机械喷涂抹灰砂浆大部分使用于室内装修，为了保证居住环境的安全，必须严控放射性核素含量	IRa≤1.0,外照指数Ir≤1.3
4	凝结时间/h	因机械喷涂效率提高后，如果砂浆凝结时间过长后续收光工序等待时间过长，凝结时间过短后道刮平工序来不及。因此，综合考虑了冬季、夏季极端气候环境，经试验论证，凝结时间3—7h既能保证施工进度，又能满足工人的施工习惯，同时对砂浆质量未产生不利影响	3—7

2.基本要求

"浙江制造"标准制订的立足点是高品质、满足高端市场客户的需求，响应"浙江制造"标准全生命周期和底线思维的制标理念，标准研制工作组从产品全生命周期的角度出发，围绕全产业链产品生产过程的设计研发、原材料、生产工艺控制与装备、检验检测等方面提出更高要求，标准中的基本要求涵盖《机械喷涂抹灰砂浆》的整个生命周期。

（1）设计研发：相关国内标准均没有设计研发。浙江制造标准则秉承高标准原则，本标准要求企业应具备产品设计及开发能力，由于产品涉及施工，因此还要求企业必须具备产品实际施工论证能力及论证相关设备。

（2）原材料：主要影响产品性能的原料为水泥、砂及掺合料，要求对水泥强度等级提出要求；砂骨料对机械喷涂设备影响较大，要求对砂的粒径及级配提出更高要求。

（3）生产工艺装备：根据原材料中对砂的粒径及级配要求，生产线应有砂分级装置，分级后的砂应分别贮存；为提高产品质量，保证设备安全，生产设备应配备DCS自动化控制系统，具有自动计量、电流电压在线监测、故障自动报警与联锁切断等功能。主机设备电流电压的在线监测与自动控制，气动阀门气压故障自动报警与联锁切断。外加剂应采用微量给料装置自动给料。机械喷涂抹灰砂浆混合机应符合JC/T 2182的规定。

（4）检验检测：根据产品技术指标要求需配备压力泌水仪；同时因成品喷涂施工验证需要，还需配备机械喷涂设备以及现场实体拉拔测试仪器。试验室还应具备压力泌水率、实体拉拔测试及成品喷涂验证等能力。

3.质量承诺

为充分凸显"浙江制造"标准的"精诚服务"这一特点，GB/T 25181—2019没有质量承诺，浙江标准则秉承用户需求原则，承诺无偿提供产品应用技术培训和指导。在"精心设计、精良选材、精工制造、精诚服务"的基础保证下，延长了产品质保期。并承诺在规定的贮存、运输、使用条件下，产品自出厂4个月内产生质量问题，生产厂商应免费更换相应数量的产品。产品出现质量问题时，制造商应在12小时内进行响应，24小时内为客户提供解决方案。

三、先进性技术指标比对分析

为响应"浙江制造"标准作为产品综合性标准的理念，从产品的全生命周期角度出发，《机械喷涂抹灰砂浆》标准研制工作组围绕设计研发、原材料、生产制造、检验检测等多维度因素，提炼涵盖了产品的全生命周期的先进性技术指标，具体分析如下。

（一）型式试验内规定的所有指标对比分析情况

本标准参考了GB/T 25181—2019标准要求，结合实际产品生产能力及指标可行性论证，对相关指标进行了提升，同时增加了凝结时间及放射性指标要求。对比国标及国外客户要求，主要指标均高于国内行业标准及国外客户要求，具有一定的先进性。相关数据对比情况见表7-2-2所示。

表7-2-2 标准相关数据对比情况表

核心技术指标		浙江制造标准	国家标准GB/T 25181—2019	国外用户要求	备注
保水率/%		≥92	≥92	≥90	高于国外用户要求
压力泌水率/%		≤35	/	≤40	高于国外用户标准
凝结时间/h		3—7	/	/	新增指标
2h稠度损失率/%		≤30	≤30	/	持平
14d拉伸黏结强度/MPa		M5:≥0.20 >M5:≥0.25	M5:≥0.15 >M5:≥0.20	≥0.15	高于参照标准
28d收缩率/%		≤0.20	≤0.20	/	持平
抗冻性	强度损失率/%	≤25	≤25	/	持平
	质量损失率/%	≤5	≤5	/	持平
放射性	IRa	≤1.0	/	/	新增指标
	Ir	≤1.3	/	/	新增指标

1. 拉伸黏结强度

抹灰面空鼓主要原因是砂浆拉伸黏结强度不够引起的，经不同强度等级各20个机械喷涂抹灰砂浆样品试验验证，根据试验结果，提高拉伸黏结强度是可行的，详见表7-2-3。同时随着抗压强度的提高拉伸黏结强度也相应增加，故本标准规定了机械喷涂抹灰砂浆拉伸黏结强度 M5：≥0.20，＞M5：≥0.25，该指标高于 GB/T 25181—2019 标准要求。

表7-2-3　20个机械喷涂抹灰砂浆样品验证数据

样品编号	强度等级	凝结时间	保水率（%）	14d拉伸黏结强度（MPa）	28d抗压强度（MPa）	2h稠度损失率（%）	28d收缩率（%）	压力泌水率（%）
1	M5	4h25min	92	0.22	5.6	16	0.12	27
2	M5	4h40min	92	0.23	5.8	21	0.11	26
3	M5	4h50min	93	0.21	6.2	19	0.13	28
4	M5	4h55min	93	0.24	6.3	15	0.13	29
5	M5	4h45min	92	0.22	6.5	18	0.12	26
6	M5	4h40min	92	0.25	5.9	25	0.11	30
7	M5	4h30min	93	0.23	5.9	23	0.12	29
8	M5	4h25min	93	0.24	6.2	21	0.14	26
9	M5	4h55min	93	0.23	6.7	22	0.13	26
10	M5	4h40min	92	0.26	5.9	21	0.12	25
11	M7.5	4h35min	92	0.28	7.9	19	0.16	24
12	M7.5	4h25min	93	0.29	8.2	18	0.18	28
13	M7.5	4h45min	92	0.30	8.3	25	0.15	25
14	M7.5	4h40min	94	0.29	8.1	24	0.12	25
15	M7.5	4h20min	93	0.35	8.1	22	0.14	29
16	M7.5	4h35min	92	0.32	8.2	22	0.14	24
17	M7.5	4h15min	92	0.27	7.9	21	0.12	26
18	M7.5	4h20min	93	0.26	8.4	23	0.13	25
19	M7.5	4h50min	94	0.28	8.6	25	0.17	29
20	M7.5	4h35min	94	0.26	8.2	26	0.15	28

2.凝结时间

GB/T 25181—2019取消了凝结时间要求，本标准规定了砂浆凝结时间为3—7h。因机械喷涂效率提高后，如果砂浆凝结时间过长后续收光工序等待时间也长，凝结时间过短后道刮平工序来不及。因此，综合考虑了冬季、夏季极端气候环境，经试验论证，凝结时间3—7h既能保证施工进度，又能满足工人的施工习惯，同时对砂浆质量未产生不利影响。

3.压力泌水率

根据试验验证，当砂浆的压力泌水率达到40%左右时，喷枪口滴水现象增加，同时也容易产生堵管现象。而当压力泌水率小于35%后，喷枪口滴水现象消失，也不容易产生堵管现象。GB/T 25181—2019要求压力泌水率≤40%，本标准规定了压力泌水率≤35%。根据试验论证，提高该指标切实可行，且提升该指标未明显增加产品成本。本标准指标各项性能要优于国标指标。综上所述，该指标达到国内一流水平。

4.放射性核素限量

由于机械喷涂抹灰砂浆大部分使用于室内装修，为了保证居住环境的安全，必须严控放射性核素含量。故本规程较国家标准GB/T 25181—2019还增设了放射性核素限量指标。设置内照指数I_{Ra}≤1.0，外照指数I_r≤1.3，满足了《放射性核素限量》GB 6566中A类装饰装修材料要求。

（二）基本要求（型式试验规定技术指标外的产品设计、原材料、关键技术、工艺、设备等方面）、**质量承诺等体现"浙江制造"标准"四精"特征的相关先进性的对比情况**

1.设计研发

应根据外加剂用量与压力泌水率对应曲线值进行配合比设计，应对新产品进行机械喷涂样板施工验证。

普通抹灰砂浆产品配合比设计方案比较成熟，一般拉伸黏结和抗压强度指标和水泥用量关联较大，保水率、凝结时间等指标和外加剂密切关联。由于本标准中提高了压力泌水率指标要求，而影响压力泌水率指标的主要因素为外加剂。为满足不同的机喷设备及施工工艺，同时也为了提高产品综合性价比，要求充分掌握外加剂用量与压力泌水率的对应曲线规律，以达到既能满足产品要求又能节省成本的目的。机械喷涂抹灰砂浆的目标用户主要是施工单位，除了保证产品技术指标外，还应保证产品能顺利应用。要求制造商应对新产品进行机械喷涂样板施工验证，既可以验证产品施工性能，又能够为用户提供切实有效的技术服务。

2. 原材料

（1）水泥应采用42.5级及以上强度等级。不同品种、不同厂家或不同等级的水泥，不得混合使用。

随着天然砂资源的紧缺，越来越多的制造商采用机制砂生产抹灰砂浆，而机制砂在生产过程中总会产生一定比例的石粉。按照GB/T 14684标准要求，石粉含量要求≤10%。机械喷涂抹灰砂浆由于对骨料最大粒径要求不应大于2.36 mm，而一般砂浆用砂是4.75 mm以下。因此，机械喷涂抹灰砂浆用机制砂石粉含量会超过10%。借鉴GB/T 35164—2017《用于水泥、砂浆和混凝土中的石灰石粉》及GB/T 30190—2013《石灰石粉混凝土》标准，如果采用机制砂时可适当放宽石粉含量要求。此举不但可以节省成本，更可以提高机械喷涂抹灰砂浆施工性能。而随着石粉含量的增加，采用高标号水泥就显得非常有必要，可更好地利用石粉的活性，抵消石粉含量增加对强度的影响。故本标准规定了水泥应采用42.5级及以上强度等级。

（2）砂应符合GB/T 14684的规定。应采用中砂，砂的最大粒径不应大于2.36 mm，通过1.18 mm筛孔的颗粒不应少于60%，天然砂的含泥量应小于3.0%，泥块含量应小于1.0%，含水率应小于0.5%。

机械喷涂抹灰砂浆对机械喷涂设备最大的影响就是设备的磨损，磨损的主要原因就是砂的粒径，因市场上主流的喷涂设备都是螺杆泵，会产生一定的压力，螺杆泵的转子和定子之间都是比较紧密的。经试验证明，砂的最大粒径大于2.36 mm时对螺杆泵的转子定子磨损最大；而小于1.18 mm以后，螺杆泵的泵送压力又有了明显降低。因此，本标准规定了砂的最大粒径不应大于2.36 mm，通过1.18 mm筛孔的颗粒不应少于60%。

（3）矿物掺合料应按生产厂家、品种、质量等级分别标志和贮存，不应与水泥等其他粉状材料混杂。

（4）纤维、外加剂、添加剂和填料等应按生产厂家、品种分别标志和贮存。

按"精良选材、精工制造"要求，对矿物掺合料及外加剂有了更高的要求，可更大程度保证产品的稳定性。

3.生产工艺装备

（1）生产线应有砂分级装置，分级后的砂应分别贮存。

（2）生产设备应配备DCS自动化控制系统，并具有以下功能：

①主要原材料自动计量、储存和输出系统。

②主机设备电流电压的在线监测与自动控制。

③气动阀门气压故障自动报警与联锁切断。

④外加剂应采用微量给料装置自动给料。

⑤材料的计量应采用单独计量，允许偏差应符合表7-2-4中的规定。

表7-2-4　机械喷涂抹灰砂浆生产原材料的计量允许偏差

单次计量值 W/kg		W≤500	W>500	W<1	1≤W≤10	W>10
允许偏差	单一胶凝材料、填料	±5 kg	±1%	—	—	—
	单级骨料	±10 kg	±2%	—	—	—
	外加剂和添加剂	—	—	±30 g	±50 g	±200 g

⑥机械喷涂抹灰砂浆混合机应符合JC/T 2182的规定，混合时间应通

过试验确定。

⑦机械喷涂抹灰砂浆强度等级更换时，混合及输送设备等应清理干净。

★由于机械喷涂抹灰砂浆对砂的粒径要求较高，如果没有配备砂分级装置及分别储存设施，无法满足机械喷涂抹灰砂浆要求。

★为确保生产设备精准运行，减少人工称量误差和配方输入错误，必须配备自动计量、储存和输出系统。

★为确保系统运行安全可靠，配备DCS自动化控制系统及在线监测装置。

4.检验检测

（1）应采用压力泌水仪进行压力泌水率检测，应采用实体拉拔仪对施工后成品进行实体拉伸黏结强度检测。

★机械喷涂抹灰砂浆区别于普通抹灰砂浆的关键指标就是压力泌水率，压力泌水率越小越不容易堵管，普通抹灰砂浆没有这项指标要求。因此本标准规定应采用压力泌水仪进行压力泌水率检测。

★根据浙江制造"精诚服务"要求，结合本标准提出的无偿提供应用技术培训和指导。由于大多用户单位无法对机械喷涂抹灰砂浆质量进行检测，同时机械喷涂抹灰砂浆施工后的质量又与施工、养护等有关联。最能够证明产品及施工质量的方法就是进行现场拉拔。本标准提出了应采用实体拉拔仪对施工后成品进行实体拉伸黏结强度检测。

（2）应采用喷涂施工验证装备对产品进行施工性能检测。

机械喷涂抹灰砂浆除了需满足技术指标规定的要求外，还需要满足施工性的要求，GB/T 25181—2019只规定了技术指标，没有要求进行产品施工验证，本标准要求采用喷涂施工验证装备对产品进行施工性能检测。

5.质量承诺

制造商应无偿提供产品应用技术培训和指导。在规定的贮存、运输、使用条件下，产品自出厂4个月内产生质量问题，生产厂商应免费更换相应数量的产品。产品出现质量问题时，制造商应在12小时内进行响应，24

小时内为客户提供解决方案。

（1）机械喷涂抹灰砂浆和普通抹灰砂浆最大的区别就是施工方法。采用机械喷涂施工方法以后，在提高效率的同时对施工人员也提出了更高的要求。要求是专业的施工队伍，要根据配套的机械喷涂抹灰砂浆及施工机械制定专门的施工方法，因此要求制造商无偿提供产品应用技术培训和指导。

（2）一般水泥基砂浆产品保质期为3个月，本产品在精选原料精心制造的原则下，极大地保证了产品质量。因此，提出了在规定的贮存、运输、使用条件下，产品自出厂4个月内产生质量问题，生产厂商应免费更换相应数量的产品。

（3）当产品出现质量问题时，由于涉及施工，如果没有及时回应用户需求，往往会导致施工人员误工现象的产生，时间越长误工越多。因此，综合考虑机械喷涂抹灰砂浆供应范围，要求制造商应在12小时内进行响应，24小时内为客户提供解决方案。

6."智能制造"与"绿色制造"的先进性内容

（1）体现"智能制造"的先进理念

①生产线应有砂分级装置，分级后的砂应分别贮存；②生产设备应配备DCS自动化控制系统；③外加剂应采用高精度微量给料装置自动给料；④原材料的计量应采用单独计量，允许偏差应符合相关要求；⑤机械喷涂抹灰砂浆混合机应符合JC/T 2182的规定，混合时间应通过试验确定。通过全方位采用智能设备进行加工生产，不但体现了"智能制造"的先进理念，而且进一步提高了制造商的智能制造水平和生产效率，还能使产品质量进一步得到量化。

（2）体现"绿色制造"的先进理念

主要从节能、环保、无污染等方面采用先进的生产工艺技术，达到"绿色制造"工厂的要求。

①水泥应采用42.5级及以上强度等级；GB6566中第6.2条性能要求中放射性核素限量要求。②机械喷涂抹灰砂浆运输时，应有防扬尘措施，

不应污染环境。③散装机械喷涂抹灰砂浆宜采用散装干混砂浆运输车运送，并提交与袋装标志相同内容的卡片，并附有产品使用说明书。散装干混砂浆运输车应密封、防水、防潮，并应有收尘装置。砂浆等级更换时，运输车应清空并清理干净。④袋装机械喷涂抹灰砂浆可采用交通工具运输。运输过程中，不得混入杂物，并应有防雨、防潮和防扬尘措施。袋装砂浆搬运时，不应摔包，不应自行倾卸。

四、实施效果

该标准的制定，有助于提高机械喷涂抹灰砂浆的品质和行业技术进步，从而减少抹灰施工费用、降低成本、节约社会资源，同时满足环保要求，达到节能减排目的。该标准还将有助于行业和市场的管理和监督，使行业能得到有序、健康的发展，进一步将市场规范化，更有利于推广使用预拌砂浆，具有显著的经济效益和社会效益，也有助于推动"浙江制造"品牌的影响力，促进相关产业整体质量水平的提升，最终推动此行业总体发展。

思　考　题

T/ZZB 1602—2020《机械喷涂抹灰砂浆》标准中核心技术指标有哪些？如何体现质量特性指标的先进性？

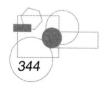

第三节 T/ZZB 1187—2019《金属屋面用自粘防水卷材》标准浅析

兰溪市天信新型建材有限公司作为一家建筑防水行业的国家级高新技术企业,自1999年至今,先后通过了ISO 9001、ISO 14001的认证,并多次参与自粘聚合物改性沥青防水卷材、预铺/湿铺防水卷材等国标制修订,并以良好的企业形象,被推举为中国建筑防水协会常务理事单位、中国硅酸盐学会防水专业委员会副会长单位和浙江省建筑防水协会副会长单位。兰溪市天信新型建材有限公司向原浙江省品牌建设联合会提出《金属屋面用自粘防水卷材》"浙江制造"团体标准的编制立项申请,对金属屋面用自粘防水卷材研发、生产设备、原材料、检验检测、质量承诺等方面提出了要求,原浙江省品牌建设联合会于2019年9月23日颁布了T/ZZB 1187—2019《金属屋面用自粘防水卷材》标准。

一、项目背景

随着国家重点工程、民生工程、美丽乡村建设、棚改工程等投入的不断加大,仅房地产工程建设年投入就达数万亿元,政府对建筑工程质量监管不断加强,工程质量终身负责制不断深入实施。其中,建筑防水工程作为工程建设不可或缺的重要组成部分,亦得到政府监管部门和消费者越来越多的重视。全球的建筑防水材料市场自21世纪以来一直保持稳定增长的态势,年增长率在10%以上;并据相关数据统计,国际上发达国家防水工程占整体建设工程8%—10%份额,而现阶段国内防水工程占比仅为2%—3%,差距明显。随着中国经济的持续增长、人民生活水平的逐步提高,国内建筑防水行业市场潜力巨大,发展前景广阔。

多年来,彩钢瓦金属屋面因其价格适宜、结构可靠、建设工期较短、施工便捷、安装效率高等优点得到了市场(尤其是厂房、仓储类,包括大型公共场馆如体育馆、展馆等)广泛认可。然而相比较框架商品砼现浇结构要求,其存在的缺陷也是显而易见的,主要表现有:一是裸露在外的金属屋面因环境侵蚀因素导致使用寿命相对较短,保温性能偏低,寒暑难当,生产或生活环境较差;二是金属屋面拼接固定点极易氧化腐蚀而导致渗漏。针对上述问题,兰溪市天信新型建材有限公司结合公司"细分市场、深耕品牌"发展理念,根据市场需求自主创新开发出"金属屋面用自粘防水卷材",并获得了两个产品专利:《一种彩钢瓦屋面专用自粘防水卷材》和《一种表面层为金属铝箔的外露型金属屋面专用防水卷材》。

目前金属屋面用自粘防水卷材执行标准采用的是 GB 23441—2009《自粘聚合物改性沥青防水卷材》(ASTM D1970:2001,NEQ),标准主要是对自粘聚合物改性沥青防水卷材的通用性要求进行了规定,针对的是各种使用环境,而对于金属屋面用自粘防水卷材的特殊情况和技术指标要求并没有体现。因此,有必要制定一项金属屋面用自粘防水卷材的产品标准,明确该产品的功能、性能和检测指标要求,从而通过标准化规范市场产品质量的一致性,带动金属屋面用自粘防水卷材行业的创新和发展,促进建筑防水产业升级。综上所述,由金属屋面用自粘防水卷材龙头企业兰溪市天信新型建材有限公司提出的"浙江制造"标准立项建议,制定行业内先进的团体标准,必要性充分。

二、标准研制的原则、主要内容及确定依据

标准研制工作组根据"浙江制造"标准要求,从标准研制全流程、产品全生命周期以及影响产品质量的全要素出发,仔细研究 GB 23441—2009《自粘聚合物改性沥青防水卷材》(ASTM D1970:2001,NEQ)、GB 18242—2008《弹性体改性沥青防水卷材》(EN 13707—2004,NEQ)等国内外相关标准和规范资料为基础,对比现有国家标准和行业标准的差异点,分析各项目指标的合理性和可行性,确定标准内容涵盖"术语和定

义、分类和标记、基本要求、技术要求、试验方法、检验规则、包装、储存与运输、订货和交货、质量承诺"等方面内容；并在基本要求中增加了"设计研发、工艺装备、原材料"等要求，体现浙江制造的"精心设计、精良选材、精工制造、精诚服务"先进性要求。核心技术指标中"拉伸性能、钉杆撕裂强度/N、耐热性、剥离强度 N/mm、热老化、持黏性/min"的要求均高于国家和行业标准的要求，体现本产品的国际先进性，也符合"浙江制造"标准"对标国际"的研制理念和"国内一流、国际先进"的定位要求。

（一）标准研制的原则

标准研制工作组在遵循标准"合规性、必要性、先进性、经济性及可操作性"原则的前提下，尽可能与国内国际通行标准编制规则接轨，注重标准的可操作性。并根据行业生产实际和用户实际需要，结合"浙江制造"团体标准的定位要求，标准研制主要遵循以下几个方面的原则。

1.符合性原则

本标准编写格式符合《标准化工作导则　第1部分：标准的结构和编写》（GB/T 1.1—2020）的规范和要求，标准内容符合"浙江制造"标准的"国内一流、国际先进"定位与"五性并举"要求。

2.用户需求原则

本标准的金属屋面用自粘防水卷材产品的使用对象为建筑施工单位、房地产商及社会消费者，为此本标准制定过程中力求在批量生产经济性的基础上提升产品质量管控，具备产品可追溯性和承诺期内的质保售后服务。

3.先进性原则

本标准充分遵循了浙江制造团体标准作为包含产品全生命周期的综合性团体标准的理念进行编制。起草过程中将主要技术指标与国内外客户要求进行对标比对，做到核心技术指标达到"国内一流、国际先进"的水平。

（二）主要内容及确定依据

标准从术语和定义、基本要求、技术要求、试验方法、检验规则、标志、包装、运输及贮存和质量承诺等方面对标准进行编制。其中：基本要求涵盖了研发设计、原材料、生产制造和检测能力3个方面；技术要求包括规格、标记、面积、单位面积质量、厚度、外观、物理力学性能。

1.标准的核心技术指标的确定

标准的核心技术指标，如表7-3-1所示。

表7-3-1 标准的核心技术指标一览表

核心技术指标		提升理由	指标值
拉伸性能	拉力/(N/50mm)	金属屋面容易受到温度影响而热胀冷缩,加上人为踩踏,容易使防水卷材产生变形甚至撕裂。本浙江制造标准大幅提升了防水卷材的拉伸性能和钉杆撕裂强度指标,使卷材在正常使用当中更加不易损坏,提升了产品的使用寿命和客户满意度	≥280
	最大拉力时延伸率/%		≥50
	沥青断裂延伸率/%		≥300
钉杆撕裂强度/N			≥60
耐热性		随着温室效应的加剧,在中国南方的夏季,金属屋面(尤其是彩钢屋面)上的温度最高能达到75℃,按照国标的耐热性,已经无法满足客户需要。故本浙江制造标准将耐热性的温度提高到100℃,保证产品在最极端的温度条件下也能达到正常的使用效果和寿命,提高客户满意度	100℃滑动不超过2mm

核心技术指标		提升理由	指标值
剥离强度 N/mm	卷材与卷材	在防水卷材的施工及使用过程中,经常会因为卷材非搭接处的黏结力不够或者卷材与铝板的黏结力不够等问题,致使卷材出现浪费现象甚至拖累工程进度。故本浙江制造标准将卷材与卷材之间的剥离强度指标提升至">1.5N/mm",提升了卷材非搭接处的黏结力,提高了卷材的可靠性	≥1.5
	卷材与铝板		≥2.0
	卷材与钢板	在目前的金属屋面中,彩钢屋面占据了超过80%的市场份额,但是国标中只有卷材与铝板的剥离强度指标,不能满足客户的需求。故本浙江制造标准增加了"卷材与钢板的剥离强度"指标,既符合生产厂家的实际需求,也提高了客户满意度	≥2.0
持黏性/min		更严格的持黏性指标,提高了防水卷材与金属屋面的黏结强度,增强了防水卷材在特殊情况下的适应性,提高了客户满意度	≥30
热老化	拉力保持率/%	更严格的热老化指标要求,保证了防水卷材在各种环境条件下也能达到正常的使用效果,提升了防水卷材的使用寿命	≥90
	最大拉力时延伸率/%		≥40
	低温柔性/℃		−30,无裂纹
	卷材与铝板剥离强度（N/mm）		≥2.0
浸水后质量增加/%		沥青防水卷材在成形过程中容易产生气泡和空鼓,气泡和空鼓的大小和数量,直接影响防水卷材的使用效果和寿命,但是原国标中并没有相应技术指标进行规范。故本浙江制造标准增加了"浸水后质量增加"指标,确保卷材在成形后无气泡、空鼓	≤1.0

2.基本要求

"浙江制造"标准制订的立足点是高品质、满足高端市场客户的需求,响应"浙江制造"标准全生命周期和底线思维的制标理念,标准研制工作组从产品全生命周期的角度出发,围绕全产业链产品生产过程的设计研发、原材料、生产工艺控与制装备、检验检测等方面提出更高要求，标准中的基本要求涵盖《金属屋面用自粘防水卷材》的整个生命周期。

（1）设计研发：根据不同客户需求配置一支能独立设计配方和改进生产工艺的科技创新研发团队。

（2）原材料：严格把控原材料的质量关，以选择生态环境友好型的原材料满足高端客户的需求，也符合"浙江制造"精良选材的要求。

（3）生产工艺与装备：至少配置一套自动化程度高、精度高的自动上料系统和自动纠偏系统及自动化密封投料设备和环保设施，提升产品生产的加工效率和精度，改善工人的劳动环境，提升劳动效率，符合"浙江制造"精工制造和绿色制造的要求。

★检测能力：具备标准中出厂检验项目和原材料中沥青、填料和改性剂的检测能力。

3.质量承诺

生产商应承诺具备为客户提供施工技术培训、指导及产品使用过程中进行跟踪服务的团队与能力。能及时提供售后服务，对客户投诉须在24小时内给予回应。产品在正常运输、贮存条件下，若贮存期内出现质量问题生产商应免费替换产品。

三、先进性技术指标比对分析

为响应"浙江制造"标准作为产品综合性标准的理念，从产品的全生命周期角度出发，《金属屋面用自粘防水卷材》标准研制工作组围绕设计、原材料、生产制造、检测角度出发，进行先进性提炼，涵盖了产品的整个生命周期。

（一）型式试验内规定的所有指标对比分析情况

以兰溪市天信新型建材有限公司为主要起草单位研制的《金属屋面用自粘防水卷材》标准对比国家标准GB 23441—2009《自粘聚合物改性沥青

防水卷材》（ASTM D1970：2001，NEQ），对核心技术指标提出了更高的要求，如表7-3-2所示。

表7-3-2 金属屋面用防水卷材"浙江制造"标准先进性对比表

先进指标		GB 23441—2009（ASTM D1970—2001，NEQ）	ASTM D1970-18a	同行企业或行业平均水平	本标准	提升理由	对比结果
拉伸性能	拉力/（N/50mm）	≥200	≥220	≥（200—230）	≥280	金属屋面容易受到温度影响而热胀冷缩，加上人为踩踏，容易使防水卷材产生变形甚至撕裂。本浙江制造标准大幅提升了防水卷材的拉伸性能和钉杆撕裂强度指标，使卷材在正常使用当中更加不易损坏，提升了产品的使用寿命和客户满意度	指标高于国外标准、国标和行业平均水平
	最大拉力时延伸/%	≥30	—	≥（30—38）	≥50		
	沥青断裂延伸率/%	≥150	—	≥（150—170）	≥300		
钉杆撕裂强度/N		≥40	≥45	≥（40—53）	≥60		指标高于国外标准、国标和行业平均水平
耐热性		70℃滑动不超过2 mm	70℃滑动不超过2 mm	70℃—78℃滑动不超过2 mm	100℃滑动不超过2 mm	随着温室效应的加剧，在中国南方的夏季，金属屋面(尤其是彩钢屋面)上的温度最高能达到75℃，按照国标的耐热性已经无法满足客户需要。故本浙江制造标准将耐热性的温度提高到100℃，保证产品在最极端的温度条件下也能达到正常的使用效果和寿命，提高客户满意度	指标高于国外标准、国标和行业平均水平

先进指标		GB 23441—2009（ASTM D1970—2001，NEQ）	ASTM D1970—18a	同行企业或行业平均水平	本标准	提升理由	对比结果
剥离强度N/mm	卷材与卷材	≥1.0	—	≥(1.0—1.5)	≥1.5	在防水卷材的施工及使用过程中，经常会因为卷材非搭接处的黏结力不够或者卷材与铝板的黏结力不够等问题，致使卷材出现浪费现象甚至拖累工程进度。故本浙江制造标准将卷材与卷材之间的剥离强度指标提升至"≥1.5N/mm"，提升了卷材非搭接处的黏结力，提高了卷材的可靠性	指标高于国标，处于行业领先水平
	卷材与铝板	≥1.5	—	≥(1.5—2.0)	≥2.0		
	卷材与钢板	—	—	—	≥2.0	在目前的金属屋面中，彩钢屋面占据了超过80%的市场份额，但是国标中只有卷材与铝板的剥离强度指标，不能满足客户的需求。故本浙江制造标准增加了"卷材与钢板的剥离强度"指标，既符合生产厂家的实际需求，也提高了客户满意度	新增指标

续表

先进指标		GB 23441— 2009 〔ASTM D1970— 2001,NEQ〕	ASTM D1970— 18a	同行企业或行业平均水平	本标准	提升理由	对比结果
持黏性/min		≥20	—	≥(20—25)	≥30	更严格的持黏性指标,提高了防水卷材与金属屋面的黏结强度,增强了防水卷材在特殊情况下的适应性,提高了客户满意度	指标高于国标和行业平均水平
热老化	拉力保持率/%	≥80	—	≥(80—85)	≥90	更严格的热老化指标要求,保证了防水卷材在各种环境条件下也能达到正常的使用效果,提高了防水卷材的使用寿命	指标高于国标和行业平均水平
	最大拉力时延伸率/%	≥30	—	≥(30—35)	≥40		
	低温柔性/℃	−28,无裂纹	—	−28—30	−30,无裂纹		
	卷材与铝板剥离强度(N/mm)	≥1.5	—	≥(1.5—1.8)	≥2.0		
浸水后质量增加/%		—	—		≤1.0	沥青防水卷材在成形过程中容易产生气泡和空鼓,气泡和空鼓的大小和数量,直接影响防水卷材的使用效果和寿命,但是原国标中并没有相应技术指标进行规范。故本浙江制造标准增加了"浸水后质量增加"指标,确保卷材在成形后无气泡、空鼓	新增指标

（二）基本要求（型式试验规定技术指标外的产品设计、原材料、关键技术、工艺、设备等方面）、**质量承诺等体现"浙江制造"标准"四精"特征的相关先进性的对比情况**

1.设计研发

应具备根据不同客户要求独立设计配方的能力。

研发设计能力是一个公司的核心竞争力，只有自己拥有核心的研发设计能力才是企业可持续发展的基石。

2.原材料

（1）复合金属箔应符合表7-3-3要求。

表7-3-3　技术表面膜技术要求

项目		指标
拉伸强度 N/mm²	MD	≥170
	TD	≥170
断裂延伸率%	MD	≥50
	TD	≥50
热收缩率 150℃,30min	MD	≥2.0
	TD	≥1.5

（2）沥青应符合JC/T 2218的要求。

（3）填料应符合表7-3-4要求。

表7-3-4　填料的技术指标

项目	指标
含水 %	≤0.2
200目筛余量 %	≤2

（4）改性剂应符合表7-3-5要求。

表7-3-5 改性剂技术要求

项目	指标			
	SBS	RE-SBR	聚乙烯蜡	基础油
挥发分/%(质量分数)≤	0.4	—	—	0.1
灰分/%(质量分数) ≤	0.35	4	—	—
密度 g/cc	—	—	0.99	0.9
硬度 dd <	—	—	0.5	—
黏度 mPa.s	—	7000	4500	—
闪点 ℃ ≥	—	—	—	230
凝点 ℃ ≤	—	—	—	-40
熔滴点 ℃	—	—	135	—
固含量 % ≥	—	99.6	—	—
酸值 mgKOH/g	—	—	26	—
甲苯溶液黏度 5,23%, cSt	16	—	—	—
苯乙烯总量(聚合物中)%	31	—	—	—

对原材料执行更严格的质量把控和更高的技术指标要求，是提升产品质量的基础，而且也符合"浙江制造"精良选材的要求。

3.生产工艺与装备

生产工艺应采用自动上料系统、恒温保存系统（温度精度±3℃）、辊筒挤出系统、恒温冷却系统（温度精度±3℃）、自动纠偏系统（控制精度±0.5mm）的自粘防水卷材生产线。投料应采用自动化密封投料设备，全程无粉尘、烟气排放。

使用自动上料系统、自动纠偏系统等自动化程度高、精度高的机器不仅提升了加工效率和加工精度，而且也符合"浙江制造"精工制造的要求；在投料过程中，没有粉尘和烟气的排放，符合绿色制造的要求。

4.检测能力

具备检测沥青、填料和改性剂技术指标的能力，具备检测本标准中出厂检验项目的能力。

具备重要原材料技术指标和产品出厂项目的检验检测能力，是保证产品质量和过程质量关键控制点的技术保障，也是满足中高端客户需求和高品质质量的必备技术条件。

5.质量承诺

（1）生产商应提供施工技术培训和指导，生产商应提供产品使用中及时的跟踪服务。

（2）生产商应提供及时的售后服务，对客户投诉须在24小时内给予回应。

（3）产品在正常运输、贮存条件下，贮存期内出现质量问题，生产商应免费替换产品。

（4）生产商应对超过贮存期的产品提供出厂检验项目的免费检测服务。

质量承诺是"浙江制造"标准的特殊要求，本产品生产商必须做到：应提供施工技术的培训和指导；对客户投诉须在24小时内给予回应；产品在正常运输、贮存条件下，贮存期内出现质量问题，生产商应免费替换产品；超过贮存期的产品提供出厂检验项目的免费检测服务。只有不断满足客户需求并提供优质服务，才能占领中高端客户市场，提升企业核心竞争力，达到向市场要效益的目的。

6.智能制造

生产工艺应采用自动上料系统、恒温保存系统（温度精度±3℃）、辊筒挤出系统、恒温冷却系统（温度精度±3℃）、自动纠偏系统（控制精度±0.5mm）的自粘防水卷材生产线使用自动上料系统、自动纠偏系统等自动化程度高、精度高的机器，不仅提升了加工效率和加工精度，而且也符合"浙江制造"精工制造的要求。

7.绿色制造

投料应采用自动化密封投料设备，全程无粉尘、无烟气排放。

使用自动化密封投料设备，在投料过程中，没有粉尘和烟气的排放，符合绿色制造的要求。

四、实施效果

公司通过"浙江制造"团体标准 T/ZZB 0387—2018《金属屋面用自粘防水卷材》制定，并在生产中严格按照标准要求的原材料质量控制、优化产品生产过程的工艺设计、配备研发、生产、检测设备以及相应的基础设施、完善生产流程及作业文件来有效指导生产，提升自主研发能力，取得实用新型专利16项，发明专利1项。公司实行严格的生产现场管理制度和全程品质管控制度，确保产品制造水平稳定、技术水平一流，满足"浙江制造"标准的要求。拥有6家合格供应商，其中省内合格供应商有3家，占50%。促进了上下游产业的发展，带动了区域经济的高质量发展。在产业协同方面，公司除加强与优秀供应商的精诚合作，并与重要客户建立战略合作关系不断满足客户的需求。在环境、经济和社会效益协调发展等方面达到了一个更高的标准，走在了浙江省企业生态建设和发展循环经济的前列。公司在不断发展的同时重点兼顾顾客、公司员工、政府利益相关方，不断回报社会，公司已通过"品字标""浙江制造"品牌的体系认证。

　　T/ZZB 1187—2019《金属屋面用自粘防水卷材》标准中核心技术指标有哪些？如何体现"五性并举"的原则？

第四节　T/ZZB 0394—2018《抗裂硅质防水剂》标准浅析

建筑防水行业是关系到建筑安全、生产生活、环境保护和建筑节能的重要行业。随着我国城镇化建设的不断推进，住宅建设日新月异，基础设施投资高速增长，未来5—10年我国建筑防水行业将迎来又一个发展黄金期。为此，金华市欣生沸石开发有限公司向原浙江省品牌建设联合会提出《抗裂硅质防水剂》"浙江制造"团体标准的编制立项申请，对抗裂硅质防水剂在研发、生产设备、原材料、检验检测、质量承诺等方面提出了要求，原浙江省品牌建设联合会于2018年7月20日颁布了T/ZZB 0394—2018《抗裂硅质防水剂》标准。

一、项目来源

当前，我国建筑防水材料行业普遍存在如下问题：一是建筑渗漏严重，号称"建筑癌症"；二是产品性能单一，露天施工受气候影响大的问题，难以满足建设工程的需求；三是耐久性问题，产品防水寿命短；四是假冒伪劣产品充斥市场，生产与流通无序。据2013年零点市场调查与分析，经过对全国若干重点城市进行了渗漏严格取证调查，建筑屋面渗漏率达到了95%，地下建筑渗漏率也达到57.5%，建筑渗漏的投诉占建筑质量投诉的70%。目前建筑防水主要是采用卷材防水。因属化工产品，对环境有污染，卷材粘贴的可靠性问题，复杂节点的防水可靠性问题，自身受环境变化影响较大，防水时效有限（国家规范规定，合格的防水工程质保期为5—15年）。而沸石类防水产品的原料采用沸石矿中的优质丝光沸石属于无机矿物质，受环境影响变化小，对环境无污染，防水时效耐久，其防水机理是作用于混凝土和砂浆自防水，能实现治标先治本，从建筑结构自身着手，从根本上解决建筑渗漏水问题。通过制定沸石类硅质防水剂"浙江制造"标准,将有助于规范产品的生产,保证建筑防水的质量,提高建筑防水寿命,满足在特殊、严酷环境条件下建筑工程的耐久性和防水要求,符合国家节能环保产业政策要求。

二、标准研制的原则、主要内容及确定依据

标准研制工作组根据浙江制造标准要求,从标准研制全流程、产品全生命周期以及影响产品质量的全要素出发,仔细研究 GB 8076—2008《混凝土外加剂》和 JC/T474—2008《砂浆、混凝土防水剂》等国内外相关标准和规范资料为基础,对比现有国家标准和行业标准的差异点,分析各项目指标的合理性和可行性,确定标准内容涵盖"术语和定义、分类和标记、基本要求、技术要求、试验方法、检验规则、包装、储存与运输、订货和交货、质量承诺"等方面内容。并在基本要求中增加了"设计研发、工艺装备、原材料"等要求,体现浙江制造"精心设计、精良选材、精工制造、精诚服务"的先进性要求。核心技术指标中"渗透高度比、48h吸水量比、混凝土绝热温升速率"的要求均高于国家和行业标准的要求,体现本产品的国际先进性,也符合"浙江制造"标准"对标国际"的研制理念和"国内一流、国际先进"的定位要求。

(一)标准研制原则

标准研制工作在遵循标准"合规性、必要性、先进性、经济性及可操作性"原则的前提下,尽可能与国内国际通行标准编制规则接轨,注重标准的可操作性。并根据行业生产实际和用户实际需要,结合"浙江制造"团体标准的定位要求,标准研制主要遵循以下几方面的原则。

1.符合性原则

本标准编写格式符合《标准化工作导则 第1部分:标准的结构和编写》(GB/T 1.1—2020)的规范和要求,标准内容符合"浙江制造"标准的

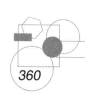

"国内一流、国际先进"定位与"五性并举"要求。

2.用户需求原则

本标准的抗裂硅质防水剂产品的使用对象为建筑施工单位、房地产商及社会消费者。为此本标准制定过程中力求在批量生产经济性的基础上提升产品质量管控，具备产品可追溯性和承诺期内的质保售后服务。

3.先进性原则

本标准充分遵循了"浙江制造"团体标准作为包含产品全生命周期的综合性团体标准的理念进行编制。起草过程中将主要技术指标与国家标准、行业标准及国内外客户要求进行对标比对，做到核心技术指标达到"国内一流、国际先进"的水平。

（二）主要内容及确定依据

1.标准的核心技术指标的确定

标准起草单位和标准工作组组织全国化学标准化技术委员会有机化工分会、金华市质量技术监督检测院、中国建筑材料科学研究总院有限公司、中国工程建设标准化协会防水专业委员会、上海市隧道工程轨道交通设计研究院的专家和金华市欣生沸石开发有限公司企业代表等专家学者，对标准的核心技术指标进行了广泛讨论、各抒己见、畅所欲言，具体指标如表7-4-1所示。

表7-4-1　标准的核心技术指标

序号	核心技术指标	核心技术指标新增或提升理由	技术指标值
"砂浆防水剂"核心技术指标			
1	抗压强度比	改善集料与胶材的胶结,增加密实性,因沸石具有火山灰活性,可持续提高长期强度,提升砂浆层主体功能	7 d≥100% 28 d≥90%
2	透水压力比	改善砂浆胶材组分,提高浆体饱满度增加密实性,延长体系渗水通道,整体提升砂浆防水和耐久功能	≥300%。
3	吸水量比 (48 h)	改善水泥拌合物均匀性、和易性,促进水泥水化并形成憎水吸附层和不溶性胶体物质,堵塞毛细孔通道阻止水分迁移,降低吸水率,提高憎水性	≤65%
4	收缩率比 (28 d)	补偿早期收缩,降低表面张力,减小后期干缩,提高砂浆抗裂功能	≤125%
5	抗折强度 (28 d)	有助于增强体系的柔韧性,改善砂浆压折比	≥6.5 MPa
6	黏接强度	有利于强化界面黏接,避免或减少空鼓开裂现象的产生	≥0.15 MPa
7	泌水率比	有利于改善混凝土拌合物的均匀性、和易性	≤50%
"混凝土防水剂"核心技术指标			
8	含气量	少量的含气量有助于引入微小密闭的气泡,改善混凝土和易性增强抗渗功能,但是其值过高会降低其他性能指标	≤3%
9	渗透高度比	改善胶材组分,提高浆体饱满度增加密实性,延长体系渗水通道,整体提升混凝土防水和耐久功能	≤30%
10	吸水量比 (48h)	改善混凝土拌合物均匀性、和易性,促进水泥水化并形成憎水吸附层和不溶性胶体物质,堵塞毛细孔通道阻止水分迁移,降低体系吸水率提高憎水性	≤65%
11	收缩率比 (28d)	补偿早期收缩,降低表面张力,减小后期干缩,提高混凝土抗开裂功能	≤120%
12	混凝土绝热温升速率比	有助于抑制水泥水化放热速率,避免和减少温差裂缝的产生	≤90%

2.基本要求

"浙江制造"标准制订的立足点是高品质、满足高端市场客户的需求，响应"浙江制造"标准全生命周期和底线思维的制标理念，标准研制工作组从产品全生命周期的角度出发，围绕全产业链产品生产过程的设计研发、原材料、生产工艺与控制装备、检验检测等方面提出更高要求，标准中的基本要求涵盖《抗裂硅质防水剂》的整个生命周期。

（1）设计研发：标准研制工作组从"自主创新、精心设计"的角度出发，研发以超细改性沸石粉为载体，搭载相变储能材料石蜡和具有缓凝功能的有机酸等添加剂，依托物联网，采用移动互联网＋混凝土温度、变形、位移测控系统，实现了对项目工程应用的远程终端实时监测，充分体现了其产品设计的先进性。

（2）原材料：标准研制工作组遵循"浙江制造"标准"精良选材"的理念，对产品原材料提出质量要求，从源头起保障产品的环保性。

（3）生产工艺与装备：标准研制工作组从自动化设备生产线一体化生产、脉冲除尘系统方面凸显"浙江装备制造"标准"精工制造、绿色制造"的定位要求。

（4）检测能力：标准研制工作组从应配备先进的仪器设备对产品关键技术指标的检测能力角度来保障产品质量。

3.质量承诺

为体现"浙江制造"标准的"精诚服务"这一理念，浙江制造标准研制工作组从规定质保期年限（1年）保证其可追溯性角度进行提炼描述，同时增加质量问题处理的响应时间的规定，从而对产品质量的保证能力提出了更高要求。

三、先进性技术指标比对分析

为响应"浙江制造"标准作为产品综合性标准的理念，从产品的全生命周期角度出发，《抗裂硅质防水剂》标准研制工作组围绕设计研发、原材料、生产制造、检验检测等多维度因素角度出发，提炼涵盖了产品的全生命周期的先进性技术指标，具体分析如下。

（一） 型式试验内规定的所有指标对比分析情况

抗裂硅质防水剂产品，不仅能提高砂浆、混凝土的密实性、抗压强度及防水抗渗性能，还能通过延缓并降低水化放热以防止温差裂缝，减小水泥凝胶的收缩以减小混凝土的干缩，在混凝土中产生微膨胀以补偿收缩裂缝等途径来提高混凝土的抗裂性，主要技术指标提升体现在抗折强度、黏接强度、混凝土绝热温升速率指标的新增以及对收缩率比指标的提升；同时还能改善砂浆、混凝土的工作性，有效抑制碱—集料反应，并提高混凝土的长期强度，增强耐久性，特别适合作为砂浆、混凝土的防水外加剂；此外，对于防水性能的提升通过对透水压力比、渗透高度比和吸水量比指标的提升来进行要求。

以金华市欣生沸石开发有限公司为主起草单位研制的《抗裂硅质防水剂》标准的技术要求有含水率、总碱量（$Na_2O+0.658K_2O$）、氯离子含量、细度（0.315mm筛筛余）、净浆安定性、凝结时间、抗压强度比、透水压力比、抗折强度、黏结强度、安定性、泌水率比、凝结时间差、抗压强度比、渗透高度比、吸水量比、收缩率比、含水量、混凝土绝热温升速率比、放射性建筑主体材料共22项技术要求。本标准对比国家标准GB 8076和行业标准JC/T 474—2008要求的技术指标，以"浙江制造"标准"五性并举"为原则，对《抗裂硅质防水剂》标准的核心技术指标提出了更高要求，具体对比情况见表7-4-2和表7-4-3。

表7-4-2　砂浆防水剂指标对比表

序号	技术指标		单位	本标准	行业标准 JC/T 474—2008	备注
1	抗压强度比　≥	7d	%	100	85	
		28d	%	90	80	
2	透水压力比　≥		%	300	200	
3	吸水量比(48h)　≤		%	65	75	
4	收缩率比(28d)　≤		%	125	135	
5	抗折强度(28d)　≥		MPa	6.5	—	新增指标
6	黏结强度　≥		MPa	0.15	—	新增指标

表7-4-3　混凝土防水剂对比表

序号	技术指标		单位	本标准	国家标准 GB 8076—2008	行业标准 JC/T 474—2008	备注
1	泌水率比　≤		%	50	95—100	70	
2	抗压强度比　≥	7d	%	90	100	100	
		28d	%	110	100	90	
3	含气量　≤		%	3	—	—	新增指标
4	渗透高度比　≤		%	30	—	40	
5	吸水量比(48h)　≤		%	65	—	75	
6	收缩率比(28d)　≤		%	120	135	135	
7	混凝土绝热温升速率比　≤		%	90	—	—	新增指标

（二）**基本要求**（型式试验规定技术指标外的产品设计、原材料、关键技术、工艺、设备等方面）、**质量承诺等体现"浙江制造"标准"四精"特征的相关先进性的对比情况**

1.产品设计

以超细改性沸石粉为载体，搭载相变储能材料石蜡和具有缓凝功能的有机酸等添加剂，通过"熔融分散＋包裹封装"制备工艺制备出具有水化热抑制功能的抗裂硅质防水剂。

根据物料的种类及其特效，制定合理的和稳定的工艺，保证产品的稳定性。

2.原材料

采用符合JG/T 3048—1998要求的质量等级Ⅲ级及以上的沸石粉。
说明：保证产品的细度和性能要求。

3.生产制造

宜采用投料、改性处理、混合、包装等自动化设备生产线一体化生产，保证产品的稳定性。应在生产线配备配套除尘装置，如脉冲除尘装置等；应采用真空包装机，禁止造成粉尘污染。

（1）使产品生产投料、生产更准确，保证产品的稳定性。配置投料、改性处理、混合、包装等自动化设备生产线一体化生产。

（2）脉冲除尘装置可以收集投料时产生的粉尘，确保安全要求及环境要求。

（3）负压吸入式的真空包装机可以防止包装时产生粉尘，确保安全要求及环境要求。

4.检验检测

具备运用移动互联网＋混凝土温度、变形、位移测控系统，实时测试

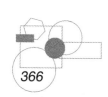

受检样水化热峰值和变形量的能力。

具备本标准规定的抗压强度比、吸水量比、收缩率比、透水压力比、泌水率比、渗透高度比、抗折强度、黏结强度和含气量等指标的检测能力。

（1）具备该项实时检测，可以更好地保证产品质量的测试，同时实时了解产品的使用情况，以便更好地完成产品的追溯性和后期性能的改进。

（2）具备先进的检测设备可以对技术指标进行更及时、详细、精确的检测，同时还可以更好地对产品的设计研发起到辅助性作用。

5.质量承诺

抗裂硅质防水剂在应用过程中，使用方若按照国家相关标准、规范要求施工，其工程防水质量与砂浆、混凝土工程同寿命。在规定的包装、运输和贮存条件下，质保期为1年。在客户提出问题48 h内做出响应，按客户需求给予技术支持。

质量承诺是"浙江制造"标准的特殊要求，只有不断满足客户需求并提供优质服务，才能占领中高端客户市场，提升企业核心竞争力，达到向市场要效益的目的。

6.标准中能体现"智能制造""绿色制造"先进性的内容说明（若无相关先进性也应说明）

（1）智能制造：移动互联网＋混凝土温度、变形、位移测控系统，实时测试受检样水化热峰值和变形量的能力很好地体现了"智能制造"。

（2）绿色制造：现有的防水剂相关的国标、行标并无对放射性建材主体材料指标的特殊要求，本标准增加此项指标。另外，对于生产制造过程中的配套除尘装置、包装过程中的真空包装机等设备的要求，也体现了"绿色制造"的先进性。

四、实施效果

本标准的研制重点是提高浙江制造标准的水平，使标准更趋于合理、可行、有效，以此来推动企业产品质量的提高，满足在新的市场经济形势下，对产品技术和质量有更高和更严的要求，按 T/ZZB 0394—2018《抗裂硅质防水剂》要求生产的防水剂更能适用于地下工程结构自防水及大体积混凝土自防水工程，标准具有"国内一流、国际先进"的刚性防水技术水平，有效提升企业国际国内的市场核心竞争力，对加快防水剂制造业的发展具有里程碑式的意义。欣生沸石作为一家科技型的民营企业，公司以"依托科技、开发资源，发展企业、回报社会"为宗旨，秉持"求实创新、诚信高效、资源共享、合作发展"的欣生精神，"保证产品质量，把满足客户基本需求"作为企业的发展目标，致力于沸石相关产品的研究与开发。在"第四届中国制造强国论坛暨2018中国制造年度盛典"现场，授予金华市欣生沸石开发有限公司"2018年创新示范品牌"。公司董事长陈土兴先生在实施制造业发展过程中提出：一是坚守良知，坚守企业的诚信理念，为用户提供有价值的产品，为用户提供有价值的服务，共同营造良好的市场氛围；二是讲究品质，严格按照质量的标准，为用户提供有质量的服务，让企业从产品到人品、再到企业品质实现全方位的升华；三是专注专业，专注于自己熟悉的领域和行业，不断地耕耘，打造精耕细作的企业团体；四是不断创新，创新是企业生存发展的永久话题。公司致力于沸石相关产品的研究与开发，企业着力打造更高水平的国家级高新技术产业，打造"中国造"国际知名品牌，得到了国家、省级和行业内部的高度认可和赞誉。

T/ZZB 0394—2018 《抗裂硅质防水剂》标准中核心技术指标有哪些?如何体现"五性并举"原则?

第五节 《散装水泥螺旋卸船机》行业标准编制说明

杭州奥拓机电技术股份有限公司，于2016年7月1日成功登录新三板，证券名称：奥拓股份，证券代码：837814。下设2家全资子公司——杭州奥拓散料卸船装备有限公司、杭州奥拓科技有限公司，1家参股公司——杭州奥拓供应链有限公司。

公司自创建以来，在各级政府、行业主管部门的关心和支持下，在各类行业协会的指导下，以"诚信、务实、求精、创新"为经营理念，以"自强不息、开拓创新、凝聚众力、追求卓越"为企业精神，牢记"做散装水泥和应用装备行业专家，不断攀越技术巅峰，服务全球"的企业使命，以"成为全世界同业最值得信赖的知名品牌"为企业愿景，经过10余年的不懈努力，取得了一定的经济效益和社会效益，也得到了社会的广泛认同，为行业的稳定健康发展作出了积极贡献。公司生产的高效螺旋卸船机产品填补了国内产品的空白，打破了高效螺旋卸船机产品全部被国外知名公司技术垄断和全部依赖进口的市场格局，对行业的技术进步具有非常重要的意义，已有200余台高效螺旋卸船机投入运行，部分产品已投放东南亚市场，国内市场占有率达50%以上，其中500t/h及以上规格的轨移式高效螺旋卸船机独占鳌头，最大能卸船型达到10万吨级。当前，在螺旋卸船机细分领域，奥拓品牌的知名度是全国第一、全球第三。

一、立项背景

2016年，为落实国务院办公厅《关于促进建材工业稳增长调结构增效益的指导意见》（国办发〔2016〕34号）的总体要求，水泥行业：一是加快企业改革步伐，重组兼并提高集中度；二是融入"一带一路"建设，开展国际产能合作；在减压过剩水泥产能的同时，也大力发展水泥海运，以解决局部水泥原材料资源富足地区水泥产能过剩，而资源匮乏地区水泥价格奇高之窘境。水泥集中度的提高，"一带一路"的建设，运输方式的调整，显而易见离不开作为供与需纽带的散装水泥（粉料）中转系统的布局和建设。以往的散装水泥（粉料）中转系统规模小、生产线落后、产能低、中转能力低、能耗高、污染严重，不能与大型船舶相匹配，更不符合国家节能减排和"一带一路"建设的要求，融合当代技术及时研发了大型散装水泥（粉料）中转系统。该系统采用1—2台节能、环保、高效螺旋卸船机作为卸船主机，可以在48h内完成一艘70000—100000DWT散货船的卸船作业，而且卸船过程不需要移动船舶；一路可直接装车发运，一路可输送至中转库暂存后再散装装车发运，一路可转运至同一个码头的其他泊位装小船发运。整条生产线单班操作工仅需4人，系统无粉尘污染，实现高度自动化，部分功能实现智能化。已经建成的生产线，客户的竞争优势明显。

二、标准工作组的组建

根据工信厅科〔2017〕70号文件"工业和信息化部办公厅关于2017年第二批行业标准制修订计划的通知"，杭州奥拓机电股份有限公司负责制定《散装水泥卸船机》行业标准（以下简称"卸船机标准"），计划号为2017-1074T-ZJ。

计划下达后，主编单位即牵头成立卸船机标准编制工作组，卸船机标准编制过程中吸收杭州奥拓散料卸船装备有限公司、浙江省建材质量协会、浙江工业大学参加卸船机标准制定工作，并邀请浙江省机电产品质量检测所在卸船机标准编制过程中负责进行试验验证工作（图7-5-1）。

由杭州奥拓机电股份有限公司牵头，负责总体协调工作。

图7-5-1　卸船机标准编制试验

三、标准编制的原则和主要内容

（一）标准编制原则

本标准的编制原则是依据GB/T 1.1—2020《标准化工作导则》第1部分：标准的结构和编写和GB/T 20000.10《标准化工作导则　第10部分：产品标准》的要求和规定进行编写。并严格按照工信部〔2009〕87号文件相关要求和有关标准、政策法规进行修订编制。从技术指标、标准制定程序以及标准格式三方面保证标准文本的质量。

制定本标准时充分考虑到满足我国的技术发展和生产需要，充分体现行业进步和发展趋势，符合国家产业政策，推动行业装备水平的不断提高。标准规定的技术参数、技术性能指标、要求、试验方法、检验判定规则等均符合国家相关标准的规定和要求。

（二）主要内容

1.标准名称和范围

（1）本标准的名称。工业和信息化部办公厅下达行业标准制修订计划的标准名称为"散装水泥卸船机"（计划号：2017-1074T-ZJ）。标准审查会修改标准名称为"散装水泥螺旋卸船机"（见《散装水泥卸船机》行业标准送审稿审查会会议纪要）。

（2）本标准的主要内容：散装水泥螺旋卸船机的术语和定义、分类、标记与基本参数、技术要求、试验方法、检验规则以及标志、包装、运输和贮存。

2.分类、标记

根据产品分类情况，并依据GB/T 32979《建材机械产品分类及型号编制方法》编制型号和标记，并给出标记示例。以卸船能力作为主要参数，XL作为卸船机的代号，以A，B，C，D作为相应的安装形式分类代号，即规格型号由汉语拼音和阿拉伯数字组成。

3.基本参数

根据产品制造和使用情况，选取卸船能力、剩余料层厚度、单位电耗、取料关节回转角、垂直螺旋摆动角、水平螺旋仰俯角、承台水平回转角等指标作为基本参数，其他参数由于产品种类繁多，不宜规定出系列参数。

4.基本要求

产品的基本要求首先根据建材机械行业标准惯例，要求应按规定程序批准的图样和技术文件制造、安装和使用；并规定了能正常作业的环境条件和工作条件。

5. 整机要求

本部分主要规定整机性能要求，特别强调了应符合相关规定；重点提出对粉尘、油污、密封等环境保护要求；并对卸船输送过程提出防堵和流畅性要求；同时提出设备总开关、防碰撞装置、轨道清扫器、轨道专用接地靴、动力电缆和控制电缆卷筒、润滑系统设置要求以及电机的能效等级要求，使产品具有优异性能的同时，必须符合循环经济和节能减排的总体要求。

6. 主要零部件要求

根据产品特点，按照先基座后上装、先主机后附件、先机械后控制的原则顺序，规定了主要零部件的要求。主要包括车轮、门座、回转承台、取料器、垂直螺旋输送机、水平螺旋输送机、液压系统、润滑系统、气动系统、电气系统、操控器、司机室、风速仪等的要求，各零部件凡有相关国家标准或行业标准可依的均规定符合相关标准要求。

7. 控制系统

结合时代特点，适应产品智能化、信息化的需求，对控制系统提出了更高的要求。

8. 装配和安装要求

本部分主要依据JCJ/T 3《水泥机械设备安装工程施工及验收规范》和GB 50231《机械设备安装工程施工及验收通用规范》的规定，重点规定了关键零部件取料器、垂直螺旋输送机、水平螺旋输送机、回转承台及管道的装配和安装要求。

9. 外观质量要求

规定了加工表面、焊接件表面的质量及涂漆防锈要求，各结合面、固定销的外观整齐性要求。

10.安全要求

为预防产品使用过程中的机械与电气伤害、雷电、高空作业等风险，规定产品应设置的安全标志、安全色、联锁装置、防护装置等要求及噪声控制要求，主要依据机械电气安全、职业健康安全等国家标准进行规定。

11.空载试运转

主要规定了空载运转时轴承温升要求，垂直和水平螺旋输送机中间支承轴承振动速度要求，液压管路、润滑管路、气动管路无干扰、无渗漏要求。

12.负载试运转

主要规定了负载运转时卸船机应平稳，无异常振动、冲击、异响，油箱油温正常，轴承的温度和温升、电动机运转电流在规定的范围内。

13.试验方法

针对相关技术要求，一一对应地给出了相应的试验方法，其中针对卸船能力提出了×种试验方法供检验者根据实际现场条件选择，并以试验方法一作为仲裁方法。

14.检验规则

检验分为出厂检验、现场检验和型式检验，出厂检验、现场检验项目为相关要求中列举的项目，型式检验项目为第×章全部要求。并对出厂检验、现场检验和型式检验的检验规则作了规定。

15.标志、包装、运输和贮存

结合本产品特点并参考相关建材机械行业标准编写。

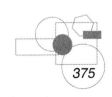

（三）主要试验/验证情况分析

通过用户使用证明、产品验收报告以及生产实际验证，本卸船机标准的主要性能指标不仅能够满足现有卸船机的要求，也能满足未来一定时期产品技术发展的要求。在生产实践中对已运行的设备进行现场试验验证，各项性能符合标准要求，详见检验报告。

本标准规定的主要指标和技术要求，不仅能够满足现有产品生产的要求，而且对产品检验、仲裁也起到极大的指导作用。其技术经济指标能满足未来该产品技术发展的要求，对散装水泥螺旋卸船机行业的技术发展起到了重要的推动作用。

（四）知识产权说明

本标准未涉及任何专利，无相关知识产权争议。

（五）产业化情况、推广应用论证和预期达到的经济效果等情况

本标准卸船机可对散装水泥进行卸船作业，也可对工况条件相近的如粉煤灰、矿渣微粉等其他粉状物料进行卸船作业。由于从取料器开始到后续设备的接收口之间为全封闭结构，确保输送过程中无扬尘，避免了粉尘污染，实现了物料无撒落、零损耗，避免了不必要的繁重耗时的码头清理或航道疏浚工作；同时设备的噪声、油污等也达到环保要求。整机符合环境保护的要求，达到了清洁化生产的目的。

船舶载货量大、运输成本低。我国的水运成本仅为陆路运输的20%、铁路运输的30%。为了适应沿江、沿河、沿海地区的大中小型建设工程的需要，降低例如散装水泥、粉煤灰、矿渣微粉等物料的运输成本，缓解陆路交通压力，实现节能环保运输，响应国家号召“推进长江等内河水运，发展黄金水道”的政策，粉状物料的水路运输量呈现逐年增长趋势，相应

的装卸船设备需求量持续增加，对装卸船设备的环保要求也在不断提高，对装卸船的作业效率和作业时间提出了更高的要求。通过对国内外同行业的大量调查研究发现，散装水泥螺旋卸船机特别适合于码头粉状物料的卸船，并且在粉状物料卸船设备中的占有率呈逐年提高趋势，同时大型化趋势更明显。

现将几种典型粉状物料卸船机的技术指标进行比较，详见表7-5-1所示。

表7-5-1　典型粉状物料卸船机技术指标比较

设备名称	优点	缺点	适用性及最大规格
抓斗卸船机（非连续式卸船机）	结构简单,适应性强,操作难度低,维护成本低	效率低(平均约55%),清舱量大(约50%),物料损失大,粉尘污染严重,噪声较大,自重大于连续式卸船机、轮压较大,对码头结构的承压有较高的要求,对物料有一定的破碎	局部地区已禁用,国内最大3000 t/h
负压抽吸机（连续式卸船机）	结构简单,清舱量极小(约5%),无粉尘污染,对物料的破碎极小,无物料损失	罗茨鼓风机噪声大,输送胶管、分离器滤袋损耗大,效率低,电耗极高(3.6-4.2kW·h/t),波浪力影响大(易断臂),不宜大型化	适用于千吨级内河船或专用于清舱,不宜用于黏性大的、潮湿粉料的卸船,国内最大200 t/h
双（夹）带式卸船机（连续式卸船机）	效率高(70%),自重轻,能耗极低(0.25kW·h/t),噪声低,几乎无物料损失	维修复杂成本高,特别是异物对胶带损伤大,清舱量大,舱内扬尘量大,可靠性比埋刮板式和螺旋式卸船机低,对物料有一定的破碎	不适宜接卸流动性、散落性差的散料,也不宜输送湿的有尖锐异物的物料,国际最大3000 t/h

设备名称	优点	缺点	适用性及最大规格
波纹挡边带式卸船机（连续式卸船机）	自重轻，能耗极低（0.21kW·h/t），运行平稳，噪声低，操作方便，清舱量小（直取率达80%），能装卸兼用	输送大块物料和潮湿、黏性大的物料时易卡死和输送带难以清扫，结构复杂，维修费用高，胶带易发热，粉尘污染较大，对物料有一定的破碎	不宜输送大块物料和潮湿、黏性大的物料，国内最大1600 t/h
埋刮板卸船机（连续式卸船机）	效率高（65%），能耗低（0.34kW·h/t），抗异物能力强，几乎无物料损失	自重大，对码头承载要求高，投资费用高，壳体更换难度大，清舱量大，空机噪声大，有一定的粉尘污染，物料破碎较大	国内最大3000 t/h
斗轮式卸船机（连续式卸船机）	取料能力强范围大，对船舶、潮位、物料适应性强，效率高，几乎无物料损失，噪声低	设备自重较大，整机造价相对较高，有一定的粉尘污染，对物料有一定的破碎	多用于接卸易结块、磨琢性大等较难挖取的重散粒物料，国际能卸最大船型30万吨级3000 t/h，国内1600 t/h
链斗式卸船机（连续式卸船机）	效率高（65%），能耗低，清舱量小（约10%），噪声低，几乎无物料损失	适应具有较大货舱的散货船，波浪力影响大，易堵料，磨损大，有一定的粉尘污染，对物料有一定的破碎	对中小船型的适应能力较差，国内最大3000 t/h
螺旋卸船机（连续式卸船机）	效率高（75%），可靠性强，能耗中等（0.5—0.7kW.h/t），自重轻，清舱量小（约10%，可自带辅助吊起降清舱机），无粉尘污染，噪声低，自动化程度高，无物料损失	中间支承技术含量高，质量差的中间支承磨损快，对物料有一定的破碎	国内能卸最大船型10万吨级，最大1500 t/h

（六）采用国际标准和国外先进标准情况，与国际、国外同类标准水平的对比情况，国内外关键指标对比分析或与测试的国外样品、样机的相关数据对比情况

1.未查到相关的国际标准和国外先进标准

未查到相关的国际标准和国外先进标准，但查阅到国外企业产品说明书：瑞典 Siwertell（西沃特尔）螺旋卸船机产品说明书和德国 IBAU 螺旋卸船机产品说明书。

（1）瑞典 Siwertell（西沃特尔）

瑞典 BMH Marine 公司，是由分别创建于 1890 年和 1974 年的两家瑞典公司组成，它们在散装物料搬运技术方面都做出了重大贡献。当今，在散料机械连续式卸船机行业中，BMH Marine 公司已经成为全球领先者之一。

1974 年，BMH Marine 公司设计和制造了第一台 Siwertell 连续式卸船机。它安装在荷兰的一个河港，用于从驳船上卸散粮，卸船能力是 200 t/h。从此以后，已有 250 台以上 Siwertell 卸船机，在全世界 50 多个国家的港口投入使用。

Siwertell 卸船机，可用于卸各种不同的散装物料，其中水泥是主要货种之一。Siwertell 轻型卸船机，绝大多数被用于卸水泥，其卸船效率可以达到 800 t/h 以上。最近，BMH Marine 公司进一步研制成功新一代 Siwertell 重型水泥卸船机，其额定卸船效率可达到 1500 t/h。近年来，货物运输成本不断上涨，所以该新产品问世后备受用户的欢迎。这意味着船舶在港卸货停留时间将可能缩短。

Siwertell 卸船机典型案例如图 7-5-2 所示。

图7-5-2 瑞典Siwertell卸船机

（2）德国IBAU

德国IBAU HAMBURG公司作为一个工程公司成立于1975年，迄今为止为全球建设了近7000座水泥混凝土库，30艘水泥自卸船和近40台机械式水泥卸船机。

德国IBAU HAMBURG公司2005年进入中国开展业务，现在通过哈佛—博克集团在天津的子公司哈沃科技（天津）有限公司开展业务，公司在华的业务进入快车道。

20世纪90年代初期，在一个提供全套港口设备项目的过程中，IBAU HAMBURG公司开发了一台机械式卸船机。从那时起，通过技术的不断向前发展，IBAU HAMBURG公司已经成为水泥卸船机最主要的供货商之一。目前IBAU HAMBURG公司能提供200—1500 t/h能力的机械式卸船机，规格包含移动式、轮胎式、轨道式3种。该公司螺旋卸船机可以广泛应用于包括化肥、粮食、硫黄、焦炭、水泥、磷矿粉、糖、磷酸盐、煤等散装物料领域。

德国IBAU卸船机典型案例如图7-5-3所示。

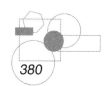

图7-5-3　德国IBAU卸船机

2.国内行业前五企业产品生产规模及质量水平

目前国内本标准卸船机市场方兴未艾，涌现了一批本土的卸船机生产厂家，尤其比较集中在浙江省杭州市。国内有一定规模或生产历史的企业，继本标准主起草单位首创后，出现了杭州云天港口机械装备有限公司、无锡三和重工机械有限公司、上海亿博机电设备有限公司、张家港威兹普斯卸船装备有限公司、杭州集奥机械设备有限公司、杭州三螺机械设备有限公司、杭州俊雄机械制造有限公司等近20家企业。据悉，上海振华重工（集团）股份有限公司也于2019年4月4日首次研发成功螺旋式卸船机，其即将出厂的卸船机如图7-5-4所示：

图7-5-4　上海振华重工生产的卸船机

本土品牌行业前五企业如下。

（1）杭州奥拓机电股份有限公司。

杭州奥拓机电股份有限公司专注于港口干散物料中转系统整体解决方案和港口干散物料中转装卸高端装备的制造，主导产品是环保高效螺旋卸船机及中转站系列设备，包括水泥螺旋卸船机、环保螺旋卸煤机、环保螺旋熟料卸船机等，是高效螺旋卸船机产品在中国的开创者和行业领头标兵企业，填补了国内产品的空白，打破了高效螺旋卸船机产品全部被国外知名公司技术垄断和全部依赖进口的市场格局，对行业的技术进步具有重要的意义，拥有50余项发明、实用、外观专利。在"一带一路"国家战略指引下，奥拓股份实施全球化战略，积极布局国际市场，在"一带一路"沿线国家地区逐渐建立销售和服务体系，输出中国制造高端装备和服务。目前奥拓产品已经远销澳大利亚、菲律宾、越南、孟加拉国等国家，深受客户欢迎。奥拓股份经过近廿年的不懈努力，取得了一定的经济效益和社会效益，也得到了社会的广泛认同，先后荣获杭州市AAA级信用企业、中国散装水泥推广发展协会副理事长单位、中国散装水泥推广发展协会装备技术专业委员会副主任单位、浙江省散装水泥与预拌砂浆发展协会副理事长单位、浙江省散装水泥与预拌砂浆发展协会预拌砂浆专业委员会副主任单位、杭州市新型墙体材料协会副会长单位、浙江省机械工程学会物流工程分会副理事长单位、促进全国散装水泥行业建设与产业发展突出贡献企业、中国砂浆行业十大供应商、首家全国预拌砂浆生产及其装备制造三星级企业、全国预拌砂浆绿色产业发展先进企业等称号。奥拓股份近年来紧跟国际发展步伐，快速优化运营体系，将工业互联网、环保智能理念全面融入公司发展战略，2019年初AOTUO"四五"规划纲要正式发布，奥拓人将共树一个目标、共画一个同心圆、共享成果、共抗风浪，发奋图强，为公司成立20周年献礼。

（2）杭州云天港口机械装备有限公司。

杭州云天港口机械装备有限公司是集设计、制造、安装、调试气力及机械输送设备和港口机械装卸的新型高科技企业，被评为省级高新技术企业，是我国港口机械设备骨干企业之一。公司长期以来致力于新技术开发,研制出代表国内相关领域先进技术水平的气力输送和港口装卸系列产品。1996年开发研制的XS系列散装物料气力卸船机是中国第一台负压式气力卸船机,新型螺旋连续卸船技术2011年通过省级新产品鉴定,已申报省级科技进步奖。公司于2012年11月获省级高新技术企业荣誉称号。公司主要产品有XS系列散料负压气力卸船机、LX系列散料螺旋式连续卸船机、GLD系列散料链斗式连续卸船机等。

(3)无锡三和重工机械有限公司。

无锡三和重工机械有限公司坐落于风景秀丽的太湖之滨,注册资金1100万元,公司注重企业素质的提高,专业从事制造卸船机系列、装船机系列、堆取料机系列、大型钢结构系列等产品。社会在发展,科技在创新,为适应国际潮流,2008年公司收购了位于无锡新区江苏富莱姆钢结构有限公司占地20000平方米的车间,20000平方米生产场地扩大生产基地,同时添置美国进口林肯焊机4台及国内先进的机械加工设备和焊接气割设备,对10000平方米车间进行管道氧气、乙炔气全面贯通,增加了生产设施、不断完善产品检测和先进工艺。"三和重工"在国内外市场竞争中又迈开了新的一步,年生产钢结构产量可达到70000T左右。其主要产品有钢结构、200t/h—2700t/h螺旋式连续卸船机、堆取料机、装船机、3000t—50000t自卸船等。其中螺旋卸船机是沿海、沿江码头的干制散货(煤炭、水泥、粮食、化肥、矿粉)卸船优选装备,突出优点是环保、节能、高效、低碳,符合国家运输行业政策的要求。目前公司在国内本行业中处于拥有自主知识产权、国内500t/h以上系列大型螺旋卸船机制造商的地位。与国外同类产品相比,其具有性价比高和维修服务及时等优势。产品投放市场后,受到了用户一致好评。并在2004年公司取得了中国船级社质量管理体系认证证书。公司设立有螺旋式连续卸船机技术研究中心,与交通运输部水运科学研究院、航天部设计研究院、上海第三航务勘察设计院等建立有长期的战略合作关系,与江苏省无锡职业技术学院建立有产学研战略合作伙伴关系及人才培养基地;多年来对国内外螺旋卸船机及关键部件的深入剖析和研究,掌握了螺旋卸船机关键部件的设计技术和制造工艺,已获多项发明专利和实用新型专利(附专利号:201010112026.7,

201020114821.5，201020114809.4）。公司还与山东建立了良好的合作伙伴关系，建立了螺旋卸船机改进成果验证试验基地。

（4）上海亿博机电设备有限公司。

上海亿博机电设备有限公司是专注于散装物料输送、装卸过程关键装备研发、制造、销售的创新型科技企业。注册资金：500万元，主营行业：输送设备—气力输送，皮带输送机，螺旋输送机/装运设备—散装机。公司以"可靠、环保、创新"为宗旨，专注于核心业务领域，瞄准国际同类产品的先进水平，深入研究散装物料输送、装卸过程中关键装备实际应用工况，将行业机械技术与先进耐磨材料及先进控制技术有机结合，开发出一系列设备，具备运行可靠耐用、环保节能、操作人性化的特点。公司主系列产品有：全液压螺旋卸船机（专利产品）、负压吸送卸船机、高效散料装车机、装船机（专利产品）、高效螺旋输送机、高效脉冲反吹除尘器、气力输送关键阀体等。其产品广泛应用于各种大宗散装物料，如水泥、矿粉、粉煤灰、煤炭粉、化肥、粮食等的码头中转及储运输送环节。

（5）张家港威兹普斯卸船装备有限公司。

张家港威兹普斯卸船装备有限公司是一家专业研发设计大型连续式、新结构、复合型卸船机的专业化企业。其产品最大特点是可以卸载水泥、水泥熟料、煤炭、木薯片、粮食及其他磨琢性物料和各种粉状物料。太原重工集团的结构专家负责总体结构设计。公司云集了国内优秀的结构设计专家、港机专家和长期从事各种连续式卸船机设计、制造、现场安装调试的技术人员。产品完全按照太原重工集团的生产工艺规范制造，是在多年的现场实践过程中不断摸索，优化设计，完善结构，努力创新的产物。它的应用，将使港口物流行业对当前连续式卸船机有一个新的认识。产品享有独立的知识产权，在今后的港口码头散状物料卸载中将得到广泛的应用，会产生巨大的经济效益和社会效益。公司在大型连续式、新结构、复合型卸船机行业中，拥有领先的技术和独立的知识产权。公司在设计、制造、销售和售后服务方面建立了完善的质量控制体系，公司有配套加工大型设备的加工设备，有完备的质量检测设备和控制技术，保证了产品的优良品质。

　　由于受技术的限制，国内生产厂家基本只能提供卸船能力小于1000 t/h相对成熟的螺旋卸船机，超过1000 t/h卸船能力的设备基本靠国外进口。目前市场上只有3家公司能提供卸船能力在1000 t/h以上的螺旋卸船机，即瑞典Siwertell（西沃特尔）、德国IBAU和杭州奥拓股份。随着市场需求的提升，螺旋卸船机的优势更加明显，设备的大型化是必然趋势。

　　《散装水泥螺旋卸船机》行业标准编制的主要技术指标是如何设置的？

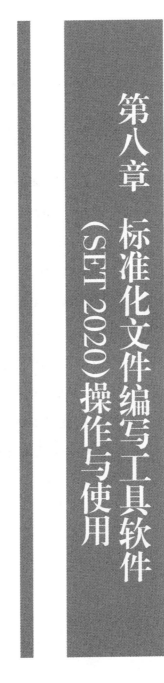

第八章 标准化文件编写工具软件（SET 2020）操作与使用

编制"浙江制造"团体标准，文本结构应符合GB/T 1.1—2020《标准化工作导则　第1部分：标准化文件的结构和起草规则》、GB/T 20001（系列）《标准编写规则》和GB/T 20004.1—2016《团体标准化　第1部分：良好行为指南》的规定及相关要求起草标准，标准化文件起草者可以使用"标准化文件编写工具软件（Standardizing Document Editing Tool）"（以下简称"SET 2020"）。SET 2020是一款辅助标准化文件编写的工具性软件，操作方便快捷，可帮助起草者实现文件草案的要素和层次样式的设置、表述形式的编辑、文件的排版等操作，进而起草完成符合GB/T 1.1—2020规定的标准化文件草案。SET 2020目前支持主流的操作系统以及Word 2010，2013，2016及以上版本的办公软件。

第一节　安装标准化文件编写工具软件

一、SET 2020工具软件安装

第一步经，登录http：//www.sdde.cn/sd/setdownload，下载 SET 2020 安装程序。

第二步，按提示步骤操作完成 SET 2020 的安装。

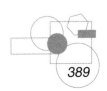

二、注册 SET 2020

如果 SET 2020 未注册，点击 Word 菜单上的"标准化文件编写"，可以看到如下所示界面。

如果看到上图中的"注册"菜单，表示 SET 2020 未注册。点击"新建"按钮，点击弹出菜单中的任何一项（如"团体标准"），SET 2020 会弹出提示，输入注册码，完成注册。

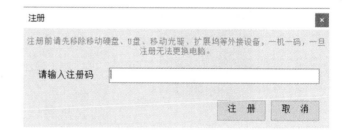

第二节　SET 2020工具软件操作与使用

一、SET 2020工具软件使用的文件建立

完成SET 2020注册后，启动Word或者打开一个Word文档，点击上图菜单中的"标准化文件编写"，就可以看到如下界面。

点击上图菜单中的"新建"按钮，可以看到下图中的下拉菜单。可选择下拉菜单中国家标准、行业标准、地方标准、团体标准、企业标准和标准化指导性技术文件等，新建相应的标准化文件。SET 2020创建新文件时，会自动生成封面、范围、规范性引用文件、术语和定义四个要素。凡是由SET 2020创建的文件，就可以使用SET 2020提供的工具栏方便地编写标准化文件。用SET 2020创建的文件，其文件名称的后缀和Word文件一致。

二、SET 2020工具软件编制标准的操作与使用

以《燃气用埋地聚乙烯（PE）管材》"浙江制造"团体标准为例，介绍如何使用SET 2020编写标准文件各要素。

1.封面

新建选择"团体标准"，在灰色输入框内填写相应内容形成封面，见示例1。

示例1：

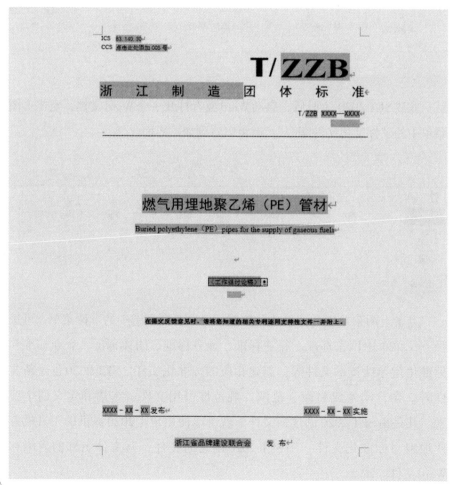

2.前言

点击菜单中的"前言"，SET 2020会自动在对应的位置插入"前言"，编辑相应内容，见示例2。

示例2：

前　言

本文件按照GB/T 1.1—2020《标准化工作导则 第1部分：标准化文件的结构和起草规则》的规定起草。

请注意本文件的某些内容可能涉及专利。本文件的发布机构不承担识别这些专利的责任。

本文件由××××提出及归口。

本文件主要起草单位：××××。

本文件参与起草单位：××××。

本文件主要起草人：××××。

本文件由××××负责解释。

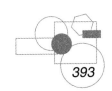

3.目次

点击菜单中的"目次",选择"一级条标题"。SET 2020 自动按照"默认的目次内容"和一级条标题添加目次,并自动冠以"目次"标题,见示例3。

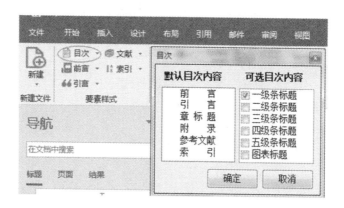

示例3:

目　次

前言···

1 范围···

2 规范性引用文件···

3 术语和定义···

4 ···

······

4.范围、规范性引用文件、术语和定义

SET 2020创建新文件时,会自动生成封面、范围、规范性引用文件、术语和定义等4个要素,可在相应处编辑内容,见示例4。

示例4：

燃气用埋地聚乙烯（PE）管材

1　范围

本文件规定了以聚乙烯（PE）混配料为原料，经挤出成型的单色或带有标志色条的燃气用埋地聚乙烯（PE）管材（以下简称管材）的术语和定义、基本要求、技术要求、试验方法、检验规则、标志、包装、运输、储存和质量承诺。

本文件适用于 PE 80 和 PE 100 混配料制造的公称外径为 16—630 mm 的单层实壁燃气用埋地聚乙烯（PE）管材。管材的最大工作压力（MOP）基于设计应力确定，并考虑耐快速裂纹扩展（RCP）性能的影响，在输送人工煤气和液化石油气时，应考虑燃气中存在的其他组分（如芳香烃、冷凝液）在一定浓度下对管材性能的不利影响。

2　规范性引用文件

下列文件对于本文件的应用是必不可少的。凡是注日期的引用文件，仅注日期的版本适用于本文件。凡是不注日期的引用文件，其最新版本（包括所有的修改单）适用于本文件。

GB/T 2828.1《计数抽样检验程序　第1部分：按接收质量限（AQL）检索的逐批检验抽样计划》。

GB/T 2918《塑料试样状态调节和试验的标准环境》。

GB/T 3681—2011《塑料 自然日光气候老化 玻璃过滤后日光气候老化和菲涅尔镜加速日光气候老化的暴露试验方法》。

……

3　术语和定义

GB/T 19278—2003、GB/T 15558.1—2015 界定的术语和定义适用于本文件。

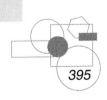

5. 核心技术要素（包括基本要求、技术要求、试验方法、检验规则、标志、包装、运输、贮存和质量承诺内容）

5.1 章

点击层次样式中的"章"，自动生成。例如示例5——第3章。

示例5：

3 术语和定义

GB/T 19278—2003、GB/T 15558.1—2015 界定的术语和定义适用于本文件。

1 基本要求

1.1 生产制造及设计

1.1.1 应根据烘干系统的烘干能力结合设备使用混配料情况，制定烘干效果验证计划。

5.2 条

点击层次样式中的"条"，自动生成。

条标题样式共分5级。通过选择上图层次样式中相应级别的"条"即可自动生成相应的条标题格式，条的编号无须手工输入。例如示例5，4.1为第一层次条、第4.1.1为第二层次条。

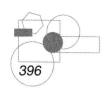

5.3 列项

列项分为列项一、列项二、字母项、数字项。

5.3.1 列项一

点击层次样式中的"列项"，然后点击"列项一"，SET 2020自动在光标所在的行首插入破折号"——"，并设定为一级列项格式。示例如："——列项一"。

5.3.2 列项二

点击层次样式中的"列项"，然后点击"列项二"，SET 2020自动在光标所在的行首插入间隔号"·"，并设定为二级列项格式。示例如："·列项二"。

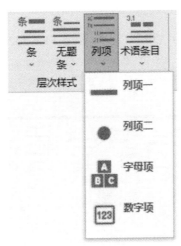

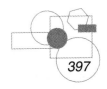

5.3.3 字母项

点击层次样式中的"列项",然后点击"字母项",SET 2020自动在光标所在的行首插入字母编号"a)""b)""c)"等,并设定为一级字母编号列项的格式。示例如:"a)字母项",见示例6。

5.3.4 数字项

点击层次样式中的"列项",然后点击"数字项",SET 2020自动在光标所在的行首插入数字编号"1)""2)""3)"等,并设定为二级数字编号列项的格式。示例如:"1)数字项"。

示例6:

> 5.1.2　检验
>
> 一般每两年进行一次。若有以下情况之一,应进行型式试验:
>
> a)新产品或老产品转厂生产的试制定型鉴定。
>
> b)结构、材料、工艺有较大变动可能影响产品性能时。
>
> c)产品停产半年以上恢复生产时。
>
> d)出厂检验结果与上次型式检验结果有较大差异时。

5.4 段

点击层次样式中的"段"(见下图),SET 2020自动生成相应段的格式,见示例7。

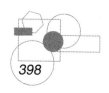

示例7：

> 1.1.1 一般要求
>
> 管材可采用直管和盘卷管（dn≤110）两种形式交货。
>
> 直管长度一般为6 m、9 m、12 m，也可由供需双方约定。管材长度不应存在负误差。盘管长度可在盘卷上标明。盘卷的最小内径应不小于18 dn。
>
> 管材壁厚一般选用SDR 17和SDR 11两个系列，也可由供需双方约定。

6.其他技术要素

6.1 表标题

条文中需要插入表格时，点击表述形式栏"表标题"进行编辑，见示例8。

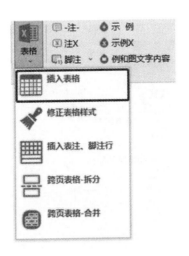

6.2 表格

插入表格，点击表述形式栏"表格"菜单插入表格并编辑内容，见示例8。

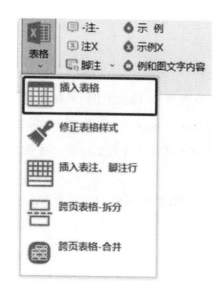

6.3 表脚注

点击表述形式栏"表脚注"编辑表内脚注,见示例8。

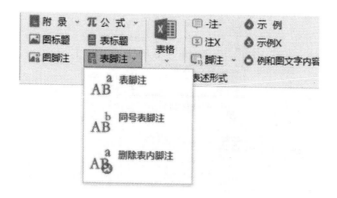

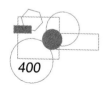

示例8：

表1 平均外径和不圆度

单位：mm

公称外径 d_n	平均外径		直管的最大 不圆度 [a,b]
	$d_{em, min}$	$d_{em. max}$	
16	16.0	16.3	1.2
20	20.0	20.3	1.2
25	25.0	25.3	1.2
32	32.0	32.3	1.3
40	40.0	40.4	1.4
50	50.0	50.4	1.4
………			

[a] 应在生产地点测量不圆度。

[b] 若有必要采用非本表中给出最大不圆度要求(如：盘管)，由供需双方商定。

6.4 示例或示例 ×

点击表述形式栏"示例"，会自动在光标所处的行首插入"示例："已设置相应的格式，编辑内容。带有编号的示例，点击表述形式栏"示例×"会自动在光标所处的行首插入"示例1:""示例2:"，编辑内容，见示例9。

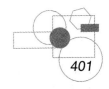

示例9：

> 示例：
>
> 制造商 用途 $d_n \times e_n$ SDR 材料和命名 混配料牌号 生产批号 生产时间 地点 生产线/班组 标准号
>
> AA GAS 110×10.0 SDR 11   PE 80   BB   CC   DDDD-EE-FF GG   HH   T/ZZB XX

6.5 注

点击表述形式栏"注"或"注×"编辑内容，见示例10。

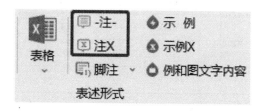

示例10：

> 5.1.4 耐快速裂纹扩展（S4试验）
>
> 按GB/T 19280试验。
>
> 注：若S4试验不能达到要求，采用全尺寸试验时，参见ISO 13478。
>
> 5.1.5 氧化诱导时间（热稳定性）
>
> 按GB/T 19466.6试验。制样时，应分别从管材内、外表面切取试样，然后将原始表面朝上进行试验。试样数量为3个，试验结果取最小值。
>
> 如果与200℃的试验结果有一个明确的修正关系，可以在210℃或220℃进行试验；如有争议，以试验温度为200℃测试结果为最终判定依据。

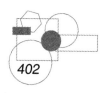

6.6 公式

点击表述形式栏"公式"，使用设计栏内工具编辑内容，见示例11。

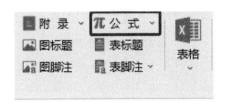

示例11：

A.2.4　试验步骤

A.2.4.1 压扁需要的间距

按式(A.1)计算压扁需要的间距1q。

$1q=2L×e_{sin}$ ·· （1）

式中：

e_{sin} ——管材的最小壁厚，单位为毫米(mm)。

L　——表 A.1 给定的压缩水平。

6.7 附录

在"附录作用"窗口内选择"规范性"或"资料性"，"附录标题"下方输入相应的附录标题。注意：附录会自动添加在紧邻正文后的位置，并自动给予编号"附录 A"；继续添加，附录的编号会自动顺延。见示例12。

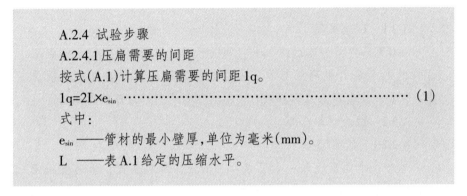

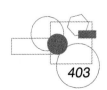

示例12：

附录A

（规范性）

压缩复原试验方法

A.1 总则

如果使用压缩复原技术对聚乙烯管道系统进行维护和修复作业，管材制造商应保证压缩复原后的管材仍满足静液压强度的要求。

A.2 试验方法

A.2.1 试验原理

在0℃条件下，通过两个平行的圆杆对试样进行压缩，压缩点到试样的两末端的距离应相等，并且两平行的杆应与管材的轴线垂直。保持一定时间后立即释放，然后对管材进行静液压强度试验。

A.2.2 试验设备

A.2.2.1 压缩设备

包含一个固定杆和一个可移动杆的压力加载装置，采用框架设计，用于承受压缩操作产生的应力。

每根杆应为环形截面并具有足够的刚度以确保杆在压缩复原过程能均匀分离，且具有相同直径并应不小于表A.1中给出的最小值。

移动杆可采用液压或机械操作方法进行加压，以达到表A.1规定的压缩水平（L）。

6.8 终结线

标准文件编写完成，在文末插入终结线。点击表述形式栏中的"终结线"。

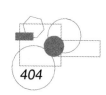

SET 2020工具软件编制标准的操作应注意哪些事项？举例说明。

附

录

FU LU

附录一

国家标准委、民政部联合印发《团体标准管理规定》（国标委联〔2019〕1号）

团体标准管理规定

第一章　总　　则

第一条　为规范、引导和监督团体标准化工作，根据《中华人民共和国标准化法》，制定本规定。

第二条　团体标准的制定、实施和监督适用本规定。

第三条　团体标准是依法成立的社会团体为满足市场和创新需要，协调相关市场主体共同制定的标准。

第四条　社会团体开展团体标准化工作应当遵守标准化工作的基本原理、方法和程序。

第五条　国务院标准化行政主管部门统一管理团体标准化工作。国务院有关行政主管部门分工管理本部门、本行业的团体标准化工作。

县级以上地方人民政府标准化行政主管部门统一管理本行政区域内的团体标准化工作。县级以上地方人民政府有关行政主管部门分工管理本行政区域内本部门、本行业的团体标准化工作。

第六条　国家实行团体标准自我声明公开和监督制度。

第七条　鼓励社会团体参与国际标准化活动，推进团体标准国际化。

第二章　团体标准的制定

第八条　社会团体应当依据其章程规定的业务范围进行活动，规范开展团体标准化工作，应当配备熟悉标准化相关法律法规、政策和专业知识的工作人员,建立具有标准化管理协调和标准研制等功能的内部工作部门,制定相关的管理办法和标准知识产权管理制度,明确团体标准制定、实施的程序和要求。

第九条 制定团体标准应当遵循开放、透明、公平的原则,吸纳生产者、经营者、使用者、消费者、教育科研机构、检测及认证机构、政府部门等相关方代表参与,充分反映各方的共同需求。支持消费者和中小企业代表参与团体标准制定。

第十条 制定团体标准应当有利于科学合理利用资源,推广科学技术成果,增强产品的安全性、通用性、可替换性,提高经济效益、社会效益、生态效益,做到技术上先进、经济上合理。

制定团体标准应当在科学技术研究成果和社会实践经验总结的基础上,深入调查分析,进行实验、论证,切实做到科学有效、技术指标先进。

禁止利用团体标准实施妨碍商品、服务自由流通等排除、限制市场竞争的行为。

第十一条 团体标准应当符合相关法律法规的要求,不得与国家有关产业政策相抵触。

对于术语、分类、量值、符号等基础通用方面的内容应当遵守国家标准、行业标准、地方标准,团体标准一般不予另行规定。

第十二条 团体标准的技术要求不得低于强制性标准的相关技术要求。

第十三条 制定团体标准应当以满足市场和创新需要为目标,聚焦新技术、新产业、新业态和新模式,填补标准空白。

国家鼓励社会团体制定高于推荐性标准相关技术要求的团体标准,鼓励制定具有国际领先水平的团体标准。

第十四条 制定团体标准的一般程序包括:提案、立项、起草、征求意见、技术审查、批准、编号、发布、复审。

征求意见应当明确期限,一般不少于30日。涉及消费者权益的,应当向社会公开征求意见,并对反馈意见进行处理协调。

技术审查原则上应当协商一致。如需表决,不少于出席会议代表人数的3/4同意方为通过。起草人及其所在单位的专家不能参加表决。

团体标准应当按照社会团体规定的程序批准，以社会团体文件形式予以发布。

第十五条 团体标准的编写参照 GB/T 1.1《标准化工作导则 第 1 部分：标准的结构和编写》的规定执行。

团体标准的封面格式应当符合要求，具体格式见附件。

第十六条 社会团体应当合理处置团体标准中涉及的必要专利问题，应当及时披露相关专利信息，获得专利权人的许可声明。

第十七条 团体标准编号依次由团体标准代号、社会团体代号、团体标准顺序号和年份号组成。团体标准编号方法如图 附1-1：

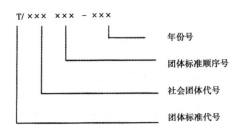

图 附1-1 团体标准编号方法图

社会团体代号由社会团体自主拟定，可使用大写拉丁字母或大写拉丁字母与阿拉伯数字的组合。社会团体代号应当合法，不得与现有标准代号重复。

第十八条 社会团体应当公开其团体标准的名称、编号、发布文件等基本信息。团体标准涉及专利的，还应当公开标准涉及专利的信息。鼓励社会团体公开其团体标准的全文或主要技术内容。

第十九条 社会团体应当自我声明其公开的团体标准符合法律法规和强制性标准的要求，符合国家有关产业政策，并对公开信息的合法性、真实性负责。

第二十条 国家鼓励社会团体通过标准信息公共服务平台自我声明公开其团体标准信息。

社会团体到标准信息公共服务平台上自我声明公开信息的，需提供社会团体法人登记证书、开展团体标准化工作的内部工作部门及工作人员信息、团体标准制修订程序等相关文件，并自我承诺对以上材料的合法性、真实性负责。

第二十一条　标准信息公共服务平台应当提供便捷有效的服务，方便用户和消费者查询团体标准信息，为政府部门监督管理提供支撑。

第二十二条　社会团体应当合理处置团体标准涉及的著作权问题，及时处理团体标准的著作权归属，明确相关著作权的处置规则、程序和要求。

第二十三条　鼓励社会团体之间开展团体标准化合作，共同研制或发布标准。

第二十四条　鼓励标准化研究机构充分发挥技术优势，面向社会团体开展标准研制、标准化人员培训、标准化技术咨询等服务。

第三章　团体标准的实施

第二十五条　团体标准由本团体成员约定采用或者按照本团体的规定供社会自愿采用。

第二十六条　社会团体自行负责其团体标准的推广与应用。社会团体可以通过自律公约的方式推动团体标准的实施。

第二十七条　社会团体自愿向第三方机构申请开展团体标准化良好行为评价。

团体标准化良好行为评价应当按照团体标准化系列国家标准（GB/T 20004）开展，并向社会公开评价结果。

第二十八条　团体标准实施效果良好，且符合国家标准、行业标准或地方标准制定要求的，团体标准发布机构可以申请转化为国家标准、行业标准或地方标准。

第二十九条　鼓励各部门、各地方在产业政策制定、行政管理、政府采购、社会管理、检验检测、认证认可、招投标等工作中应用团体标准。

第三十条　鼓励各部门、各地方将团体标准纳入各级奖项评选范围。

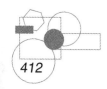

第四章　团体标准的监督

第三十一条　社会团体登记管理机关责令限期停止活动的社会团体，在停止活动期间不得开展团体标准化活动。

第三十二条　县级以上人民政府标准化行政主管部门、有关行政主管部门依据法定职责，对团体标准的制定进行指导和监督，对团体标准的实施进行监督检查。

第三十三条　对于已有相关社会团体制定了团体标准的行业，国务院有关行政主管部门结合本行业特点，制定相关管理措施，明确本行业团体标准发展方向、制定主体能力、推广应用、实施监督等要求，加强对团体标准制定和实施的指导和监督。

第三十四条　任何单位或者个人有权对不符合法律法规、强制性标准、国家有关产业政策要求的团体标准进行投诉和举报。

第三十五条　社会团体应主动回应影响较大的团体标准相关社会质疑，对于发现确实存在问题的，要及时进行改正。

第三十六条　标准化行政主管部门、有关行政主管部门应当向社会公开受理举报、投诉的电话、信箱或者电子邮件地址，并安排人员受理举报、投诉。

对举报、投诉，标准化行政主管部门和有关行政主管部门可采取约谈、调阅材料、实地调查、专家论证、听证等方式进行调查处理。相关社会团体应当配合有关部门的调查处理。

对于全国性社会团体，由国务院有关行政主管部门依据职责和相关政策要求进行调查处理，督促相关社会团体妥善解决有关问题；如需社会团体限期改正的，移交国务院标准化行政主管部门。对于地方性社会团体，由县级以上人民政府有关行政主管部门对本行政区域内的社会团体依据职责和相关政策开展调查处理，督促相关社会团体妥善解决有关问题；如需限期改正的，移交同级人民政府标准化行政主管部门。

第三十七条　社会团体制定的团体标准不符合强制性标准规定的，由标准化行政主管部门责令限期改正；逾期不改正的，由省级以上人民政府标准化行政主管部门废止相关团体标准，并在标准信息公共服务平台上公示，同时向社会团体登记管理机关通报，由社会团体登记管理机关将其违规行为纳入社会团体信用体系。

  第三十八条 社会团体制定的团体标准不符合"有利于科学合理利用资源，推广科学技术成果，增强产品的安全性、通用性、可替换性，提高经济效益、社会效益、生态效益，做到技术上先进、经济上合理"的，由标准化行政主管部门责令限期改正；逾期不改正的，由省级以上人民政府标准化行政主管部门废止相关团体标准，并在标准信息公共服务平台上公示。

  第三十九条 社会团体未依照本规定对团体标准进行编号的，由标准化行政主管部门责令限期改正；逾期不改正的，由省级以上人民政府标准化行政主管部门撤销相关标准编号，并在标准信息公共服务平台上公示。

  第四十条 利用团体标准实施排除、限制市场竞争行为的，依照《中华人民共和国反垄断法》等法律、行政法规的规定处理。

第五章 附 则

  第四十一条 本规定由国务院标准化行政主管部门负责解释。

  第四十二条 本规定自发布之日起实施。

  第四十三条 《团体标准管理规定（试行）》自本规定发布之日起废止。

附录二

浙江省市场监督管理局关于深化"浙江制造"品牌建设的通知

浙市监质〔2013〕1号

市、县（市、区）市场监督管理局，省局机关有关处室、有关直属单位：

为深入贯彻省委、省政府关于打响"浙江制造"品牌的决策部署，进一步加强工作改革，优化品牌培育路径，推动"浙江制造"品牌建设高质量发展，现就有关事项通知如下：

一、总体要求

（一）指导思想。以习近平新时代中国特色社会主义思想为指导，全面贯彻落实省第十五次党代会、省委十五届二次全会暨省委经济工作会议精神，围绕加快建设制造强省、质量强省，高质量发展建设全球先进制造业基地，坚持市场主导与政府推动相结合，坚持"国际一流、国内领先"定位，坚持标准提档、质量提升、品牌增效一体推进，构建完善"浙江制造"品牌培育、发展和保护机制，加快形成一批拥有核心竞争力、高附加值和自主知识产权的"浙江制造"品牌，打响"品字标"品牌"金名片"，为"两个先行"助推加力。

（二）总体思路。通过建立"事前谋划、事中培育、事后评价"的"浙江制造"品牌建设新路径，改革"标准+认证""标准+自我声明公开+信用保证（监管）"等多途径品牌评价模式，着力把"浙江制造"品牌打造成品质卓越、技术自主、管理先进、美誉度高、竞争力强、市场和社会公认的优质浙江企业和产品的区域公共品牌。

（三）主要目标

1.品牌培育体系更加完善。"浙江制造"品牌培育基础更加扎实，品牌矩阵不断壮大,品牌培育提质拓面取得明显成效。到2025年,实施推广"浙江制造"标准4000项、发展内外贸产品"同线同标同质"企业2000家,每年新增"浙江制造"品牌企业300家,培育提升一批省政府质量奖企业。创建一批影响力大、带动作用强的全国质量品牌提升示范区。

2. 品牌竞争力全面提升。"浙江制造"的质量、标准、知识产权竞争力全面增强,形成一批质量卓越、优势明显、拥有自主知识产权的世界知名品牌和一流企业。到2025年,新增主导和参与制修订国际标准30项、主导制修订国家标准300项、认定"浙江标准"200项,知识产权示范优势企业累计达到500家,全力争创一批中国质量奖、中国标准创新贡献奖、中国专利奖。

3. 品牌影响力进一步扩大。以"品字标"、政府质量奖、全国质量品牌提升示范区等为主要代表的产品品牌、企业品牌、产业品牌、区域品牌体系全面形成,品牌对产业提升、区域经济发展、一流企业创建的引领作用全面凸显,成为助推"两个先行"的有力支撑。到2025年,规上制造业品牌销售占比达到55%以上,品牌强省建设取得显著成效。

二、重点任务

(一)强化"浙江制造"品牌建设事前谋划

1. 完善制度设计。拓宽"浙江制造"标准体系,将我省牵头制定的制造业领域国际标准、国家标准、行业标准等纳入"浙江制造"标准培育体系,将"浙江制造"标准范围拓展至制造业领域的产品类、工艺类、方法类、基础类和生产性服务类等。优化"浙江制造"对标评价路径,构建以认证为基础,自我声明、转认申请为补充的"浙江制造"品牌评价途径。

2. 加强工作指引。制定发布《"浙江制造"标准工作指引》《"浙江制造"培育管理工作指引》《"浙江制造"认证管理工作指引》,进一步规范"浙江制造"标准研制、品牌培育和认证管理工作流程,为推进"浙江制造"品牌建设提供细化指导。

3. 精准立项建库。各地要建立"浙江制造"标准培育库,提出研制标准申请,由省局公布"浙江制造"标准研制计划。制订"浙江制造"认证实施规则管理办法,优化认证实施细则制订流程,规范认证管理。推进"千企创牌"计划，各地要结合实际，摸清品牌培育底数，明确年度创牌企业名单，省局统筹构建全省"浙江制造"品牌企业培育库。

（二）实化"浙江制造"品牌事中培育

1. 明确重点导向。围绕制造业高质量发展重点领域，省局发布"浙江制造"标准研制指南，强化"浙江制造"标准研制与产业发展需求深度融合。围绕一体推进品牌产品、品牌企业、产业品牌、区域公共品牌发展，统筹"浙江制造"品牌与"三同"产品、绿色认证产品、"老字号"历史经典产品、世界级领军企业、高市值上市企业、单项冠军企业、隐形冠军和"小巨人"企业、创新型中小企业和"415X"先进制造业集群等培育工作协同。

2. 提升"浙江制造"标准研制质量。标准牵头起草单位应对照"浙江制造"标准工作指引，组建标准起草组，起草完善标准文本。标准起草组一般由同类和上下游企业、标准化技术委员会、检验检测和认证认可机构等方面专家组成，研制周期一般为6个月。各地市场监管部门做好标准研制工作指导、标准生产验证把关和审核推荐。

3. 做实"浙江制造"品牌培育。各地要围绕"浙江制造"培育库内的企业和产品，实施质量提升诊断方案，组织开展对标达标提升行动，指导企业对标找差距、达标促提升。对不符合培育标准或三年培育周期内没有实质性培育成效的企业，予以调整退出培育库。强化计量、标准、检验检测、认证认可等质量基础设施对品牌建设的支撑发展作用，推进质量管家、质量特派员等服务模式，优化质量基础设施"一站式"服务，为企业增品种、提品质、创品牌提供服务。发挥行业协会等第三方社会组织作用，推进"浙江制造"品牌创建、培育、宣传活动。

（三）优化"浙江制造"品牌事后评价

1. 规范"浙江制造"标准评审。省局组织"浙江制造"标准技术审评，经审核通过后公布"浙江制造"标准认定清单，赋予标准登记号。对符合引领产业高质量发展需求、具有高质量高效益内涵特征的"浙江制造"标准，是"浙江标准"培育体系组成部分。

2. 优化"浙江制造"评价认定。及时制定发布"浙江制造"认证实施细则,支持企业走"标准+认证"之路,自愿申报"浙江制造"认证。鼓励符合条件的企业采取"标准+自我声明公开+信用保证(监管)"品牌认定模式。积极探索对"小巨人"企业、"雄鹰企业"、创新型领军企业等企业的"拳头"产品,通过"转认"等补充模式申请"品字标"品牌授权。对通过评价的"浙江制造"品牌,统一由省局予以确认。

3. 促进"浙江制造"认证减负增效。优化提升"浙江制造"认证现场审核质量和效率,加大认证采信和互认力度,为企业减负。持续推进"1+N"认证模式,加强出口企业的国际认证、绿色产品认证、强制性产品认证等融合认证,主动采信企业已有的检测报告、认证证书等适用内容,降低企业检测认证成本。推进"浙江制造"认证与"上海品牌""江苏精品"等认证结果采信互认。

(四)提升企业品牌创建能力

1. 发挥企业主体作用。鼓励企业制定中长期品牌发展规划,培育品牌,经营品牌,延伸品牌,扩大品牌产业链和品牌经营规模,做大做优做强品牌。对创新能力强、质量效益好、带动能力强的企业,积极培育创建"浙江制造"品牌,努力争创中国质量奖、中国标准创新贡献奖和省政府质量奖、浙江省标准创新贡献奖。

2. 全面加强企业质量管理。实施"千争创万导入"活动,引导企业牢固树立"质量第一"的理念,推动培养企业首席质量官、企业标准总师等人才,用好卓越绩效、精益生产、质量持续改进等先进生产管理模式和方法,提升计量、标准、认证和质量管理水平,完善全员、全过程、全方位的质量管理体系。鼓励企业对标国际先进水平,大力开展质量比对、质量攻关,全面提升产品技术、工艺装备、能效环保、产品服务等水平,提高全要素生产率。

3. 全面强化质量技术创新。引导企业加大科技创新投入,建立技术中心、制造业创新中心、工业设计中心和重点实验室等创新研发平台,加快开发核心技术,推进技术成果转化,注重创新成果的标准化和专利化,努力形成自主知识产权和自主品牌。引导企业加强产品设计、文化创意、技术创新与品牌建设融合,不断提高产品、服务档次和附加值。

（五）强化"浙江制造"品牌管理和跟踪问效

1.完善品牌管理制度体系。梳理、修订品牌管理制度体系、标准管理制度体系和认证管理制度体系。规范并公开"浙江制造"品牌建设全过程环节事项和操作要求。对接"浙江质量在线"平台建设要求，完善"浙江制造"管理数字化平台，实现资料全流程线上流转、管理全过程在线实施。

2.加强"浙江制造"品牌建设绩效评估。开展标准复评和绩效评价，根据产业发展需求及时修订标准内容，适时废止使用率低、产业需求差的"僵尸"标准。建立"浙江制造"企业新产品替代旧产品模式，组织对市场流通的"浙江制造"产品进行买样比对，对违规使用品牌标识和不符合标准的产品进行监管规制；对品牌建设实施绩效评估，评估结果不理想的"品字标"产品，予以收回品牌授权。

3.强化"浙江制造"认证活动监督检查。运用"双随机一公开"手段，对认证机构开展监督检查，强化信用监管，建立认证机构和获证企业评估监测和动态调整机制，对不符合认证实施要求的细则组织修订，对严重违法违规、失信认证机构及获证企业依法予以清退。

三、保障措施

（一）优化品牌环境。完善品牌建设支持政策，鼓励企业加大品牌建设投入、建立品牌管理体系、提高品牌培育能力。鼓励银行业金融机构向企业提供以品牌为基础的商标权、专利权等质押贷款。支持企业加强品牌保护和维权，依法严厉打击品牌仿冒、商标侵权等违法行为，营造品牌优质发展的良好环境。探索建立质量品牌发展专家智库，为深化品牌发展提供研究服务和决策咨询。

（二）加强考核评价。梳理"浙江制造"企业清单，分产业、分区域、分企业开展"浙江制造"品牌价值评价，适时组织对"浙江制造"企业培育成效进行评估。将品牌工作纳入政府质量工作考核。加强品牌工作的督导、督查，实施动态统计和通报，推动品牌建设目标责任制的全面落实。

（三）强化宣传推广。加强对"浙江制造"品牌宣传的总体策划和系统推进，推动品牌教育进党校、进高校、进职业院校。引导企业制定品牌战略规划，挖掘品牌文化，讲好品牌故事，推进"品字标"贴标亮标行动。精心策划"浙江制造"品牌百强榜评价、"浙江制造"品牌建设论坛，借助"义博会"等平台设置"浙江制造"品牌主题展馆（区），组织高层次品牌发布、推广活动，提升"浙江制造"的国际知名度和市场竞争力。

附录三

"浙江制造"标准工作指引

本指引旨在明确"浙江制造"标准的目标定位、重点范围，规范"浙江制造"标准研制发布工作流程，指导"浙江制造"标准推广应用。

一、明确"浙江制造"标准定位及重点领域

1. 优化"浙江制造"标准内涵。"浙江制造"标准定位为国际先进、国内一流。我省制定的体现制造业发展创新水平、符合引领产业高质量发展需求、具有高质量高效益内涵特征的先进企业标准、团体标准和地方标准，是"浙江标准"培育体系的主要组成部分。浙江牵头制定的制造业领域国际标准、国家标准、行业标准等是"浙江制造"标准体系的重要组成部分。

2. 拓展"浙江制造"标准制定范围。强化"浙江制造"标准研制与产业发展需求深度融合，由省市场监管局围绕浙江制造业高质量发展要求，聚焦特色产业质量提升等重点领域，制定发布"浙江制造"标准研制指南。全省符合指南方向和"浙江制造"标准定位内涵的制造业领域，均可开展"浙江制造"标准研制。"浙江制造"标准包括产品标准、工艺标准、方法标准、基础标准、生产性服务标准等。

3. 扩展"浙江制造"标准参与主体。健全社会各方参与的机制，本省符合条件的各有关企事业单位、社会团体等，均可根据本领域、本行业标准化需求，通过"浙江标准在线"平台提出"浙江制造"标准研制项目的申请，开展"浙江制造"标准研制和实施应用。

二、规范"浙江制造"标准研制管理

1. 实施"浙江制造"标准培育行动。各地要建立"浙江制造"标准企业培育库，聚焦制造业发展重点和"浙江制造"标准指南方向，组织遴选一批创新能力强、质量效益好、标准化能力突出的优势企业，作为研制和实施"浙江制造"标准的主要目标企业，滚动推进培育行动。鼓励依托质量基础设施"一站式"服务平台等，为各地开展"浙江制造"标准集中培育、实施推广等提供专家和机构技术支持。

2. 组织"浙江制造"标准研制立项。"浙江制造"标准立项申请实行网上办理，纳入"浙江制造"标准培育库的各有关制造业企业和社会团体等均可通过"浙江标准在线"平台直接提出研制"浙江制造"标准申请，通过技术审查符合条件的，由省市场监管局公布"浙江制造"标准研制计划，确定标准名称、起草单位、标准类型等信息。立项审查突出把握标准立项的必要性、可行性、先进性及预期实施效益。

3. 规范"浙江制造"标准研制起草。由标准研制牵头起草单位组建标准起草组，结合生产实际和发展需求提炼技术指标，开展试验和生产实施验证等，起草完善标准文本。标准起草组一般由同类和上下游企业、标准化技术委员会、检验检测和认证认可机构等方面专家组成，研制周期一般为六个月。各地市场监管部门要做好标准研制工作指导和标准生产验证把关审核。

4. 严格"浙江制造"标准技术审评。"浙江制造"标准起草完成后，由牵头起草单位形成标准送审稿、标准编制说明、标准实施应用报告、标准征求意见处理情况等材料，经所在地市、县（市、区）市场监管部门审核后，报省市场监管局。省市场监管局组织相关领域企业、技术机构、社会团体等方面专家，对标准送审材料进行审评，重点评价标准的合规性、必要性、先进性、经济性、可操作性等。

5. 组织"浙江制造"标准认定发布。标准研制牵头起草单位根据专家审评意见进行修改完善后形成标准报批稿，并经所在地市、县（市、区）市场监管部门审核通过，报省市场监管局审核后，由各发布单位组织发布。标准实施自我声明公开后，由省市场监管局公布"浙江制造"标准认定清单，赋予标准登记号。

6. 实行"浙江制造"标准登记管理。"浙江制造"标准作为浙江制造业领域的先进标准族群，实行统一编号登记管理制度。标准登记号为：

ZZB ˙XXXX-YYYY，其中"ZZB"为"浙江制造"标准代号；"˙"为标准类型代号，如 D-地标标准、Q-企业标准、T-团体标准；"XXXX"为登记序号，"YYYY"为标准认定年代号。标准登记号一般放置于标准编号下方。

三、强化"浙江制造"标准推广应用

1.加强"浙江制造"标准组织实施。经认定的"浙江制造"标准，由各发布单位或牵头起草单位为主负责在本企业、本行业、本领域的使用与推广。各地市场监管部门应加强对标准使用情况的监督抽查，对未有效推动标准实施的，责令进行整改；必要时，公告取消"浙江制造"标准认定，并纳入信用记录。

2.畅通"浙江制造"标准推广路径。鼓励各级政府、有关主管部门在产业政策制定中引用"浙江制造"标准。推动以"浙江制造"标准为依据开展对标达标提升行动，不断提升产品和服务质量。支持企业开展"浙江制造"认证，创建"品字标"品牌企业。积极拓展认证互认范围，推动以"浙江制造"标准等为依据，开展"同线同标同质"产品认定。

3.建立"浙江制造"标准统计机制。构建完善"浙江制造"标准统计监测体系，依托"浙江标准在线"平台定期开展统计，从立项培育到实施应用，全过程、在线化监测"浙江制造"标准制定和实施单位生产经营情况、标准化投入情况、执行标准产品产值情况等信息。结合统计监测，定期开展重点企业、重点产业、重点区域的"浙江制造"标准实施效果评估，对实施效果好的，推荐申报"浙江标准"、标准创新贡献奖等。

4.加强"浙江制造"标准复审修订。完善标准实施跟踪管理，由标准牵头起草单位会同所在地市场监管部门，依据标准统计监测情况，及时对"浙江制造"标准进行复审，提出复审意见。对技术内容与现行法律、法规、规章或强制性标准不一致，不符合产业政策导向要求，因引用标准废止或修订产生影响等，及时提出复审意见。建议修订的，由原起草单位或征集新的起草单位重新组织标准立项；建议废止的，由省市场监管局统一发布公告。

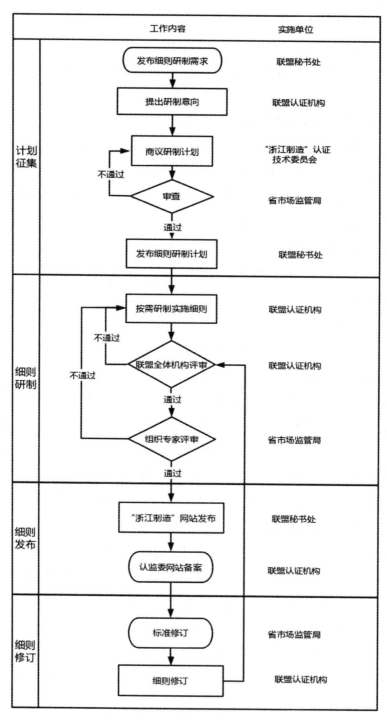

图 附3-1 "浙江制造"标准研制工作流程图

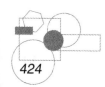

附录四

"浙江制造"培育管理工作指引

本指引旨在明确"浙江制造"品牌培育的重点导向、品牌培育的方法路径，指导"浙江制造"品牌动态管理等工作。

一、明确"浙江制造"品牌培育导向

1. 聚焦全省产业发展导向，明确"浙江制造"品牌培育导向。

（1）产业方向。全省十大标志性产业链，"415X"先进制造业集群，"腾笼换鸟、凤凰涅槃"质量提升攻坚产业等。

（2）企业方向。"单项冠军"企业、"小巨人"企业、"雄鹰企业"、创新型领军企业、"隐形冠军"企业、"专精特新"中小企业、"浙江出口名牌"企业等，符合以下条件：

——具备一定产值规模，产值、利税保持一定的增长率，对产业及地区经济发展具有较好的带动作用。

——采用三体系等先进的管理模式和标准，企业工艺和技术水平处于国内领先位置。

——掌握核心技术的自主知识产权，并具有较强创新能力。

——诚信经营，切实履行企业社会责任，近三年内无重大安全生产、质量、环保事故发生和不良诚信记录。

（3）产品方向。"首台套"高端装备类产品，通过"三同"认证、"绿色产品"认证等民用消费品，"老字号"历史经典产品等。

二、优化"浙江制造"培育方法

1. 构建"浙江制造"品牌培育库。根据产业、企业、产品培育方向，统一构建全省"浙江制造"培育库。对符合品牌定位的库内企业和产品，组织开展品牌认定；对尚未达到品牌定位的库内企业和产品，实施质量提升诊断方案，组织开展对标达标提升行动，指导企业对标找差距、达标促提升。

2. 优化品牌建设路径。鼓励企业采用"标准+认证"方式开展品牌培育，探索实施"标准+自我声明公开+信用保证（监管）"品牌认定模式。

3. 完善品牌服务支持体系。进一步强化计量、标准、检验检测、认证认可等质量基础设施对品牌建设的支撑发展作用，优化质量基础设施"一站式"服务，推进质量管家、质量特派员等服务模式，为企业产品研发、测试和产品检验提供便捷服务。支持行业协会等第三方社会组织指导企业开展品牌创建、培育、宣传活动。扶持一批品牌培育和运营专业服务机构，培育一批具有较强影响力的品牌设计创意服务机构，推进企业增品种、提品质、创品牌。完善由职业院校、社会培训机构、高等学院和行业龙头企业等共同参与的品牌人才培育体系，加大企业首席质量官、标准总师、复合型质量领军人才、高素质质量技术能手、质量工匠队伍建设。

三、全面提升企业品牌创牌能力

发挥企业创品牌的主体作用。鼓励企业制定中长期品牌发展规划，培育品牌，经营品牌，延伸品牌，扩大品牌产业链和品牌经营规模，做大做优做强品牌。实施"千争创万导入"活动，引导企业牢固树立"质量第一"的理念，开展卓越绩效、精益生产、质量持续改进等先进生产管理模式和方法，提升计量、标准、认证和质量管理水平，完善全员、全过程、全方位的质量管理体系。支持企业提高质量在线监测、在线控制和产品全生命周期质量追溯能力。引导企业加大科技创新投入，支持企业建立技术中心、制造业创新中心、工业设计中心和重点实验室等创新研发平台，加快开发核心技术，推进技术成果转化，注重创新成果的标准化和专利化，努力形成自主知识产权和自主品牌。开展质量现场诊断、质量标杆经验交流、质量管理小组等群众性质量管理活动。鼓励企业对标国际先进水平，大力开展质量比对、质量攻关，全面提升产品技术、工艺装备、能效环保、产品服务等水平，引导企业加强产品设计、文化创意、技术创新与品牌建设融合，不断提高产品、服务档次和附加值，提高全要素生产率。

四、加强"浙江制造"品牌管理

1. 加强在线动态跟踪。依托"浙江质量在线"构建完善"浙江制造"区域公共品牌数字化管理平台,实现资料全流程线上流转、认定全过程在线实施。进一步严格质量管控,对"品字标"认定企业和产品实施在线动态跟踪。

2. 加强监督抽查。对违反品牌认定相关要求的企业,采取撤销品牌认定、纳入信用档案等措施,并向社会公布。情况情节严重的,移交司法部门追究相关法律责任。被撤销"浙江制造"品牌认定的企业,三年内不得重新申请。

3. 优化品牌环境。深化实施中小企业知识产权战略推进工程,发挥品牌指导站、专利特派员等服务企业零距离效用,打造知识产权密集型产业、企业及产品方阵。引导各类市场主体加强商标注册,加快商标品牌化进程。加强反垄断与反不正当竞争执法,严厉打击侵犯商业秘密、恶意诋毁、傍名牌等各类不正当竞争行为。重视质量品牌人才培养和储备,每年新增一批首席质量官、标准总师、复合型质量领军人才、高素质质量技术能手、质量工匠等。探索建立质量品牌发展专家智库,深化品牌发展研究和决策咨询。为打造"浙江制造"品牌作出杰出贡献的企业、质量管理团队和个人,优先推荐参评省政府质量奖和标准创新贡献奖。

4. 加强考核评价。梳理"浙江制造"企业清单,分产业、分区域、分企业开展"浙江制造"品牌价值评价,适时组织对"浙江制造"企业培育成效进行评估。将品牌工作纳入市、县级政府质量工作考核,优化考核指标体系,加大"品字标"产品市场占有率和销售占比在政府质量工作考核中的比重。加强品牌工作的督导、督查,实施动态统计和通报,推动品牌建设目标责任制的全面落实。

五、深化"浙江制造"品牌宣传推广

1. 强化宣传推广。加强对"浙江制造"品牌宣传的总体策划和系统推进,推动品牌教育进党校、进高校、进职业院校。开展品牌培训,提高企业经营管理者、一线员工的品牌意识和能力水平。引导企业制定品牌战略规划,挖掘品牌文化,讲好品牌故事。组织设立"品字标"品牌主题展馆

（区），举办高层次"品字标"品牌发布、推广活动。加快构建"浙江制造"企业内外贸服务平台，推进"品字标"品牌"走出去"，积极提升浙江品牌的国际知名度和市场竞争力。

2. 推进"贴标亮标"行动。"浙江制造"品牌认定企业应严格执行贴标亮标"四个百分百"，即：质量承诺100%公示、品牌产品100%贴标、厂区车间100%亮标、广告宣传100%植入。

3. 实施"浙品码"赋码。"浙江制造"品牌认定企业应根据"一品一码"原则，严格实施品牌认定产品"浙品码"全赋码。实现消费者一键扫码获取企业和产品信息、标准和认证信息、主要关键性能指标对比表和质量承诺等内容。

附录五

"浙江制造"认证管理工作指引

本指引旨在明确"浙江制造"认证目标定位，规范"浙江制造"认证管理活动，指导"浙江制造"认证培育和认证减负增效等工作。

一、明确"浙江制造"认证目标定位。坚持"区域品牌、先进标准、市场认证、国际认同"的核心理念，坚持市场化、专业化、国际化发展方向，彰显浙江制造企业的先进性、创新性、带动性和责任性，进一步突出"浙江制造"高品质、绿色、低碳属性，构建市场认可、企业信赖、权威公信的"浙江制造"标准体系、认证体系和监管体系，提升区域品牌竞争力和产品附加值。进一步发挥浙江制造国际认证联盟协调认证规则制定、提升行业管理水平、推进贸易便利化等方面的重要作用。

二、规范"浙江制造"认证管理。制订"浙江制造"认证实施规则管理办法，进一步优化认证实施细则制订流程，强化对认证机构研制活动有效管控。支持企业走"标准+认证"之路，鼓励企业自愿申报"浙江制造"认证。鼓励相关行业企业开展"自我声明"试点。"浙江制造"标准研制计划发布后，由浙江制造国际认证联盟组织相关认证机构提出相应标准的认证实施细则研制意向，经"浙江制造"认证技术委员会合议后提出实施细则编制计划，相关认证机构按照 CZJM-103《"浙江制造"认证技术文件管理办法》制定认证实施细则，经省局组织专家评审后由浙江制造国际认证联盟发布，并报国家认监委备案。

三、推进"浙江制造"认证培育。建立"浙江制造"认证企业培育库，聚焦制造业高质量、绿色低碳发展重点、内外贸"三同"产品、"浙江制造"标准指南方向及市场需求，组织遴选一批企业意愿强、创新能力足、质量效益好的优势企业，作为实施"浙江制造"认证的主要目标企业，滚动推进培育行动。鼓励依托"浙江质量在线""浙里检"等质量基础设施"一站式"服务平台等，为各地开展"浙江制造"认证培育、实施推广等提供专家和机构技术支持。

四、促进"浙江制造"认证减负增效。支持企业自愿申报"浙江制造"认证，完善"浙江制造"评价规范，优化"质量、环境、职业健康安全"三大体系审核内容，采信带有认可标志的三体系证书，提升现场审核质量和效率。持续推进"1+N"认证模式，加强出口企业的国际认证、绿色产品认证、强制性产品认证等融合认证，主动采信企业已有的检测认证报告等适用内容，降低企业检测认证费用。迭代升级"浙江制造"数字化系统，提升"浙江制造"认证服务效率。

五、引导"浙江制造"认证绿色高质量发展。结合生态文明建设、美丽浙江、碳达峰碳中和等工作部署，组建"浙江制造"绿色认证标准技术委员会。在"浙江制造"标准基础上，突出"浙江制造"认证的绿色、低碳、"三同"属性，引导"浙江制造"向绿色节能、降碳增效、数字认证转型，促进经济绿色可持续发展。围绕内外贸产品"同线同标同质"要求，等同采信"浙江制造"认证结果。贯通"三同"在线与"浙江制造"认证管理系统，为"浙江制造"认证企业提供快捷、高效的增值服务，助力内外贸一体化、统一大市场建设和国内国际双循环。

六、推动"浙江制造"认证采信和互认合作。深化"浙江制造""一次认证、多国证书"国际合作模式，推动认证机构间对认证结果采信互认，帮助企业突破技术性贸易壁垒，降低制度性交易成本。对企业采用的国际先进认证，通过参照转认等模式予以采信互认。建立长三角认证合作互认机制，推进"浙江制造"认证与"上海品牌""江苏精品"等认证结果采信互认，推进长三角认证一体化建设。

七、强化"浙江制造"认证活动监管。运用"双随机一公开"手段，依据《认证认可条例》等法律法规，每年按照不少于5%的比例，随机抽查"浙江制造"认证实施机构，并结合企业现场检查，对"浙江制造"认证实施细则有效性、认证机构认证活动的合规性进行监督检查。强化信用监管，建立认证机构和获证企业评估监测和动态调整机制，对不符合认证实施要求的细则组织修订，对严重违法违规、失信认证机构及获证企业依法予以清退。

八、建立"浙江制造"认证统计监测体系。构建完善"浙江制造"认证统计监测体系，从企业申请到认证实施，全过程、在线化监测"浙江制造"认证机构认证活动、获证产品和企业信息。定期开展重点企业、重点产业、重点区域的"浙江制造"认证实施效果评估。建立"浙江制造"认证标杆企业遴选制度，每年遴选出一批技术标准领先、产业带动力强、社会责任优良的认证标杆企业，形成良好的示范带动效应。

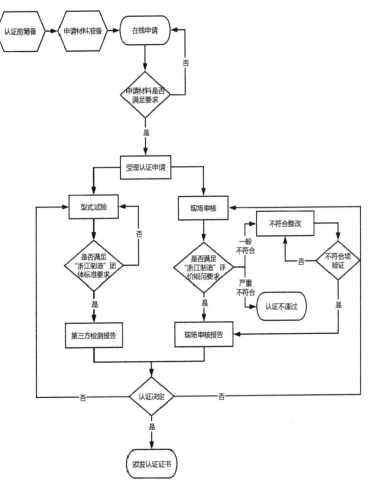

图　附5-1　"浙江制造"认证流程图

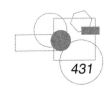

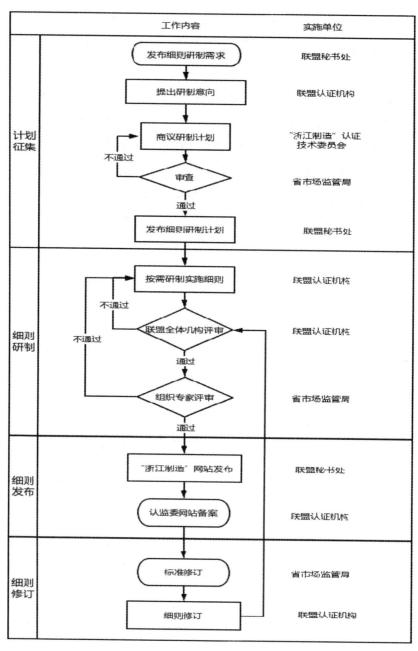

图 附5-2 "浙江制造"认证实施细则编制流程图

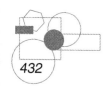

附录六

"浙江制造"团体标准各种表式（样表）

一、"浙江制造"标准立项论证答辩会审用表

项目名称	
申报单位	

<table>
<tr><td colspan="2" align="center">会 审 意 见</td></tr>
<tr><td>一、技术指标对标国际国内一流水平。</td><td>□ 是　□ 否</td></tr>
<tr><td>二、体现浙江制造业创新水平。</td><td>□ 是　□ 否</td></tr>
<tr><td>三、符合引领产业高质量发展需求。</td><td>□ 是　□ 否</td></tr>
<tr><td>四、具有高实施效益的内涵定位。</td><td>□ 是　□ 否</td></tr>
<tr><td>五、有推动标准实施应用的举措。</td><td>□ 是　□ 否</td></tr>
<tr><td>评估结论</td><td>结论：□ 推荐　　□ 不推荐（需描述理由）
理由：
专家签字：</td></tr>
</table>

二、"浙江制造"团体标准评审会专家签字表

标准名称：　　　　　　　　　　日期：

序号	单位	姓名	职位/职称	签字

三、"浙江制造"标准项目
立项建议书（样表）

标准名称：_____

行业分类：_____

申报单位：_____

申报时间：_____

浙江省

标准名称				
产品名称				
产品类型	消费品			
制定或修订	R 制定	□ 修订	被修订标准号	
ICS 分类号			中国标准分类号	
申报单位基本信息	单位名称			
	统一社会信用代码		属地	
	项目联系人		职务	
	联系电话/手机		电子邮箱	
	检测合作机构	（主要合作机构，若无可填"无"）		
	认证合作机构	（主要合作机构，若无可填"无"）		
	国际对标/认证需求	国际标准名称	（根据实际情况填写）	
		国际认证类别	（根据实际情况填写）	

行业背景	主要描述申报标准相应产品的国际、国内行业基本情况，至少包括： 1. 行业类别、产品用途、行业规模、本行业绿色制造和智能制造发展水平、发展趋势和发展前景。 行业类别： * 行业规模： * 本行业绿色制造和智能制造发展水平、趋势和前景： * 2. 现阶段行业的国际水平、国内水平，国内行业前五企业描述。 * 3. 配套技术服务机构基本情况。 国内及省内行业协会基本情况： 协会名称：*；专家：*；联系方式：*。 国内及省内科研院所基本情况： 科研院所：*；专家：*；联系方式：*。 国内及省内检验检测机构基本情况： 国内及省内检验检测机构：*；专家：*；联系方式：*。 省级标准技术委员会基本情况： 省级标准技术委员会：*；专家：*；联系方式：*。 4. 浙江省内行业现状，省内行业前五企业描述。 行业现状：* 第一家： * 第二家：××× 第三家：××× 第四家：××× 第五家：×××

为主起草企业及产品信息	1. 产品用途。 * 2. 申报产品销售额：2018年＿＿万元，增长率＿＿%；2019年＿＿万元，增长率＿＿%；2020年＿＿万元，增长率＿＿%。 3. 市场地位。 1）国际排名：前＿＿＿名，国际市场占有率＿＿＿%左右；自有品牌出口额＿＿＿万元； 2）国内排名：前＿＿名，国内市场占有率＿＿%左右； 3）国际/国内协会、学会/商会担任职务情况。 * 4. 企业标准化基础。 1）参加国家或者省级标技委：＿＿*＿＿＿＿＿＿＿＿＿＿。 2）主持或参与标准制定数（前三）。 主持：国际标准＿＿＿＿国标＿＿＿＿行标＿＿＿＿ 参与制定：国际标准＿＿＿＿国标＿＿＿行标＿＿＿＿ 3）企业曾经参与制定的与本标准直接相关的标准名称及排名：＿＿*＿＿ 5. 企业技术、管理优势。 1）当前绿色制造和智能制造水平：＿＿＿*＿＿＿。 2）是否拥有研发中心、设计中心：　Ｒ否　□是，级别＿＿＿＿＿＿； 3）专利数量：　发明专利＿＿＿＿＿项，实用新型专利＿＿＿＿＿项； 4）是否导入卓越绩效：□否，现用何种管理模式：＿＿＿＿＿＿＿＿＿＿ ☑导入卓越绩效　□区（县）级奖 □市级奖　□省级奖； 5）产学研合作情况：＿＿＿＿＿＿*＿＿＿＿＿＿。 6. 企业荣誉：☑浙江省名牌产品　□浙江省"三名"企业 □国家高新技术企业　□其他＿＿＿＿＿＿＿＿＿＿。 7. 其他反映企业综合实力的内容：＿＿＿＿＿＿＿*＿＿＿＿＿＿。 8. 产品执行标准：＿＿＿＿＿＿＿＿＿＿*＿＿＿＿＿＿。 参照的主要国标、行标和国际先进标准：＿＿＿＿*＿＿＿。 9. 产品技术优势：（产品主要质量特性、核心技术指标、体现绿色制造和智能制造的技术指标或其他工艺及性能优势。） ＿＿＿＿*＿＿＿＿＿

为主起草企业及产品信息	10. 主要客户群及主要销售区域：（如有出口应说明主要出口地区、国家） 1) 国外出口地区、国家：*。 2) 国内主要高端客户（前三）：高端客户：*；专家：*；联系方式：　。 11. 产品定价权、溢价水平、毛利率： 　* 12. 产品获成果、荣誉及重大支持/资助： 　* 13. 其他反映产品先进的内容（例如产品进口替代情况等）： 　*
标准研制需求及目标	1. 申报产品现行的国内、国外标准的现状分析； 　* 2. 标准行业应用前景分析：（省内是否有企业具备实施本标准的条件，省内企业是否有意愿对标达标用标，若有应提供相应证实性材料。） 　* 3. 以提升产品性能、用户体验为目的，提出拟增加或提高的核心技术指标或要求，并以表格的形式，将提出的核心技术指标或要求与现行国内外先进标准（或高端产品实物质量）进行对比。 　* （可另附页描述）
标准研制计划	* （原则上立项后6个月内必须完成。）

标准可行性	为主制定并已发布的"浙江制造"标准号及标准名称：＿＿＿＿＿＿＿＿ ＊＿＿＿＿＿＿＿＿＿＿＿＿＿＿＿＿＿ ☑由省品联会安排 　□自主推荐　(单位名称)　(请提供该单位符合《浙江省浙江制造品牌建设促进会"浙江制造"标准管理办法》第七条要求的证实性材料。) 　□由地方财政支持安排：　(单位名称)　(请提供该单位符合《浙江省浙江制造品牌建设促进会"浙江制造"标准管理办法》第七条要求的证实性材料。) 检测机构名称及相应检验能力证明材料(相关产品检测能力及本标准检测能力建设意愿)： 　　＊
申报单位自我声明	本单位郑重声明，保证对所提交的立项建议书及所附材料内容真实、有效，并对申请材料实质内容的真实性负责。如有虚假，承担法律责任。 　　　　　　　　　　　　单位名称(盖章)： 　　　　　　　　　　　　　　年　月　日

四、"浙江制造"团体标准《×××》
评审意见及先进性评价意见

根据浙品联标函〔2020〕××号"关于召开《×××》'浙江制造'标准评审会的通知",由×××××单位牵头组织制订,浙江××××有限公司为主起草的《×××》"浙江制造"标准评审会于20××年××月××日在×××举行。专家组听取了标准工作组关于标准编制说明(含先进性说明)、征求意见情况说明、标准(送审稿)的汇报,经讨论形成意见如下。

一、该标准主要以行业标准GB/T 2006—2×××《×××》为依据、参考浙江制造团体标准T/ZZB×××—××××《×××》等相关标准,同时结合了国内外标杆企业(×××企业)产品的技术要求编制而成,标准编写结构合理、内容叙述正确、层次清晰,引用标准现行有效,符合GB/T 1.1—2020的规定。

二、该标准按照"浙江制造"标准的定位和要求制订,符合《关于加快"浙江制造"标准制定和实施工作的指导意见》(浙质标发〔2015〕144号)对"浙江制造"标准的基本要求。在编制过程中广泛征求、采纳了各相关方的意见建议,结合了××××产业现状和发展方向,标准设置的技术指标和要求均可验证、可检测,除×××项目测试外,其他试验方法均有相关标准作支撑,本标准规定的×××项目测试方法经检验机构确认适用,可转化为认证细则,可操作性强。

三、该标准提出了×××产品的术语和定义、基本要求、技术要求、试验方法、检验规则、标志、包装、运输、贮存和质量承诺要求,不存在指标和要求低于相关国家、行业推荐性标准的情况,且主要技术指标达到"国内一流、国际先进"水平。

与GB/T×××—×××中的优等品相比,先进性主要体现为:

1)提高了××××指标;

2)增加了××××××的指标要求;

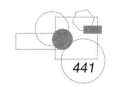

四、该标准的制订、发布与实施将规范×××产品的生产，提升×××产品的市场竞争力和客户满意度，引领行业高质量发展，树立 "浙江制造" 品牌形象。

五、专家组一致同意通过标准的评审及先进性评价，并提出下列主要修改意见：

1）同意将标准名称修改为《××××》；

2）×××；

3）×××；

4）进一步完善标准的编制说明。

评审组签字：

20××年××月××日